中国佛教美学典藏

总主编

高建平　尹　佃

各分部主编

佛教绘画部　丁　方
佛教造像部　张　总　王敏庆
佛教书法部　何劲松

各分卷作者

造像经典与仪轨	王敏庆　普　能　著
石窟造像（上下）	何　莹　全　薇　著
地面寺院造像（上下）	宋伊哲　著
出土及传世造像	王敏庆　杨小娟　吴源虹　著
经卷佛画	张建宇　著
石窟壁画	张俊沛　著
绢帛佛画	刘　韬　著
禅意绘画	陈粟裕　著
禅德墨迹	聂　清　著
佛教碑刻	胡吉连　著
敦煌写经	李逸峰　著
佛塔建筑	王　耘　著
伽蓝建筑	徐　嵩　著

主要编辑、出版人员

社　　长　刘祚臣
副总编辑　刘金双
主任编辑　曾　辉
编　　辑　（按姓氏笔画排序）

于淑敏　马　蕴　王　绚　王　廓
王一珂　王慕飞　冯　然　邬四娟
刘金双　李　静　李玉莲　宋焕起
林思达　易希瑶　帖慧祯　胡春玲
郭银星　黄佳辉　曹　来　盛　力
程　园　曾　辉　鞠慧卿

特约审稿　汤凌云　韩　伟　陈丽丽　王怀义
装帧设计　今亮后声
排　　版　博越设计

出土及传世造像

内容简介

佛教自两汉之际传入中国以来，与中华文明不断融合、发展，成就了独具特色的东方佛教造像艺术。除了人们所熟知的石窟和地面寺院的造像之外，还有很多传世之作及随着考古事业发展而发现的深埋于地下的造像艺术。这些造像由于大多已脱离了原始的环境，其所蕴含的宗教意义逐渐减弱，而审美意义则凸显出来。其材质丰富，不仅有常见的石刻、木雕，还有金铜、漆器以及陶瓷等。这些造像时代不同、材质不同、制作手法也不尽相同，却在遵从经教典籍的同时，呈现出多姿多彩的美学样态，带给人们别样的视觉盛宴。

王敏庆　中国社会科学院文学研究所副研究员，硕士研究生导师。首都师范大学硕士，中央美术学院博士，中国社会科学院世界宗教研究所博士后。主要研究方向为佛教美术、名物。

杨小娟　中国人民大学哲学院宗教学硕士，先后在西藏基层和宣传文化系统工作，现为西藏日报社记者。

吴源虹　中国社会科学院研究生院文物与博物馆学硕士，现就职于中贸圣佳国际拍卖有限公司，主要研究领域为汉藏佛教艺术。

高建平 尹 佩
- 总主编 -

中国
佛教美学
典藏

佛 教 造 像 部
主 编·张 总 王敏庆

出土及
传世造像

王敏庆 杨小娟 吴源虹 — 著

中国大百科全书出版社

图书在版编目（CIP）数据

中国佛教美学典藏．出土及传世造像／高建平等主
编；王敏庆、杨小娟、吴源虹著．—北京：中国大百
科全书出版社，2024.5

ISBN 978-7-5202-1339-4

Ⅰ.①中…　Ⅱ.①高…②王…③杨…④吴…　Ⅲ.①
佛教—美学—研究—中国　Ⅳ.① B948

中国国家版本馆 CIP 数据核字（2023）第 088421 号

出 版 人　刘祚臣
策 划 人　曾　辉
责任编辑　王　廓
责任校对　林思达
责任印制　李宝丰
装帧设计　今亮后声
排　　版　博越设计
出版发行　中国大百科全书出版社
地　　址　北京市阜成门北大街 17 号
邮政编码　100037
电　　话　010-88390969
网　　址　http://www.ecph.com.cn
印　　刷　北京雅昌艺术印刷有限公司
开　　本　889 毫米 ×1194 毫米　1/16
印　　张　31.75　拉页 8 面
字　　数　317 千字
印　　次　2024 年 5 月第 1 版
　　　　　2024 年 5 月第 1 次印刷
书　　号　ISBN 978-7-5202-1339-4
定　　价　800.00 元

总　序

这部多达十五卷的佛教美学和艺术的总汇，是聚数十名专业研究者，积八年之功完成的一项宏大工程。在过去的这些年里，各位参与者都很辛苦。现在，终于苦尽甘来，欣喜之感油然而生。

当前，我们正处在中国式现代化建设的伟大进程之中。要建设中华民族现代文明，就要将现代理论与优秀传统文化遗产相结合。中国佛教艺术是中国传统文化和美学的一个重要组成部分。古人给我们留下了许多精美的艺术珍品，值得我们花大力气去整理、总结，站在现代的立场进行思考、研究。

在五千年的中华文明史中，最初一千多年，中华美学思想的萌芽可从巫史传统和工艺创造中体现。当时的人留下了丰富的实物，给我们提供了对那个时代文化状况的丰富的想象空间。其后，从商到周，出现了精美的青铜器皿，形成了发达的礼乐文化，在实物、操作和观念这三个层面推动了中华美学思想的形成和发展。佛教是发源于印度的宗教，传入中华大地以后与中国原有的礼乐文明碰撞交融，经历了一次外来思想中国化的过程，由此造就了文明的更新。

中国的礼乐文化在周朝兴盛，历经春秋战国，尽管礼崩乐坏，但还是有人竭力保存，到秦汉时仍有所传承。礼乐文化服务于周王室，通过分封的等级制度，实现以上化下、以夏化夷的政治设计。秦汉以后，分封逐渐消失，大一统的帝国逐步形成。这一时期，社会的上层与下层相距遥远，礼乐仍在上层社会的一些礼仪性活动中施行，这时就需要宗教在下层起到填补审美需求空间的作用。

在欧洲，希腊式的城邦制度解体，原来的希腊－罗马宗教体系只在上层社会被维持；而基督教则从社会的下层开始发展，得到广大民众的支持，最终迫使罗马皇帝改宗，同时也在巨大的罗马帝国范围内流传，成为世界性的宗教。在中国，佛教在一定意义上也起着这样的作用。从汉代到唐代，普通民众的审美需求成为佛教兴盛的土壤。正是由于这一原因，通过满足社会中下层民众的审美需求，佛教的审美理想和艺术创造在文明的深处扎下了根。

中国佛教美学有着一些突出的特点。

第一是理想性。这种理想性与非现实性、虚无和出世的观念结合在一起。这在华严宗和净土宗等宗派的思想中有明显的表现。它们所追求的净土，并非存在于现实的此岸世界，而是在理想的彼岸世界。它们的美，也从属于那个世界。现实的美只是彼岸世界美的影子。

第二是通过悟来感受世界。通过悟获得真美，或是苦修而悟道，或是禅宗所主张的顿悟——机缘触发，瞬间就能得道，即达到真美的境界。

第三是偶像崇拜。各种源于犹太经典的宗教，无论是犹太教、基督教，还是伊斯兰教，都流传逃出埃及的以色列人由于崇拜偶像而引起摩西震怒的故事，从而形成各种反偶像崇拜的传统，有的弃绝一切形象，有的不准造圣像。即使后来最热衷造像的天主教，也是依据一套"愚人的《圣经》"的说辞，即运用图像给不能阅读的人演绎《圣经》故事，提供图像存在的理由。这样一来，天主教的图像只是神圣故事的演绎，其本身不具有神性；圣徒所崇拜的不是偶像，而是通过图像感受神的道理。与此不同，尽管佛教早期也有过一段无佛像时期，但后来很快就有了对佛像的普遍接受。佛教的造像被认为其本身就有神性，是神的化身。

第四是宏阔的时空观。源于犹太经典的各种宗教都具有关于世界起源的传说和关于世界末日的预言。佛教则不同，不认为有起源和末日，而认为世界在时间上是无限的，循环往复，以至无穷；在空间上也是无限的，无所谓中心、边缘。体现在美学和艺术上，佛教就具有一种超越时空、追求无限的美学观念。

第五是和谐圆融的审美境界。美的理想是一种圆，但这不是毕达哥拉斯的数学上的圆，而是圆融的生存境界。佛教讲世界和谐，这又是通过圆的意象得到体现。

本套书共分四部十五卷，涉及书法、绘画、造像、建筑等。

佛教书法部共有四卷，即《敦煌写经》《佛教碑刻》《禅德墨迹》和《禅意绘画》。

在印刷术流行之前，佛经的流传主要靠人工抄写。在这方面，敦煌藏经洞给我们留下了大批人工抄写的佛经。当时传抄佛经是基于保存和流传的需要，同时佛教徒们也将抄写佛经当成一种修行，通过艰辛的抄写工作以积累功德。这不仅为我们留下了大量的经典，同时也留下了重要的对当时的书写进行研究的材料。绝大多数佛教徒在抄写佛经时，都有一种虔敬的心态，他们书写认真，字迹清楚、容易识读。在字体上，楷、行、草三体均有，但以楷书为主。

佛教碑刻包括佛经碑刻、造像题记及寺塔碑碣。这些碑刻用途不同，风格上也有差异，但大体上是以隶书和楷书为主，风格上庄严静穆，偶有装饰意味。

禅德墨迹包括具有文人趣味的禅僧的书法作品，以及受禅宗思想影响的文人的书法作品。这些作品风格自由活泼，字体多为行书和草书，通过笔墨直抒胸臆，表现内在的情感。

禅意绘画，最初是画者致力于表现禅理，强调直觉性和感悟性，并以此使绘画超越形象的描绘。这种绘画追求推动了中国绘画意识的发展，并且与文人绘画结合，对中国绘画观念的发展和转折起到了关键作用。

佛教绘画部共有三卷，分为《石窟壁画》《绢帛佛画》《经卷佛画》，各有其鲜明的特点。

石窟壁画是指画在石窟壁上的绘画。壁画是人类最为古老的一种绘画形式。中国佛教石窟壁画主要存在于西域地区，以佛像和佛教故事为主要题材，也包括对佛国之境的描绘，其中乐舞飞天的壁画穿越千年，给人以惊艳之感，成为当代众多艺术创作的灵感来源。石窟壁画大多受印度绘画人物造型的影响，又开始具有中原绘画的元素，成为中西艺术风格结合的最早范例。

绢帛佛画以敦煌藏经洞绢画为主，现多藏于英、法、俄、德等国的博物馆中，日本、印度、韩国等国也有保存。这些绢画所画的形象不同，有佛、菩萨、罗汉、武士，以及供养人。从这些画中可看出中国绘画中线条之美的来龙去脉、中国绘画色彩的源与流。宗白华区分了中国艺术的错彩镂金之美与芙蓉出水之美，绢帛画大体属于错彩镂金一类。

经卷佛画，即佛经中的插图或附图，包括佛教经卷的卷首画（也称扉画）、随文插图、卷末的拖尾画。从制作技艺来看，经卷佛画分墨绘佛画和版画，雕版印刷繁盛时代出现了讲述各种佛经故事的版画。对经卷佛画的研究很有价值，但过去研究不多，本卷是对此研究领域的开拓。

佛教造像部内容最为丰富，分为《石窟造像》《地面寺院造像》《出土及传世造像》《造像经典与仪轨》。

《石窟造像》分上、下两卷。上卷讲新疆和中原北方石窟，下卷讲南方和藏传佛教造像。将这些不同地域、不同时代所创作的造像放在一起来对比，可以清晰地看出这些造像的造型和艺术风格在文化交流中留下的痕迹和在时代变迁中的沿革。

地面寺院造像则呈现出多样性和变动性。遍布西域和中原大地的佛寺中的造像，以及在藏区的藏传佛教寺庙中的造像，呈现出各自的地域特点；经过千年变化，又呈现出不同的时代特点。尽管佛像有"千佛一面"的说法，但不同地域、不同时代佛像的差别仍鲜明地体现出来。

出土及传世造像可称为前两种佛教造像的补充。这些造像被发现和保存，具有极大的偶然性。它们不像石窟造像，可系统发掘；也不像现存寺院里的造像，原本就有完整布局，具有系统性。这种出土及传世造像相对零散，其系统性需要研究者构建。

《造像经典与仪轨》是很特别的一卷。该卷对佛教造像特点和主要菩萨、天王等形象的基本框架做了概述，还对佛教活动的空间、所用法器等做了阐释。

佛教建筑部共两卷，一卷讲伽蓝，一卷讲佛塔。

《伽蓝建筑》主要讲历代的中土佛寺及藏传佛教的寺庙。正像欧洲历史上的建筑集中体现于教堂一样，佛教寺庙亦成为中国古代建筑的典范。本卷分朝代展示中国古代的寺庙，并对藏传佛教的寺庙做了专门的论述。

《佛塔建筑》专门论述佛塔。佛塔造型精美，是中国古代建筑精华所在。佛塔近可与寺庙组成一个整体，高耸的塔在建筑群中起画龙点睛的作用；远可装点河山，在自然山水中加上人工点缀。佛塔原本是瘗埋高僧圆寂后遗体和珍藏舍利的地方。它既是死亡之所，又是涅槃和超越之地。生死之事，永远是最大的事，这与僧人生活有密切关联，也使塔有了人情、人性、理想等多种意味。

佛教美学和艺术的内容丰富多彩，包含各个艺术门类。除本套丛书所介绍的之外，还包括诗词、音乐、歌舞等。我们的想法是，在现阶段能做什么，就先做起来。希望这套典藏为更全面地研究中国佛教美学起奠基作用；也希望将来在此基础上，借助新媒体，使中国佛教美学的精华得到更为全面的展示。

在最初组织这一课题组之时，我们的计划是，从几个主要的佛教艺术门类中，选取最有代表性的作品，给予精要的说明，以形成佛教美学的一个总汇。其目的在于，将佛教美学的精华在一个选本系列中汇总起来，将一些平时很难见到、只有专家才掌握的佛教艺术作品的图片加以集中，配以解说，从而使这些作品受到人们的关注。佛教从两千多年前开始传入中国，带来了佛教美学和艺术，在中国大地上生根、开花，与中国原有的传统结合，再经过历代僧俗信众的传承和创新，形成了璀璨多彩的中国佛教文化。中国佛教文化成为中华文化的一个组成部分，在世界文化史上也具有重要意义。在今天，加强佛教美学的学术研究，对佛教艺术的普及，对大众熟悉和了解佛教文化，对传承和弘扬中华优秀传统文化，都是一件功德无量的事。

记得第一次开编纂工作会，任务是明确大脉络的分工，确定各卷的主持人和基本研究队伍，划定各卷内容的边界。各位参编者的热情都很高。大家一方面认为，这件事很重要，编出的书会很宏伟壮观，成为一个大制作；另一方面也认为，这方面的书过去很少，有了一个好的立意，再加上选对了人，编起来不会费多大的劲，不过是将相关领域的专家集中起来，将原本就熟悉的材料以一个新的、对读者更具有亲和力的形式重新组织一遍而已。

到了真正上手去做才发现其中的种种艰难。材料难找，解说不好写。历史事实考证清楚，解说内容正确，这是基本的要求。这方面的要求，说说容易，做起来就有难度。不仅如此，由于这套书冠名美学，在选材时体现美学视角、在解说中体现美学阐释就很重要，对于长期致力于事实考证的专家来说，这种工作也有一定的难度。在撰写过程中，有人畏难退缩，有人赶不上进度要求，但是，这样一个庞大的工程，开弓没有回头箭，再艰难也要做下去，并且要保质保量地完成。

在这几年的工作中，撰稿和编辑人员都付出了巨大的努力。他们不仅研读既有的书籍、史料和画册，还要遍访全国各地的代表性寺院。最让我感动的是，他们跋山涉水，带着沉重的拍摄器材到现场拍摄。为了获得最佳的拍摄角度，课题组还购置了无人机，以便在人无法到达的角度进行拍摄。他们的努力，为这套书提供了大量精美的独家图片。

在此期间，课题组多次在北京召开会议；还远赴广东、山西等地，举行各种工作会议。每次会议都力求实效，解决编写过程中所出现的各种具体问题，包括工作分工、人员配备、文字质量、图片规格和要求、工作进度，以及编撰者与编辑如何相互配合以加快进度，等等。为了深化这套书的美学特色，我们还邀请了几位对中国古代美学有研究的学者对文字内容进行了审阅，提出了许多具体的修改意见。

现在，书稿终于付印了。感谢参加撰写《中国佛教美学典藏》的各位作者，各位均为对佛教美学和艺术有深厚研究基础的专家。他们不辞辛劳，集中精力，终于使这项巨大的工程得以完成。更令我们感动的是，著名佛门高僧尹佃法师自始至终参与我们的策划立项、内容框架研讨和后期编纂工作，多次参加编纂工作会议，提出重要意见。中国大百科全书出版社的郭银星和曾辉两位接力领导的编辑团队，对这项工作极为负责，在编辑出版过程中提供了周到而贴心的服务。本书是各位辛勤劳动的结晶。

佛教艺术和文化是中华美学的一个重要组成部分。中国佛教之美是先人留给我们的一笔宝贵遗产。同时，它又是在当代充满生命力的活的美学。我们带着对文化传统的虔敬之心来整理这份遗产，又以面向当代、面向世界、面向未来的态度，带着责任感和使命感，以激发传统文化在当代的生命力为目的，来审视并引领中国美学的辉煌未来。

总　论

　　《中国佛教美学典藏》以历史上中国佛教美术的遗产为主，表述其美学方面的面貌与特色。佛教造像部是其中的主要部分。因为中国佛教美术的主要遗产是石窟寺，其数量与地域、历史跨度及时代之早等都在世界上居于首位。中国木构寺院当然数量更大，但是现存者多为明、清建构，包括许多始建年代甚早、代有延续的寺庙，唐、宋寺殿之遗构已属很少。石窟寺与木构的地面寺院本身具有建筑、雕塑、绘画浑然一体的性质，但其中皆以造像为崇拜主体。佛教造像部主要侧重于石窟寺、地面寺院之中的造像部分，还包括了石窟寺与地面寺院以外各种材质的佛教造像。这类可移动单体造像（包括造像碑与造像塔）在古代多在寺院之中。但自古以来在寺窟之外的许多环境，如通衢大道、村落集镇、义井池旁、宫殿家宅等，也有很多大小不等的像设。再者，佛教造像都有经典依据，且具种种深浅程度不同的相关仪轨，略加论述会有更好的效果。所以，佛教造像部设为六卷，即《造像经典与仪轨》、《石窟造像》（上、下册）、《地面寺院造像》（上、下册）、《出土及传世造像》。其中后三卷先依时代地域、形式样态或材质等构成框架，再结合美学方面的观念与概念加以列述，以期使读者对佛教造像的美学面貌有较好之了解。

　　《中国佛教美学典藏》佛教造像部采取这种构成，基本上是依据目前学术界大多认同的现状而做出的。《中国佛教美学典藏》本意重在美学，应以美学的观念与概念来组构，但因佛教美学自身概念和体系上的问题而无法形成可供操作的体系形态。譬如说，用崇高之美、慈悲之美、精巧之美、超然之美等划分是无法构成完备的佛教美学架构的。佛教本身也有不少关涉美学的观念思想，具备很多自成的概念，如庄严、相好、殊胜、妙好等；还有很具体的佛陀相貌，如"三十二相""八十种好"及《造像量度经》之类的规式。若能以佛教本身的美学概念来构成本书的结构，当然最好不过。但因佛教本身是宗教，自有统摄与延展的哲学体系，其论说之中既有赞颂涉美的部分，也有反对美感观受的部分，若全以佛教美学观念来组构，也确有一定的困难。所以，我们只能就一般学术理论视阈在《石窟造像》《地面寺院造像》《出土及传世造像》的基础上，将现代学术之美学观念与佛教特有的一些观念结合起来，进行陈述；而佛教本身的具体规式，则专设《造像经典与仪轨》阐述、展现。

美学观念与感受既有客观性赋予，也有主观性臆想。同一尊佛陀、菩萨像或天王力士像，在不同的人看来，感受是不同的。就是同一个人，在不同时段以不同心境来观看（想），美学方面的感受也是不同的，甚至差别很大。所以，本书只是给读者提供一种基本的参考，仅为佛教美学在造像方面最基本的脉络依据，绝非佛教美学在造像方面的定论之成果。

关于佛教美学范畴之内的造像，最直接具体的经说就是关于佛陀"三十二相""八十种好"的论述，即这些庄严相好意蕴具有很强的感化力。不少佛传故事或记传之中，都说是观看到了庄严相好的佛陀，因而生出了敬仰倾慕的心，从而皈依了佛教。关于"大人相好"（指佛陀的庄严相貌），古印度就有相关传统。涉及这一主题的经典文献众多，它们向我们展示了佛教中觉悟者佛陀相貌的美好之处。从丰富多样的佛教造像遗存来看，在不同时段与地域中，采用各种材质和手法创制的佛像，既遵循了佛教经典的规定，又呈现出多姿多彩的样貌。这些不同样貌的佛像，既反映了国家、地区、人种、民族等文化特征的差异与变迁，也体现了时代背景下的传播演变，以及造型艺术手法、材料与技术手段的创新与发展。简而言之，佛像之美具有鲜明的时代特征。

关于佛像之美的论述，除佛教典籍之外，还可见于历史文献的记载。这些资料，有些可以和遗存吻合，有些则没有实物印证。佛教美术的遗产杰作中，有不少由具名有姓的艺术家创制，但更多的由未留下姓名的工匠所为。就其普遍性与多样性，以及历史年代的广泛覆盖而言，佛教美术实际上反映的是自古以来各个国家、地区与民族的审美观念。

佛教造像所展现的美、美学的观感、美学的概念是多方面的。其中，既有某一特定方面或细节，如崇高感，这在大佛的造像中得到了充分体现；也有更为核心的内容，如佛教中"诸恶莫作，众善奉行"的教义，它阐述了佛教最基本的慈悲精神与理念。因此，我们可以从各种各样的佛陀形象，如佛教所尊崇的十方佛、三世佛与三身佛，以及各国各地不同材质、技法雕琢的佛像，如古印度石雕、犍陀罗前期与后期的石刻与灰泥塑像，日本的木雕，中国的泥塑、木雕与石刻造像等中观察到慈悲与智愿等精神的体现。在佛教造像之中，也有很多美学观感可以成龙配套。例如，某些时期和地域流行成铺的造像，如唐代很多佛像都是一佛、二弟子、二菩萨、二天王、二力士，或再加双狮，共九尊或十一件像。其中佛陀的庄严、弟子的谦恭、菩萨的慈悲、天王的威武、力士的孔武、双狮的雄强，恰成一个小世界，或者说小宇宙、小天地。这是就一铺造像而言。就佛教的体系而言，又何尝不是如此？这个成系列的组合与配套，可以更详尽、丰富地展开论述。

从原始佛教到部派佛教，到大乘佛教，再到密教佛教，佛教这四大发展阶段对佛教造像有很大影响。

在原始佛教时期，不允许出现佛陀形象的本身。在佛传故事中应该出现佛陀本身的地方，如佛座上，或空无一物，或以法轮代替，这样处理有象征之美、空灵之美。而在佛传故事的其他部分，则会以不同手法展现丰富而细腻的美学意蕴。

在部派佛教时期，造型艺术中只有释迦牟尼佛，偶有弥勒佛。这一时期，释迦牟尼佛此生的佛传故事、其前世的种种本生故事，以及配合的一些因缘与譬喻故事，都在艺术作品中得到了充分的体现与生动的表达。这一时期的造像还有弟子罗汉、菩萨及伎乐天人。

在大乘佛教时期，佛陀降诞出现于十方与三世，空间与时间上都有，且具无限的可能性。菩萨是大乘佛教的根本特征之一。诸大菩萨已经具有成佛的条件，但却发了大誓愿，留在五浊恶世拯救众生。观世音、文殊、普贤、地藏四大菩萨，具有慈悲、智慧、大行、大愿的抽象象征。弟子罗汉更有发展，十大弟子特别是五百罗汉的表现，与僧侣直接对应，表达出宏阔广大的景象。护法则有天龙八部，其中的乾闼婆（香音神）——飞天，在美学上成为东方美学灵动殊妙的代表形象。龙王摩睺罗伽（大蛇）及天王力士与神兽的威猛、孔武有力，亦大有展现。大乘佛教造像艺术的谱系，可以说是佛教美术中最主要的谱系，在中国、韩国、朝鲜、日本及越南等东亚、东南亚国家和地区有着极大范围的丰富遗存并产生极重要的影响，是佛教美学资源方面最主要的宝藏。

密教，是佛教汲取婆罗门教的内涵及一些要蕴形成的。密教为佛教造像艺术带来了根本性的变化。由于佛法修行的需要，密教形成了极为复杂的佛菩萨体系。成熟的密教有高度组织化的神祇谱系，如金刚界大曼荼罗与胎藏界大曼荼罗。密教经典对佛像谱系有详细规定。诸佛、菩萨、护法等像的相容、姿态、服饰、手印、法器，每个部分的色彩，主像与胁侍的组合，成铺的像设，分系列及大曼荼罗等，都在经典中有详细规定或经典的配合仪轨。所以，密教经典也被称为经轨。密教像设与遗存，在中国唐代长安（今西安）、敦煌，藏传佛教流行的蒙古地区、藏区等，以及印度、尼泊尔、日本等地都有。密教造像，特别是后期密教造像，在表现佛陀、菩萨、天部、明王等形象时，常常化现为凶神恶煞的形貌。所以，密教后期美术确有特别的美学特征，即威猛狞厉之美。

《造像量度经》出现较晚，但其对佛像的比例有相当详密的规定。佛像身体各部分的比例和谐舒展，自然体现出美感，但此经对佛像比例进行规定并不是为了追求美感，而是从宗教的神圣性与功用性出发的。佛教美学在各历史阶段具有不同特质的美。

从佛教自身出发，我们可以从经典与仪轨、历史教派阶段的特征变化上对佛教造像的美学有所认识。当然，从造型艺术或者说空间与手法等方面，也可以对佛教造像的美学特征有所认识。佛教造像安放布列最主要的单元是寺庙殿宇。石窟寺其实也是一种寺庙。寺庙的规模可以有很大差别。大者如名山道场，小者有阿兰若等。"天下名山僧占多"，说明了寺庙与环境的关系。所以从寺院的层级与环境的关系，亦可追寻其中的美学特征。

寺庙之中，从像设的安放主体——大雄宝殿到配合主体殿堂的种种佛菩萨殿，都有各自的美学美感特点。更为普及的阿兰若，或是家庭中的佛堂、神龛，各自有各自供奉佛像的具体环境。

佛教造像都是雕塑而成的，所以要从维度方面简要说明。现代雕塑术语中，有圆雕与浮雕之说。在长、宽、高三维空间中，各维度都等同原状，即相当于人身或物体形状，即为圆雕。在某个维度予以压缩的就是浮雕，压扁程度大者为浅浮雕，程度小者为高浮雕。圆雕一般可以从四周来观看，浮雕则不行。形态上还有雕塑本身独立与雕塑后面连着背光或山岩等物体的。古代雕塑之佛像，背后往往贴连背光或像后衬托。从空间来说，有不可移动的石窟作品，多为大像巨作，近于圆雕的像体，后面连在山体之上。寺庙殿宇之中，通常专设佛坛来安放像设。这些佛像，本身近于圆雕，但后面多设有背光。不过，在现存文物之中，特别是出土的佛像作品中，能从四周观看的圆雕作品也为数不少。

中国的佛像作品往往结合了多种造型手法。除了立体程度不等的圆雕与浮雕手段，还有本质上属于绘画的线刻。线刻有在石面上进行的线刻，也有通过突起或下陷形体轮廓，再施以线条描刻来表达的形式；通过不同形式，达到丰富浑成的艺术表现效果。在材质的选择与处理上，也有很多表现手法。金、铜与石、木等多种材质在体积与重量上各有特色。在色彩施加方面，既有彩塑即泥塑敷彩，也有石雕彩绘。绝大多数佛教造像是具象写实的表达，但也有抽象与象征或装饰图案的辅助表现，如合掌手势、胸前"卍"字、肉髻顶珠、服饰图案等。

总之，我们可以从空间造型艺术手法来观察、理解、感受佛教造像之美，感受佛像与美的种种关联。当然，基于造型手法的感受比较侧重于美术之专业角度。但一般来说，最普通的观者在看到佛教造像时，在进入石窟、寺庙和面对像龛时，都能产生种种的美学感受。因而，我们基于佛教美术本身的时地架构，从中选出精妙美好、殊胜庄严、具有美学情趣的作品，希望能为读者提供丰富妙好的大餐。

2023 年 4 月

目 录

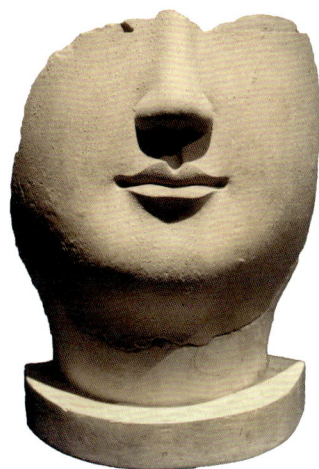

图片目录

第二章
汉传佛教出土及传世金铜造像

第三章

漆木陶瓷等造像

中国
佛教美学
典藏

出土及传世佛教造像与石窟造像和地面寺院造像情况有所不同。石窟造像有相对完整的石窟开凿序列，地面寺院亦有相对完整的殿堂造像布局，这种系统性本身就能为研究者提供丰富的信息。此外，在各类古代文献资料中也可以找到它们的相关记载。但出土及传世造像则不然，尤其是窖藏坑出土的造像，它们好像是历史留给后人的记忆碎片，需要我们使出浑身解数去解读它背后的秘密。整体而言，本卷内容比较零散，这是由此类造像的存世现状所决定的。本卷主要包括出土石刻造像、汉传金铜造像、漆木陶瓷造像以及藏传佛教金铜造像四部分。

中国出土石刻造像众多，本书所选造像主要有：四川成都出土南朝造像，山东青州龙兴寺出土造像，河北曲阳修德寺遗址出土造像、邺城遗址北吴庄出土造像，陕西西安出土北周造像，山西南涅水出土造像，以及河南地区出土的几处造像。所选造像年代主要集中在南北朝时期，兼及隋唐，个别内容题材较为特殊的涉及宋、明。同时期亦有大量汉传佛教的金铜造像出土，只不过出土地相对零散，不似石刻造像那般集中。就目前所存造像资料看，石刻造像、金铜造像以及石窟造像是南北朝至隋唐时期最主要的造像艺术形式（唐以后木雕造像逐渐增多），尽管材质不同，所处的位置也不尽相同，但它们统一都受当时时代风格的影响。

南北朝时期的佛教造像发生过两次重要的变化：第一次是在北魏孝文帝的汉化改革时期，北方佛教造像风格由原来的既有西域外来因素影响又带有自身民族特色的浑厚、雄壮而变为南朝的"褒衣博带""秀骨清像"；第二次是南朝的梁武帝时期出现的南朝新风格，之后"南朝新风"又再次影响到北朝，只是北周和北齐对这种新风格的接受度有所不同。不论是孝文帝汉化改革引起的造像风格之变，还是"南朝新风"的出现，均是因文化风尚的改变所致。梁武帝因崇信佛教而与南亚、东南亚诸国频繁接触（其中以东南亚为多），在当时的帝都里南亚、东南亚诸国的使者、僧侣、客商往来不断，而此时的南亚及东南亚诸国早已在印度笈多艺术的笼罩之下。笈多艺术为南朝梁（又称南梁）的佛教造像注入了新鲜的血液，最终形成了南朝造像的新风格。这是一种以本土特色为基础，将外来艺术融会贯通的风格，以"面短而艳"、身躯丰实饱满、人体比例结构准确为特色。这便是中国艺术史上著名的佛画四家样之一，也是出现最早的样式——"张家样"，四川成都出土的南朝石刻造像是最好的实例。南朝的金铜造像虽少，但可作为补充。南朝作为中原文化正朔之所在向为北朝所崇，但南朝造像新风对北朝的影响却与北魏孝文帝汉化改革时的情形有所不同，这主要是由于北朝政治格局的变化。534 年北魏分裂为东魏和西魏，之后又分别为北齐和北周所代，都城分别位于邺（今河北临漳县）和长安（今陕西西安市）。北朝的东、西两个政权，在佛教造像风格上最初都是沿袭北魏汉化改革后"褒衣博带""秀骨清像"的遗风，南朝新风出现后情况发生改变。东魏、北齐与南梁关系较好，东魏早在梁大同二年（536）即高欢迁魏都于邺的第三年，便与南朝通和、交聘往来，南朝造像的新风格也最先影响到东魏、北齐，尤其是北齐造像。然北齐造像虽有南朝影响，但它却更多具有印度笈多艺术特色，令人感觉"胡风甚重"，邺城遗址、青州龙兴寺窖藏出土的北齐造像便是如此。邺城作为北齐的都城，其造像最为奢华精美，龙树龛像是其典型造像龛式，材质以昂贵的汉白玉为多。西魏、北周受南朝造像风格影响的情况与东魏、北齐不同，这种影响不是通过文化交流的形式，而是通过战争。北魏分裂后，北朝东部与西部两个政权在最初的 20 多年时间里一直处于对战状态，几乎年年有战事，西魏与南朝几无交往记载。直至梁武帝末年的"侯景之乱"，南梁的后继统治者将都城迁往江陵，而后不久西魏在 553 年和 554 年先后取巴蜀、平江陵，南朝文物精华尽归长安，同归长安的当然还有以王褒、庾信为代表的大量江南文士。三年后周代西魏，是为北周，而北周佛造像艺术则一改西魏以来一直承袭的汉化改革后的北魏遗风，变为一种丰圆壮硕、立体感较强的造像风格，这种风格直承南朝。将 2004 年西安灞桥区湾子村出土的五尊北周大型佛立像、2007 年西安窦寨村发现的北周石刻造像等北周造像与四川成都南梁造像相比，便不难看出北周造像的这种承继关系。当然北周造像尽管直承南梁，但也

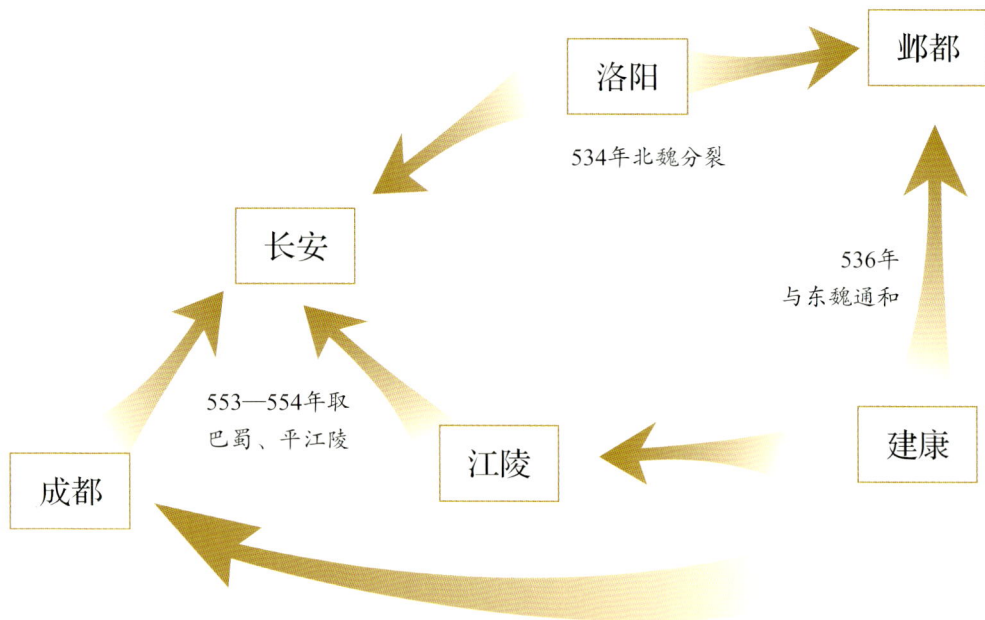

图 0-1　6 世纪上半叶佛教艺术传布示意图

融合了本地特征，形成北周独有的造像特色。南北朝晚期，也即 6 世纪上半叶的这次佛教造像艺术风格的传布可参见图 0-1。因为隋代之前没有比较完整的地面寺院及造像保存下来，所以这些埋藏坑造像因出土于都城或仅次于都城地位的地点而显得格外珍贵。同样，那些出土或传世的同期金铜造像也是如此，只是因材质的差异，金铜造像也有着属于自己的审美特性。

　　还有一些石刻造像，造像风格上固与时代同步，但形式颇具特色。如山西南涅水出土的一大批北朝造像，造像塔有五层、七层甚至十几层不等，每一层为一立方体，四面开龛造像，层层高垒且层层体量缩减，如塔般耸立。河南地区出土的北朝造像，最具特色的是各种形式的造像碑。河南为中原腹地，石碑是中原文化中历史久远的一种纪念物或标记，意在垂之久远。当佛教进入中国后，佛教的造像与中国的碑刻相结合，形成了独特的造像碑艺术，其形式既有螭首扁平碑身的传统形式，也有方柱碑身上覆庑殿顶建筑的形式等，不一而足，极具中原审美特色。南北朝的造像艺术中，不论是造像塔、造像碑，还是背光式造像、单体造像，其佛菩萨形象总是面含微笑，这或许就是当时人们虽身处苦难动荡的社会中，却始终保持着一种积极向上的乐观精神的体现。

金铜也好，石刻也罢，这些精美的造像之所以会给人以美的享受，离不开其所依赖的物质形态，即形式构成所带来的美感。这些造像在构图上有一个规律性特征，即除单体造像外，不论是背光式造像还是造像塔、造像碑上的龛像，以及具有组合关系的金铜造像，其构图形式一般都是以轴对称形式为主。所谓轴对称，通俗而言就是一个平面图形，沿着一条直线对折后，直线两侧的图像能够互相重合。以北吴庄出土的北齐坐佛七身像的线描图（见图 0-2）为例，这尊造像的图像便是一个轴对称图形，图中红色虚线即为对称轴。但在石刻佛教造像中很少有绝对对称的情况，大多数属于相对对称。绝对对称指对称轴两侧图像完全重合，而相对对称则是在整体基本对称的前提下，有局部不完全重合的地方。图中红圈标注的区域便是不能重合的部分：香炉两侧的对狮，一个头侧着一个则正视前方。轴对称图形会带来一种稳定的和谐之美，而相对对称的轴对称图形，则又使画面在整体稳定和谐之中不失变化与活泼。在以轴对称构图为基础的一龛造像中，佛像或主尊往往处于对称轴的位置上，且主尊的形体最为高大，不论是坐是立，形体均大于旁边侍立的菩萨、弟子或金刚力士等，成为视觉的焦点。形体最大及位于对称轴线位置——双重因素作用，突显出主尊的地位。轴对称构图的使用，以视觉的形式传达了佛教义理。另外，一尊或一龛造像能带给人以美感，还在于此造像各部分之间的和谐比例关系。以图 0-3 邺城遗址出土的东魏北齐背光造像线图为例，佛像的头光与背光的内切圆和最大外接圆是同心圆，圆心位于佛像的头顶心；佛像的坐高与头光直径相等，而头光的直径则与背光的内切圆半径相等。正是这些相互制约的比例关系，维系了整尊造像所给予人的视觉舒适与美感。这些比例关系、构图形式及各种因素，也正是解读佛教造像之美的基础密码。

图 0-2　轴对称示意图

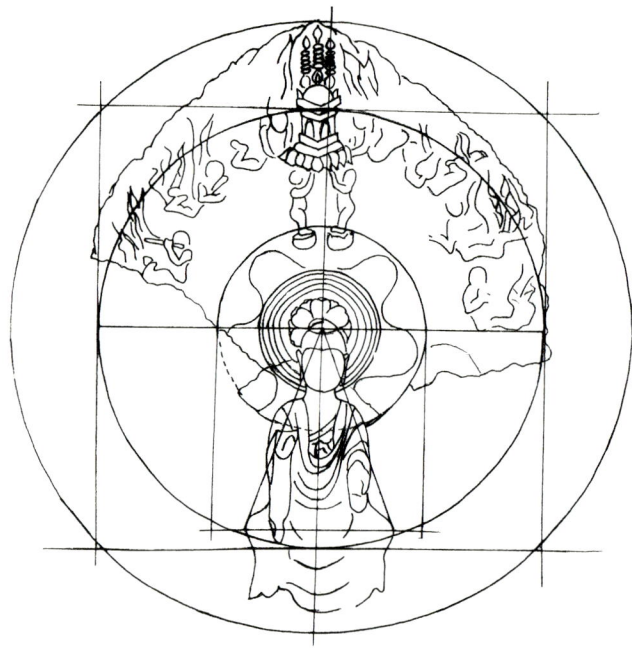

图 0-3　背光式佛坐像结构比例分析图

　　在中国的佛教造像艺术中，不论是汉传还是藏传，[①]这种轴对称形式、组合造像中各部分之间的比例关系，可以说无处不在。小到一件造像，大到一座佛殿、一座洞窟莫不如是。对于单体造像而言，虽无对称轴，却有一个重心，沿重心画轴线会得到一个重心线，在这条重心线两侧的形象需要达到均衡，使重心稳定，方会给视觉带来舒适感及美感。北朝末至隋唐出现比较多的身体呈 S 形立姿的菩萨像便是最好的例子。所以，一尊成功的造像其各部分之间的和谐比例关系至关重要，它是使审美持续的基础条件，同时也是某一特定风格的保证。此外，高超的雕刻技巧、别出心裁的艺术设计，以及充分利用和发挥材质自身的特点，都是一件成功造像必不可少的条件。

　　唐代之后，木雕佛教造像保存至今的比较多，绝大多数保存在国内外的博物馆中。这些木雕造像绝大部分当年是属于寺院的，由于年深日久殿宇坍塌、人为倒卖等各种原因辗转流

---

　　①　因中国古代南传佛教造像存世极少，故在此暂不涉及。

离，而被收藏于博物馆内，其中相当一部分流落海外。对于这些信息十分匮乏的造像，只能依据造像风格、来源地点，以及年代题记，来判断其时代。木雕艺术在中国起源很早，随着佛教的传入，木雕技艺也用来表现佛教造像，只是木材不易保存，中原地区的木雕佛像基本多是唐代以后的。但木材气质温和，便于雕刻，中国的木雕佛教造像艺术至唐代已臻于完善，两宋达到巅峰，并影响到同时代的辽、金。随着观音信仰的兴盛，唐以后观音菩萨造像大量出现，直至明清，此类造像题材不衰。

陶瓷类佛教造像最早或可追溯到两晋时期冥器陶瓷罐上小禅定佛的形象，但单体形式且技艺成熟的陶瓷类佛教造像在中国出现得较晚，著名的辽代三彩大罗汉像是比较早出现的陶瓷类造像，但数量稀少。倒是进入明清后陶瓷类造像比较普遍，尤以德化窑的白瓷造像最为著名，题材以观音、达摩像居多，人物形象生动，瓷质温婉、细腻如玉。但此时的陶瓷造像受文人士大夫审美好尚的影响，多为案玩清供，其宗教性大大削弱，但作为工艺品，其工艺和审美价值却不断凸显出来。这也正是随着佛教的世俗化，五代两宋以后的佛教造像更具人间烟火气象的一个很好例证。此外，还需一提的是夹纻造像这一非常特殊的造像材质和技术。夹纻技艺属漆艺范畴，可追溯至汉代漆器。夹纻佛像体量轻，适于佛教的行像仪式。保存至今的夹纻造像数量有限。

藏传佛教是佛教三大语系中最晚出现的。约在 7 世纪中叶佛教从印度与中原两路传入西藏，其前弘期约在 7 世纪中叶至 9 世纪中叶，后因朗达玛灭佛，藏区佛教至 10 世纪末才逐渐复苏，教义上直承东印度帕拉王朝的无上瑜伽密教。所以其金铜造像的历史也晚于汉传佛教。藏传佛教金铜造像大约可以分为三部分：一是中原内地尤其是宫廷制造的藏传佛教金铜造像，这类造像融入了汉传佛教的审美风尚；二是给予西藏本地造像最直接影响的环喜马拉雅地区佛教造像，如尼泊尔、克什米尔等地；三是西藏本地造像，这也是藏传佛教金铜造像的主体。这三类造像相互融通、多元共生，最终形成了洋洋大观的藏传佛教金铜造像艺术。

第一章

出土石刻造像

引　言

本章所选出土造像来自中国佛教造像艺术史上占有重要地位的几次考古发掘，时间集中在南北朝兼及隋唐，地域上主要包括四川、山东、河北、陕西、山西及河南。四川的成都、茂县、汶川等地均有南朝造像出土，其中以成都地区最为集中，如成都万佛寺出土南朝造像、成都商业街出土造像、成都西安路出土造像等。成都出土造像从南朝宋直至隋唐均有，而以南梁造像最多。南朝佛教造像艺术对北朝有着深刻的影响。北朝发生过两次造像风格的变化：第一次是北魏孝文帝的汉化改革，北朝的佛教造像从雄健之风变为南朝的"褒衣博带""秀骨清像"；第二次是在南朝梁时期出现的新风格对北朝的影响。成都出土的南朝造像中既有其原有的"褒衣博带""秀骨清像"，也有在南梁时期出现的新风格。因成都出土的南朝齐（又称南齐）造像较少，故亦将四川茂县东校场坝中村寨出土南齐永明元年（483）的无量寿佛像碑纳入本章内容。山东地区的佛教最初是由高僧从中原腹地传入，在南北朝时期尤其是北魏以后迎来了空前的繁盛期。青州是当时山东地区政治、经济、文化及佛教的中心，故而佛教遗迹众多。近年来，青州市及其附近的博兴县、诸城市、惠民县、临朐县等地有近千件佛教石造像出土。其中 1996 年在青州龙兴寺遗址附近的施工工地上发现的佛教窖藏坑最为著名，出土从北魏到北宋时期的各类佛教造像 400 余尊，以北齐造像最多，这些造像上很多还留有原来的彩绘贴金，艺术水平极高。同样以出土东魏北齐造像为主的是河北临漳邺城遗址。2012 年在习文乡北吴庄北地的漳河河滩内发现了一处造像埋藏坑，大多数为东魏北齐造像，个别为北魏、北周和隋唐造像。有题记的造像约 300 余件，题材涉及释迦、定光、弥勒、药师、阿弥陀、卢舍那、观世音、思惟太子及释迦多宝二佛并坐等。[1] 邺城遗址出土的东魏北齐造像中以龙树背光式造像最具特色，工艺之精、艺术水平之高，世所罕见。陕西西安即古时的长安，北魏分裂后的西魏、北周以及其后的隋、唐均定都于此。西魏造像延续北魏晚期以来的风格至北周，在京城腹地北周时期的造像一直发现较少，如 1992 年西安北郊出土的 3 尊汉白玉观音单体造像[2]，1975 年在西安草滩发现的 17 块长方形汉白玉石龛像，总体而言数量较少。直至 2004 年，先后在西安东郊灞桥区湾子村和西安市未央区中查村出土了 5 尊大型佛立像及一批佛教造像残块（经修复得单体造像 31 件），5 尊大像中有 1 尊造像上刻有北周大象二年（580）的题记，为北周佛像的断代提供了标准器。2007 年在西安窦寨村又发现了一批北周石刻造像。这些造像虽然在数量上无法与邺城遗址和青州出土的东魏北齐造像相比，但也可以使我们基本了解北周造像的面貌特征。这些出土于南北朝政权的都城或重要地区的造像，为我们勾勒出那个时代造像风格的产生、变化、发展以及流布过程的特点，这些造像既有时代共性，也有地区审美的差异性。如北周造像更贴近南朝，汉风更重，而北齐则胡风逾浓。此外，1959 年在山西南涅水发现了一大批石刻造像，有 1140 余块，以造像塔形式居多，亦有单体造像。时间纵跨北魏永平二年（509）到北宋天圣九年（1031），以北朝末期为主。河南省出土的石刻造像总体而言并不少，但相对比较零散，荥阳大海寺遗址中唐时期的石刻造像比较集中，以菩萨立像居多，由于很多石像被打碎无法复原，故而亦有很多单独的菩萨头像。这些菩萨造像制作技艺娴熟，造型手法多样。河南地区出土的南北朝至隋唐的石刻造像除单体造像、背光式造像之外，非常具有特色的是将佛教造像艺术与中国传统的碑刻艺术相结合的一种新的佛教艺术形式——造像碑，其形式主要有扁碑身螭龙碑首、方碑身庑殿顶式碑首等。集中出土的造像碑以偃师附近出土的 5 通平等寺造像碑最为完整精美，令人震撼。河南地区的石刻造像在艺术形式上的一个明显特色是线刻与浮雕相结合，其中线刻尤精。以线造型是中国艺术的特质，正如日本学者石松日奈子所说："河南造像的真髓在于它具有高密度的线刻和浅浮雕秀美飘逸的表现。光背及侧面、背面所刻的各种装饰线充满了超越现实的形态和紧张感，菩萨飞天身体纤细，手足衣着异常的长，衣纹表现锋锐尖利，云

---

① 中国社会科学院考古研究所、河北省文物研究所：《邺城北吴庄出土佛教造像》，科学出版社，2019 年，第 iii 页。
② 西安市文物局：《西安北郊出土北周白石观音造像》，《文物》，1997 年第 11 期，第 78—79 页。

朵火焰的曲线表现急缓有序，十分动人。"①

综上可知，可移动造像总体上可以分为单体造像、造像碑与造像塔。其形态各有特点，又形成了各自的发展变化。单体造像类可析出背光式、项光式与龙树等背龛及独体造像等具体变化。造像碑中也有最典型的螭龙碑首与庑殿顶方柱式碑。造像塔则有覆钵式与楼阁式等，没有标准化一统不变的样式。更重要的是这些形式变化与各种佛教题材交叠，一种形式可以有多种题材，一种题材也可覆盖多种形式。究其根底，造像基本形式的发展，基于中国传统与印度来源，主要是在艺术工匠的努力中形成的。所以在审美过程中，于统一中求变化、在变化中见统一的原则起到了重大作用。而种种形样与风格的错综变化，亦关乎外来与传统之审美趣味的纳受与变迁，这是造像作品中更需深刻感受的。

① ［日］石松日奈子：《北魏河南石雕三尊像》，刘永增译，《中原文物》，2000年第4期，第56页。

第一节

参灵酌妙：四川地区出土南朝造像

四川出土的造像以南梁为多，但也有一定数量的南齐造像，如茂县出土的南齐永明造像。这些南齐造像中有造像碑式（见图1-1-1、图1-1-2），也有背光式（见图1-1-3至图1-1-7），从这些造像中可以领略到南朝原汁原味的"褒衣博带""秀骨清像"的造像之风。梁武帝萧衍是南朝著名的"菩萨皇帝"，南梁新风格的创立与梁武帝广交南海的社会背景密切相关。梁武帝从印度、南海诸国积极引进佛教艺术，随之而来的还有印度及东南亚的世俗文化。

所谓南朝新风，是指在南朝梁时期（502—557）由大画家张僧繇所创立的一种有别于前代的、被画史称为"疏体"的新艺术风格。张僧繇参学诸家之妙，创"面短而艳"的张家样，即后世所推崇的佛画四家样之一。张僧繇在中国古代艺术史上占有非常重要的地位，是汉唐间艺术转变过程中的一位标志性人物，其艺术对后世影响深远。这种南朝新风格的艺术影响主要体现在绘画及雕塑作品上。由于年代久远，今天我们所能见到的当时的这种风格的艺术作品，主要集中在佛教造像上，绘画作品存留甚少。张僧繇所创之艺术新风格与好佛的梁武帝广交南海诸国密不可分，正如《梁书·诸夷列传》序记所载：

> 海南诸国，大抵在交州南及西南大海洲上，相去近者三五千里，远者二三万里，其西与西域诸国接。汉元鼎中，遣伏波将军路博德开百越，置日南郡。其徼外诸国，自武帝以来皆朝贡。后汉桓帝世，大秦、天竺皆由此道遣使贡献。及吴孙权时，遣宣化从事朱

应、中郎康泰通焉。其所经及传闻，则有百数十国，因立记传。晋代
通中国者盖鲜，故不载史官。及宋、齐，至者有十余国，始为之传。
自梁革运，其奉正朔，修贡职，航海岁至，逾于前代矣。[①]

由"航海岁至，逾于前代矣"可见梁武帝与南海诸国往来的频繁。根据
《梁书》等相关史料，从表1中可以看到，在梁武帝近半个世纪的统治时间里，
各国朝贡几乎连年不断，特别是在南梁的前三分之二的时间里，各国朝贡次数
尤为密集。在这些朝贡国中既有南海及印度诸国，也有西部及北方诸国。

表1　梁武帝时期各国朝贡情况

南海及印度诸国		北方及西部诸国	
林邑	8次	蠕蠕	6次
扶南	8次	河南国	5次
槃槃（盘盘）	4次	于阗	4次
婆利	3次	宕昌	3次
狼牙修	3次	滑国	3次
干陀利	2次	龟兹	1次
丹丹	2次	渴槃陁	1次
狮子国	1次	白题	1次
中天竺	1次	波斯	3次
北天竺	1次		

表1明显显示出梁武帝与南海及印度诸国的往来要比北方及西部诸国密切。
梁武帝崇佛，他将南朝佛教推向顶峰。他不但积极译经，且大兴佛寺，修造佛
像，有梁一代"合寺二千八百四十六所。译经四十二人二百三十八部。僧尼八
万二千七百余人"[②]。如此数量的寺院，对于塔像的需求也相当可观。由于武帝
崇佛，所以他与南海诸国的交往中以佛教为目的的交流占有相当重要的地位。
南梁跟南亚、东南亚的密切交往，使其佛教造像艺术的面貌产生了很大变化，
由原来的"褒衣博带""秀骨清像"变为面庞丰润、体格健硕、袈裟贴体的南朝
新风格。南梁的都城在建康，即今南京，但南京地面寺院造像很少有能够流传
至今的，到目前为止也未发现有窖藏坑之类的造像遗存，而四川成都地区出土

---

① ［唐］姚思廉：《梁书·诸夷列传序》，中华书局，1973年，第783页。
② ［唐］法琳：《辩正论》卷三，《大正藏》第52册，第503页。

的这些造像使人们有机会一睹南梁造像的风采。在这些造像中，有背光式造像，也有单体造像，就题材而言有释迦立像（见图1-1-8至1-1-14）、二佛并坐像（见图1-1-15、图1-1-16）、佛坐像（见图1-1-17至1-1-19），还有阿育王造像（见图1-1-20至1-1-23），等等。当然南朝的造像新风实际上也是源自印度笈多艺术，从残佛立像（见图1-1-24、图1-1-25）上可以明显看出笈多佛造像艺术的影响：薄衣贴体，躯干突出健硕，身体结构比例准确等。所谓"笈多艺术"是指古印度笈多王朝（约320—540）的艺术，是继贵霜的犍陀罗之后，在印度本土艺术基础上发展起来的一种艺术形式，其最辉煌时期在4世纪下半叶至6世纪上半叶，它确立了印度古典艺术的范式，在印度的马图拉及萨尔纳特（Sarnath，即鹿野苑）等地都出土有相当丰富的笈多时代的佛教造像。笈多造像身体肌肤显得柔软而富有弹性，佛陀面相年轻，肌体中透出一种青春的活力。佛像颈部三道蚕节纹是其重要特征之一。[1] 佛像袈裟薄衣贴体，只在领口、袖口或衣边处才能看出袈裟的痕迹，整个躯干看上去几近裸体，凸显出饱满健硕的体魄。身体比例精当，充分表现出人体的有机结构。头部为螺发，面相丰圆。头光多为圆形，其同心圆内雕绘有一圈圈精美的花草纹饰。立佛一般右手施无畏印，左手提袈裟。就袈裟样式而言，不论立像或坐像以着通肩袈裟样式为多，袒右式相对较少。[2] 尽管南梁的佛造像受笈多艺术的影响，但并非全盘接受，而是取其精华化为己用，成就了具有汉传佛教审美特色的南梁造像新风格。相比之下，在后文会看到北齐造像与笈多艺术具有更高的相似性。再有就是关于南朝造像中佛发形式的改变。据史料所载，梁武帝天监五年（506）诏宝云随扶南使者往迎佛发之事，以及梁武帝普通三年（522）在阿育王塔下发现佛发一事[3]——二者互为表里，引发了中国佛教造像中佛陀发式的改变，即"螺发"佛像的流行[4]，而这种佛发样式则成为日后中国佛像的定式。另外，在成都万佛寺还出土了一件造像座（见图1-1-26至1-1-29），已无法知道它完整时的样子，佛座四面雕满大大小小的人物，虽然上面没有纪年，但其中有几个人物形象与南海人物形象非常相似，所以此造像座很可能出自与南海交流频繁的南梁。

---

① Vinay Kumar Gupta, *Buddhism in Mathura: A Detailed Study of Buddhist Tradition, Archaeology and Art*, Delhi: Bharatiya Kala Prakashan, 2009, p.68.

② Sharma, R.C., *Buddhist art: mathura school*, New Delhi: Wiley Eastern Ltd., 1995. M.C.Joshi, *Early Classical Art of South Asia, (I、II)*, New Delhi:Bharatiya Kala Parkashan, 2009. Vinay Kumar Gupta, *Buddhism in Mathura: A Detailed Study of Buddhist Tradition, Archaeology and Art*, Delhi: Bharatiya Kala Prakashan, 2009.

③ ［唐］姚思廉：《梁书·诸夷列传序》，中华书局，1973年，第709页。

④ 罗世平：《青州北齐造像及其样式问题》，《美术史研究》，2000年第3期，第48页。

图 1-1-1　无量寿佛造像碑正、侧面及拼对复原位置图，南朝齐永明元年（483），石刻，高 116.5 厘米

四川省茂县东校场坝中村寨出土，四川博物院藏

　　此无量寿佛造像碑于 1921 年出土于茂县东校场坝中村，民国年间被盗时被分成数块，现存图像较多的有四个部分，亦为造像碑的主体。经复原，这是一通四面皆有造像和题记的长方形造像碑。正面为无量寿佛坐像，背面为立像，两侧雕刻山林及佛菩萨等像和题刻。完整的碑高约 170 厘米、宽 73 厘米、厚 21 厘米。[1] 正面的无量寿佛为典型的"褒衣博带""秀骨清像"风格。佛像双眼眯起、面带微笑、肉髻高耸，双跏趺坐于佛座之上，袈裟呈双领下垂式，右侧的袈裟一角搭于左手的手臂上，内着僧祇支，胸前系带，露于袈裟外，厚重的悬裳垂于座前。

① 袁曙光：《四川茂汶南齐永明造像碑及有关问题》，《文物》，1992 年第 2 期，第 69 页。

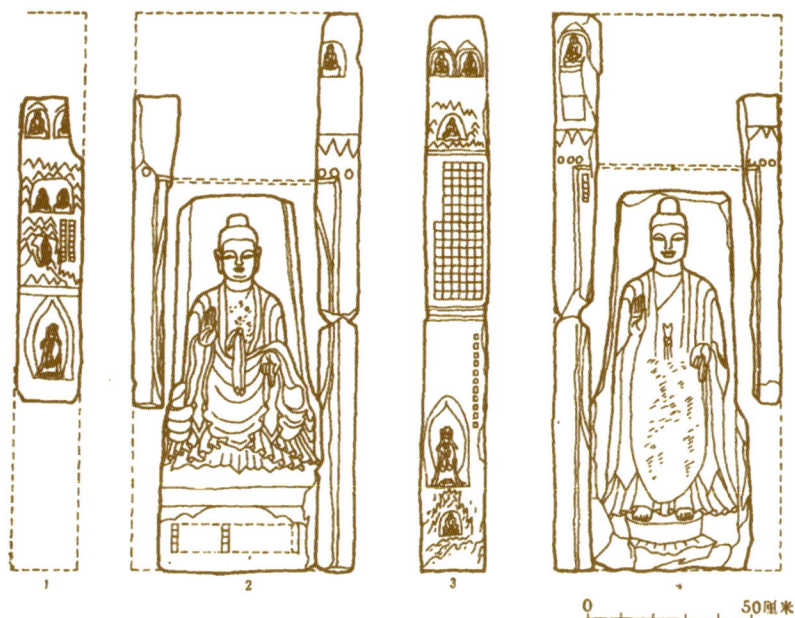

0　　　　　　50厘米

图 1-1-2　无量寿佛像碑佛像局部，南朝齐永明元年（483），石刻

四川省茂县东较场坝中村寨出土，四川博物院藏

　　衣纹处理得简洁明快，呈左右对称式分布，肩头的衣纹为阴线刻，悬裳处则基本为浅浮雕处理手法，垂下的衣褶层层累叠。佛像的微笑洋溢着一种乐观的精神。右手施无畏印，似是告诫众生，有佛法之护佑便无所畏惧。观之令人忧愁烦恼之心顿息。

图 1-1-3　一佛二菩萨像，南朝齐永明八年（490），石刻，高 64 厘米

四川成都西安路出土，成都博物馆藏

　　此尊南朝齐永明八年（490）造像为一背光式造像，背光上半部分残缺，仅剩佛头部附
近的三尊小佛和一身飞天。佛像两侧的胁侍菩萨身形较小，披十字交叉形天衣，头光为桃
形。佛像的坐姿与手印均与永明元年的无量寿佛像碑相同，"褒衣博带"式袈裟，厚重且充
满垂感的悬裳垂在座前。悬裳下，有一小童子蹲在地上，头上顶着一鼎香炉。

图 1-1-4　一佛二菩萨佛像侧面局部，南朝齐永明八年（490），石刻

四川成都西安路出土，成都博物馆藏

　　从侧面观察，更容易看出造像的体积感，看出其饱满的面部、圆润的肩
胛、准确的形体结构。佛像眉眼弯弯，笑容可掬，沁人心脾。

图 1-1-5　一佛二菩萨像佛像悬裳，南朝齐永明八年（490），石刻

四川成都西安路出土，成都博物馆藏

　　佛衣悬裳的衣纹基本为左右对称形式，具有装饰化的线条、浅浮雕的表现形式。由于雕刻佛像的石材为砂岩，石质较为柔软，匠师以刀代笔的雕刻痕迹尚历历在目。

图 1-1-6　一佛二菩萨像，南朝齐建武二年（495），石刻，高 36 厘米

四川成都商业街出土，成都博物馆藏

　　此尊背光式造像的背光大部分损毁，一尊胁侍菩萨和佛像头光部分的两尊小佛是完整的，左胁侍菩萨仅剩下半身。佛像的姿态、样式均与上面两尊南齐造像相同，只是在人物刻画上，更显得圆润丰满。

图 1-1-7　一佛二菩萨像佛像局部，南朝齐建武二年（495），石刻

四川成都商业街出土，成都博物馆藏

　　佛像头部略残，肉髻高耸，面庞及手都显得饱满丰润，似更写实，肩部也更加宽且厚实，人物"秀骨清像"的意蕴在不断减弱。上臂部分的衣纹变得更深，而不再是单纯地以阴线刻出，似是在追求一种立体的效果。可见南朝造像风格的变化在南齐末年已见端绪。

图 1-1-8 王州子造释迦像，南朝梁天监十年（511），石刻，高62厘米

四川成都商业街出土，成都博物馆藏

此件舟形背光式造像保存比较完整，为一佛二菩萨二力士的一铺五尊造像形式，采用高浮雕几近圆雕的雕刻手法。佛陀立于中央的大朵铺地莲台上，二胁侍菩萨及力士皆立于仰莲的莲台上。背光上部浮雕飞天及佛陀说法的场景。造像以佛像为主，其形体最大，以下形体依次减小，位置变低，主次分明、疏密有致。

图 1-1-9 王州子造释迦像背光局部，南朝梁天监十年（511），石刻

四川成都商业街出土，成都博物馆藏

背光为舟形，分内外两层。外层为十余身飞天，最上部即舟形背光的尖部有一座三层宝塔，两侧各由一飞天托举。内层好似说法场景，佛居中而坐，上有华盖，两侧垂璎珞般装饰，下为佛的仰覆莲台。佛像两侧为胁侍弟子及诸比丘僧雁翅排开，行列之末各有一座三层阙楼，楼下各跪有一僧人。这组人物排列十分巧妙，犹如一组适合纹样，刚好嵌入背光内层的三角区域内。

图 1-1-10　王州子造释迦像局部之一，南朝梁天监十年（511），石刻

四川成都商业街出土，成都博物馆藏

　　佛像"褒衣博带"，一手施无畏印，一手施与愿印，袈裟的一边从身前穿过搭在左臂上。袈裟的纹路为浅浮雕形式，两侧的衣摆很长，呈燕尾状。佛像为长圆脸，五官细小，精致而清秀。头上的佛发为圆球状的螺发，此一点与北齐的佛发平滑无纹饰相异。两侧的菩萨大致相同，只是手势及菩萨冠的样式有所不同。三尊造像虽处于同一个平面中，但体量大小及脚下水平线位置的高低，拉开了主尊与胁侍的远近位置和主次地位。主尊释迦佛体量最大，且脚下水平线位置最低，给人感觉他位于最前方；二胁侍脚下莲台的水平线位置都高于佛足的位置，且胁侍体量较小，故二像位置后退，在背光式造像这种平面空间中营造出明显的纵深空间感。

图 1-1-11　王州子造释迦像局部之二，南朝梁天监十年（511），石刻

四川成都商业街出土，成都博物馆藏

　　胁侍菩萨及力士像雕刻得十分精细。菩萨衣饰华丽，质感轻柔，肩头的披帛、腿侧的裙摆如雁翅般向两侧延展，天衣在身前交叉呈 X 形。宝冠也雕刻得十分精美。菩萨身边的力士相对于菩萨而言衣着简朴，上衣至膝，下身着长裤，更像是一个衣襟短小的侍从。

图 1-1-12　比丘晃藏造释迦像，南朝梁中大通二年（530），石刻，高41厘米
四川成都西安路出土，成都博物馆藏

　　这件舟形背光式造像人物众多，为一佛四弟子四菩萨二天王（或力士）组合。佛像立于
铺地莲台上，莲瓣为双层，佛右手施无畏印，左手施与愿印，袈裟的一边搭在左臂上。佛像
虽还是"褒衣博带"式，但衣服下面的身体已隐隐显现出来。佛菩萨身后舟形背光的上方，分
内外两层，中间以连珠纹隔开。外层为十身飞天拱卫着背光最上端尖部的一座单层小塔。内层
为释迦说法场景，释迦佛居中端坐，两侧各有三组跪坐在方毯上的比丘僧，给人感觉似有成百
上千僧人聚会听法，其中还有人好似坐于帐中。整个背光上的浮雕图案构图严密。

图 1-1-13 比丘晃藏造释迦像局部，南朝梁中大通二年（530），石刻

四川成都西安路出土，成都博物馆藏

释迦佛及其诸弟子、菩萨、力士犹如一组主次分明、穿插有序的人物群像，释迦佛似一位老师率领着自己的众位学生在讲学。其实在原始佛教中，释迦牟尼并不是一位高高在上的至高尊神，而是一个普通人，他四处游学，传播自己的思想理念，他的十大弟子也是他最出色的十位学生。这件背光造像是一组表现出色的人物群像：人物排布错落有致，形象表现生动；几近圆雕的高浮雕、浮雕以及浅浮雕手法的运用，自然而然地拉开了人物的前后空间距离。

图 1-1-14 比丘晃藏造释迦像局部，南朝梁中大通二年（530），石刻

四川成都西安路出土，成都博物馆藏

在佛陀的脚下有一对狮子，狮子中间有一童子模样的人物坐在地上，头顶一盘，单手扶盘沿，盘上有一宝瓶，瓶两侧对称，各有一支莲花及莲叶。狮子的样貌是南朝常见的神兽貔貅的形象，昂头挺胸，阔口或张或闭，一前爪抬起，虽然体量很小，但威势不输陵墓神道上巨大的神兽。

图 1-1-15　张元造释迦多宝像，南朝梁大同十一年（545），石刻，高 43 厘米

四川成都西安路出土，成都博物馆藏

　　二佛并坐题材虽盛行于北朝，但在南朝也并不少见。梁大同十一年（545）张元造释迦多宝像便是其中之一。这尊舟形背光式造像的正中是释迦与多宝佛，端坐于从类似于一个广口矮坛中生出的一对大莲花莲台上。二佛均是双跏趺坐，面庞较圆，五官小巧秀气；头上平滑，无螺发，肉髻较南齐低平。佛像样式已不再是南朝旧有的"秀骨清像"，丰满健硕的身形已显示出来，袈裟的底摆已经不再是垂感厚重的悬裳。二佛身边有二弟子、五菩萨、二力士以及最前边的一对狮子。这些人物和狮子，如众星捧月一般将二佛围在正中，突出了中心人物。背光上部的浮雕图案与前两件南梁背光式造像相似，只是在中间佛像的下面多了一尊于山间林木中禅定的佛像。整件背光式造像的构图可谓密不透风，人物形成的环形构图在两狮子之间却留出了气眼，使气韵在中间流动，而又不至于滞塞。

图 1-1-16　张元造释迦多宝像背光局部，南朝梁大同十一年（545），石刻

四川成都西安路出土，成都博物馆藏

　　在端坐于帐中的佛像下面还有一尊山间禅定的佛像（或僧侣像），他头后有头光，双腿盘起，手结禅定印。他两侧的山峦比较低，山上有茂密的树林。

图 1-1-17　佛坐像，6世纪中叶，石刻，高48厘米

成都万佛寺出土，四川博物院藏

此背光式佛坐像一铺七尊，佛像居中而坐，形体比二弟子、二菩萨及二力士要大很多，且菩萨、弟子等均为立像，但身高不及佛像上半身的高度，他们身体与背光相连为高浮雕雕刻，而佛像几近圆雕，远远地突出于背光。佛像的风格已然是南朝的新风格，但座下浅浮雕雕刻的悬裳，还保留着一丝"褒衣博带"的痕迹。在佛座两侧各有一只南朝神兽样式的狮子，佛座前有相对而立的二比丘。背光为舟形背光，最外层以浮雕形式雕刻姿态各异的飞天。造像身躯健壮结实，突出人物的身体结构，衣纹只是附属，以蚕丝般匀净的细线刻画。

图 1-1-18　佛坐像局部之一，6 世纪中叶，石刻

成都万佛寺出土，四川博物院藏

　　佛像面庞较方，满含笑意，令见者心生欢喜。佛的笑眼仅是在球状的眼窝内用一道弯弯的细线刻出，眉毛并没有着意去表现，而是通过刻画眉弓骨，在光影的作用下自然显现出来。当我们拉近镜头，会发现雕刻的匠师们将人物安排得井然有序：佛为最靠前最突出的形象；菩萨和力士居中间层，形体小于佛而大于弟子；第三层为二胁侍弟子，形体最小。此背光式佛造像厚度只有 11 厘米左右，但当局部显示此组群像时，人物大小比例存在一定差异，从而营造出更为深远的空间感，一眼望去主次分明。

图 1-1-19　佛坐像局部之二，6 世纪中叶，石刻

成都万佛寺出土，四川博物院藏

　　佛座两侧是两只石狮，但其造型与北方狮子形象不同，而是南朝陵墓前常见的貔貅（或辟邪）形象。石狮体量虽小，但刀法圆浑，气势不减。在佛座的正前方是垂下的悬裳及两位供养比丘僧，以浮雕形式表现。悬裳最下部的外缘以密集短线雕刻，仿佛流苏一般。

图 1-1-21　阿育王像正面局部，南朝梁大宝二年（551），石刻

四川成都西安路出土，成都博物馆藏

阿育王长圆面形，深目高鼻，目光下视，其上唇还留有向上翘起的八字胡，带有印度人的特点。阿育王的头发是波浪式的卷发，在头顶有高高的发髻，发髻上仍清晰可见卷曲的发丝。阿育王是佛典中公认的转轮圣王，他的形象特征同样具备佛的三十二相、八十种好。这尊阿育王像并没有塑成佛像，而是与佛像十分相似，但又极富有阿育王的个性特征，具人物肖像性质。

图 1-1-20　阿育王像，南朝梁大宝二年（551），石刻，残高48厘米

四川成都西安路出土，成都博物馆藏

阿育王造像在南朝颇为流行。此尊阿育王像站在仰覆莲台上，仰莲莲瓣上还有装饰物，但均已丢失。阿育王身着通肩佛衣，有领，衣纹呈U形排列在身前，下裙较短，约在小腿的中部。其头后的头光仅剩下不到四分之一，但从残余部分可以看出头光的外圈雕刻着一尊尊佛坐像。阿育王两手臂均残。

图 1-1-22　阿育王像半侧面局部，南朝梁大宝二年（551），石刻

四川成都西安路出土，成都博物馆藏

从侧面观之，阿育王的鼻梁与额头是平的，即通常所说的平额，头微微低垂，眼睛为长圆形，向前下方注视，具有一种不怒自威的威严。从金箔残存的痕迹看，阿育王像原本是在背光及面部、颈部等皮肤外露的地方贴金的。

图 1-1-23　阿育王残像，南朝梁，石刻，高 177 厘米

成都万佛寺出土，四川博物院藏

图 1-1-24　佛立像，南朝梁，石刻，残高 137 厘米

成都万佛寺出土，四川博物院藏

图 1-1-25　佛立像，南朝梁中大通元年（529），石刻，残高 155 厘米

成都万佛寺出土，四川博物院藏

此尊阿育王残像的头部、臂部尽毁，但从衣纹、衣着样式可以看出其与梁大宝二年（551）成都西安路出土的阿育王像样式相同，故而可知这也是一尊阿育王像，由此亦见阿育王信仰在南梁之流行。此像袈裟贴体，身体健硕，人体比例结构表达准确。袈裟衣纹呈 U 形，明显突出，凹凸起伏自然，写实性较强。

此尊佛立像头、脚及手部已毁，但躯干保存尚完整。佛的颈部还能见残留的两道蚕纹，所穿袈裟为领口较深的通肩袈裟。袈裟的衣纹细密地排布全身，薄薄的衣料紧贴身体，透出健美的躯干。佛像的重心放在左腿，右腿放松微向前屈。此种造像风格很明显是受到印度笈多艺术风格的影响。

此尊佛立像与四川成都万佛寺出土佛立像几乎一模一样，损毁程度也相似，只是这尊立像的双足保存比较完整，袈裟衣纹稠叠细密，薄衣贴体，亦是一尊深受印度笈多艺术影响的佛造像。

图 1-1-26　造像底座，南朝梁，石刻，高 105 厘米
成都万佛寺出土，四川博物院藏

　　成都万佛寺出土。此件造像底座不论形制还是上面的人物形象都十分少见。这个底座残存的部分雕刻着一排人物，形体高大者为主要神祇，头部全损或部分损坏，其头后都带有头光。形体较小者当是侍从或次等神祇。这些人物形象均为立姿，多数是将重心放在一条腿上，另一条腿微曲。从人物形象及风格上看，具有浓郁的南亚或东南亚风格。

图 1-1-27　造像底座局部之一，南朝梁，石刻
成都万佛寺出土，四川博物院藏

　　画面左面的人物有一头齐肩蜷曲的头发，面部浑圆，眉弓高挑，大眼，深眼窝，眼睑低垂，口鼻处有些残损。从其装束上看，应是一男性侍从，双手在胸前持一敞口杯似的物件。此类人物在造像底座上有两三个，这一形象颇似后来人们常说的昆仑奴，在中国多座唐墓中都有相似的人物形象出土。他的左侧是一象头神。在印度教中象头神伽内什是印度教主神湿婆神和女神帕尔瓦蒂的儿子，也是印度教中重要的一位神祇，但在这组雕像中身量较小，显然不是主要神祇。

图 1-1-28　造像底座局部之二，南朝梁，石刻

成都万佛寺出土，四川博物院藏

此一神祇为男性，光头，似比丘形象，但衣着打扮又不同于比丘，他颈戴项圈，手腕处戴有腕饰，手中提有一袋。身披天衣，从手臂处垂下，身后有头光。身系腰裙，细细的阴线刻出衣纹。此像面部圆润，细长的双目微微下视，表情祥和，线条柔和温润，人体比例结构准确。

图 1-1-29　造像底座局部之三，南朝梁，石刻

成都万佛寺出土，四川博物院藏

此尊女神头部残损，其面部微胖，长长的耳垂上带着圆形的耳环。赤裸上身，颈戴项圈，手臂上挂着天衣，下身着裙，长及脚踝，腰间的裙边外翻，细线雕刻出整齐的衣褶。女神丰臀肥乳，腰肢纤细，显得格外妖娆，为典型的印度女子形象。她的姿态颇具动感，双手各捻一朵花：左手高举于面前，似是在仔细观赏这朵花；右手置于身侧。右腿微曲，重心位于左腿。

第二节 🏵

异域胡风：青州龙兴寺窖藏造像

1996 年 10 月，在青州龙兴寺遗址附近的施工工地上佛像窖藏坑被意外发现。窖藏坑位于遗址西北部，南北长 8.7 米，东西宽 6.8 米，坑内呈三层堆放，有从北魏到北宋时期的各类佛教造像四百余尊，其中以北齐时期石像最多，现已复原二百余尊。这批造像大部分仍保留有原来的彩绘和贴金，具有极高的艺术水平，被评为 1996 年中国十大考古发现之一。随后此批造像又先后在德国、瑞士、英国、日本、美国等地展览，青州造像从此蜚声中外。

龙兴寺最早称南阳寺，主持青州地区的寺院事务，管理北到广饶、南至临朐区域内的所有寺院。清光绪年间《益都县图志》载："龙兴寺在府城西北隅。……北齐武平四年额南阳寺，隋开皇元年改曰长乐，又曰道藏。则天天授二年改曰大云，开元十八年始号龙兴。宋元以来，代为名刹，明洪武初拓地见齐藩，而寺遗遂湮。"① 龙兴寺遗址位于青州博物馆南面，南北长 200 米，东西宽 150 米，结构和布局仍保留着唐代以前寺院的原始风貌。

北魏晚期到东魏时期的青州造像仍以深受汉族士大夫阶层传统审美影响的"秀骨清像"风格为主。至北齐时期，青州造像完全不复北魏的风格，低髻螺发、面相丰圆、袈裟贴体、凸显形体美的带有明显印度笈多风格的审美情趣成为主流，学术界将这种极具青州地域特色的造像称之为"青州风格"或"青州模式"。

在龙兴寺出土的造像中单体佛、菩萨为一大类。北齐的菩

---

① ［清］张承燮、李祖年主修：《益都县图志》点校本，中国文史出版社，2006 年，第 189 页。

萨造像十分有特点，当然在菩萨造像上亦能看出从北魏晚期、东魏到北齐的风格变化。窖藏出土的一尊高约 1.15 米的北齐菩萨立像（见图 1-2-1 至 1-2-4），带有北魏晚期以来的造像余韵，这主要体现在菩萨的服饰上，但菩萨丰盈的面庞、形体结构准确而结实突出的躯干，已是新的风格特色。思惟菩萨像，是北齐造像艺术中非常常见的题材，窖藏出土的这尊思惟菩萨像除右手部分残缺其余基本保存完好（见图 1-2-5、图 1-2-6），其风格与另外两尊菩萨像一样（见图 1-2-7、图 1-2-8），具北齐典型的造像特征。窖藏出土的北齐造像，佛像肉髻低平，佛发为螺发，此是笈多艺术的标志性特点之一；佛像面相圆润丰满，受到南梁时期画家张僧繇创制的"面短而艳""张得其肉"的丰腴式人物形象的影响；袈裟轻薄贴体，衣纹疏密有致，受到笈多风格和北齐画家曹仲达所创"曹衣出水"式样的影响；佛像肩宽腰细，腹部略鼓，突显形体美，与笈多造像相似（见图 1-2-9 至 1-2-21）。笈多艺术、南朝影响、曹家样、胡风等多元文化因素共同影响着青州北齐造像的风格。

青州有着便利的对外交通。《史记·货殖列传》载"齐鲁千亩桑麻"，发达的丝绸业使地处东方的青州通过丝绸之路与西域联系在一起。东晋五胡十六国到南北朝时期，往来于陆上丝绸之路的人数不胜数，天竺僧人佛图澄、东晋僧人法显、北魏使者董琬、高明、韩羊皮等都是其中的一员。据史书记载，东魏权臣、北齐高祖高欢的先祖实为汉人，而"累世北边，故习其俗，遵同鲜卑"[1]。北齐建国后一反北魏的汉化政策，推行鲜卑化。常有中亚西域的胡人往来于青州，龙兴寺出土的法界人中像上就绘有胡人形象。法界人中像是佛教造像艺术中非常特殊的一种题材，全称"卢舍那法界人中像"，特点是在佛像身上或刻或绘出许多佛教内容的图像（六道图）。法界人中像的出现与佛教华严学密切相关，《华严经》将法身佛、化身佛与报身佛统一于卢舍那佛。到目前为止，发现的此种佛像，包括各种载体形式在内，总数不超过 20 件。[2] 龙兴寺窖藏出土的法界人中像十分精美，尽管有的头部残损，但主体保存完好。在本书所给出的三尊法界人中像中，有一尊佛像身上的佛教图案为减地平钑雕刻（见图 1-2-22、图 1-2-23），其余两尊均为彩绘（见图 1-2-24 至 1-2-27），方寸之间人物被刻画得栩栩如生。其中图 1-2-25 中法界人中像上有胡人彩绘。其实除造像外，青州地区的线刻画像石上也有胡人形象出现。1971 年青州傅家村的一座石室墓内出土了八块北齐武平四年（573）的线刻画像石，现藏于青州博物馆。画像石的内容有商旅驼运图、商谈图、车御图、

① ［唐］李百药：《北齐书》卷一《帝纪第一·神武上》，中华书局，1972 年，第 1 页。
② 张总：《卢舍那法界人中像彩绘僧尼像》，见青州市博物馆编：《青州龙兴寺佛教造像艺术》，山东美术出版社，2014 年，第 138 页。

出行图等，生动地描绘了墓主人生前经营丝绸贸易的场景。其中的六块画像石上都出现有胡人形象①，说明青州地区在北齐时与西域有着广泛的往来。

青州是陆上丝绸之路的源头之一，亦是海上丝绸之路东线的重要港口。东晋名僧法显在完成西行取经后经海路归国，于东晋义熙八年（412）达青州长广郡牢山（今山东青岛崂山）②。东晋年间（317—420），天竺僧人佛陀跋陀罗接受僧人智严的邀请，二人由海路抵青州东莱郡，后前往长安会见鸠摩罗什。南朝宋元嘉年间（424—453），僧人道普等数十人欲西行寻经，"至长广郡，舶破伤足，因疾而卒"③。可见青州地区在魏晋南北朝时为海上交通的要道。

除了单体造像，背光式造像是窖藏造像中的另一大种类。龙兴寺窖藏出土的背光造像，其背光多呈舟形，上部尖下部宽，铺像组合以一佛二菩萨为主，立佛及菩萨脚下为莲花，身姿矫健的虬龙从主尊莲台的左右伸出，佛菩萨像的上部飞天拱卫着一座小塔（见图1-2-28至1-2-31）。背光式造像的基本图像组成如此，但不同的背光式造像具体的图像因素繁简程度不同，莲花、龙、飞天（或伎乐）等的具体变化也不同。例如一件在文物追缴案中查获的东魏至北齐背光式造像，其龙口中突出的莲花上便多出几个可爱的小童子（见图1-2-32至1-2-35）。当然，这两件缴获的造像已难以得知其最初的出土地点，它们未必出自青州地区，但相似的图式结构及风格说明东魏及北齐初这种造像样式的流行。

南北朝虽然是中国历史上动荡的时期，但战乱并不能阻断南北之间的联系与交流。青州地区曾先后隶属于南朝和北朝（在北魏时期归入北朝版图）。相比北方的其他地区，青州与南朝的联系更为紧密。青州与南朝之间交通便利，前文提及名僧法显归国后最终由青州抵建康。北周灭齐之际，北齐后主高纬和幼主高恒逃至青州，"即为入陈之计"④，为南逃而在青州中转，以上皆是建康与青州之间交通便利之证。

便利的交通带来频繁的交流，频繁的交流带来多元的文化。如杨泓先生所说："正是北朝规制、南朝影响和地方特色杂错交织在一起，才形成青州地区南北朝时期地方文化丰富多彩的内涵。"⑤青州的北齐造像并不是对于某个地区某种风格的单纯模仿，而是在吸收了多种文化元素的基础上，融合本土特色而产生的一种新风格。

① 夏名采：《益都北齐石室墓线刻画像》，《文物》，1985年第10期，第49页。
② ［南朝梁］慧皎撰，汤用彤校注，汤一玄整理：《高僧传》卷三，中华书局，1992年，第90页。
③ ［南朝梁］慧皎撰，汤用彤校注，汤一玄整理：《高僧传》卷二，中华书局，1992年，第80页。
④ ［唐］李百药：《北齐书》卷八《帝纪第八·后主》，中华书局，1972年，第111页。
⑤ 杨泓：《关于南北朝时青州考古的思考》，《文物》，1998年第2期，第51页。

图 1-2-1 菩萨立像，北齐，石刻，高 115 厘米
青州市龙兴寺窖藏出土，青州博物馆藏

菩萨挺身直立于莲台上，身后有背光及头光，头微微低垂，眼光下视，双手残缺。菩萨像头部偏大，腹部向前挺起，显得憨态可掬。身上的璎珞以浅浮雕手法雕刻，天衣或贴于身体或飘于身侧，为菩萨更增添几分轻柔与婉丽之姿。

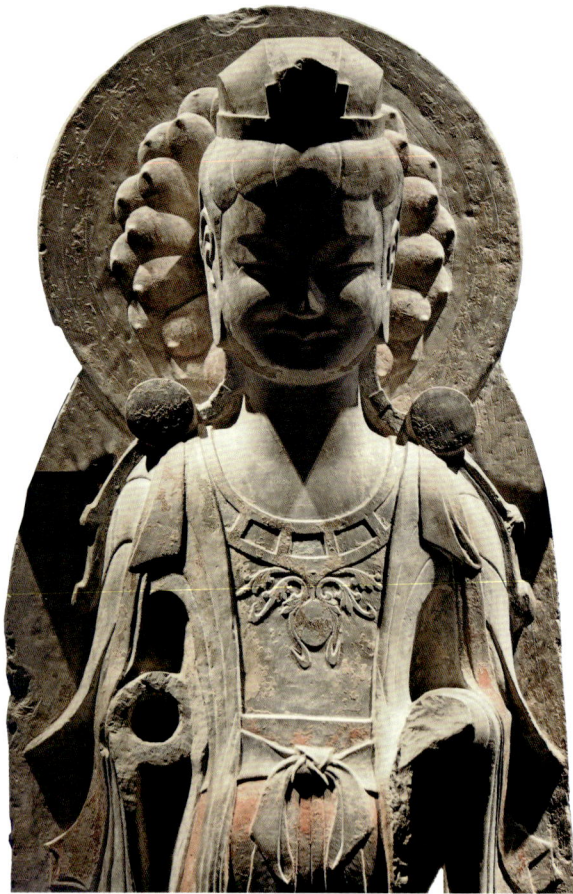

图 1-2-2 菩萨立像正面局部，北齐，石刻

青州市龙兴寺窖藏出土，青州博物馆藏

菩萨面庞方圆，眉眼修长，眼睑低垂，嘴角露出隐隐笑意。头上发髻挽起，以一圆形头饰相约束。头光上饱满的莲瓣层层绽放，衬托着菩萨丰润的面庞。

图 1-2-3 菩萨立像右侧面局部，北齐，石刻

青州市龙兴寺窖藏出土，青州博物馆藏

侧面观之，可见头光的莲花中间还有一个莲心突出于莲瓣的高度之外，与菩萨的头部相连，这种处理方式更易于表现出菩萨微微颔首的动态，在丰富了层次感的同时也使头部更加稳固。

图 1-2-4 菩萨立像胸饰局部，北齐，石刻

青州市龙兴寺窖藏出土，青州博物馆藏

菩萨胸前所佩戴的项圈，装饰纹样非常奇特。项圈为带状，中间有长方形镂空，项圈中间的下部缀着一颗宝珠，两侧是对称的卷草叶子，其中有两片细芽将宝珠包住。图案样式似非中原制式。

图 1-2-11 佛立像，北齐，石刻，高 122 厘米

青州市龙兴寺窖藏出土，青州博物馆藏

佛像手脚均已残缺，但其余部分保存完好。佛像穿通肩袈裟，但袈裟领部 U 形的领口较深，几乎齐及腰部，可见袈裟里面的僧祇支。袈裟的衣纹为双道的阴线刻，躯干部分亦呈 U 形。轻柔的袈裟下隐隐现出身体的轮廓。

图 1-2-12 佛立像头部正面，北齐，石刻

青州市龙兴寺窖藏出土，青州博物馆藏

佛像面部略方，面颊饱满。弯眉似初月，双目修长，目光下视。表情静穆，若有所思。佛发为右旋螺发，但雕刻手法为浅浮雕，整个螺发的表面比较平滑。头顶的肉髻也是微微隆起，比较低缓。

图 1-2-13 佛立像头部左侧，北齐，石刻

青州市龙兴寺窖藏出土，青州博物馆藏

从侧面观察，更可见青州造像讲究体积感、立体感的特征。佛的面部浑圆、饱满，精致的五官比例，准确的面部结构，无不表现出北齐造像与之前北朝造像所流行的"秀骨清像"的差异。

图 1-2-5　思惟菩萨像，北齐，石刻，高 71 厘米
青州市龙兴寺窖藏出土，青州博物馆藏

图 1-2-6　思惟菩萨像侧面局部，北齐，石刻
青州市龙兴寺窖藏出土，青州博物馆藏

　　菩萨坐姿，身躯稍微右倾，右脚搭于左膝之上，左脚踏一朵莲花，左手握住右脚，右手原本应托于面颊，惜右臂手肘部位以下残缺，唯手肘支于右膝之上。菩萨衣饰简净，薄薄地贴在身体之上，垂于肩头的缯带也只是以浅浮雕的形式浅浅刻出。腰下的长裙贴于腿部，衣纹以几道凸起的细棱表示。似乎所有的装饰都被隐去，凸显出菩萨健美的身躯。

　　从侧面看去，菩萨的身躯依然是完美的，可见匠师对人体结构的把握已是十分娴熟。菩萨面庞浑圆，双目微闭，若有所思，虽然头部的一些装饰有所残损，但丝毫不妨碍菩萨的静穆娴雅之美。细观菩萨手、足的表现，圆润细腻，惟妙惟肖地展现出肌肤的柔软质感。

图 1-2-7　菩萨立像，北齐，石刻，高 105 厘米

青州市龙兴寺窖藏出土，青州博物馆藏

图 1-2-8　菩萨立像头部右侧，北齐，石刻

青州市龙兴寺窖藏出土，青州博物馆藏

　　此尊菩萨立像为观世音菩萨像，除双手有残损外，其余保存基本完好。菩萨内着僧祇支，外披天衣，身上披挂的璎珞呈 X 状于腹部交叉，交叉处是一个莲花宝珠的装饰。璎珞细腻、精美，虽也是浮雕表现手法，但却是高浮雕，因而更见华贵。菩萨头戴宝冠，面形略方，圆润饱满，双目低垂，大耳垂肩。宝冠上的缯带已然残损不见，唯留两个圆形装饰立于肩头。颈部戴的项圈为带状，上嵌长圆形连珠纹珠宝。项圈下部是卷草纹变形的装饰纹样。

　　侧面观之，菩萨像的立体感更强，特别是面部的起伏变化，在灯光的作用下亦加明显。菩萨的头发基本上是紧贴在头上，没有雕出发丝或发绺，或许当年仅是以墨色染出。菩萨发际线平直，鬓若刀裁。菩萨像不论是五官还是宝冠的雕刻，其手法颇见棱角，显得干净利索。菩萨宝冠的正中，是一尊坐在莲台上的佛像，由此而知此为观音像。宝冠下沿有一圈连珠，每隔一段距离，便有一珠花，花心吐出一段流苏，但其雕刻手法不像身上的璎珞为高浮雕，而是低平地紧贴于头部。整尊造像华美瑰丽，主次得当，可见匠师用心之处。

图 1-2-9　佛坐像，北齐，石刻，高 64 厘米
青州市龙兴寺窖藏出土，青州博物馆藏

　　佛像半跏趺坐端坐于莲台，左腿在上，是为降魔坐。佛像身躯挺拔健硕，着袒右式红色袈裟，袈裟薄衣贴体，衣纹舒朗有秩，下摆均匀地铺在莲台上。佛像整体比例匀称，高耸的等腰三角形的外轮廓既增加了造像的稳定性，又将观者的视线向上引导，产生崇高之感。

图 1-2-10　佛坐像侧面局部，北齐，石刻
青州市龙兴寺窖藏出土，青州博物馆藏

　　佛像为一个个右旋的螺发，且每一颗螺发的立体感较强，呈圆锥状，形似田螺。肉髻低缓，面部较圆，经历千年的岁月剥蚀，脸上还残存着贴金的痕迹。从侧面可以清楚地看到佛像的鼻梁与额头是平的，还保存着希腊艺术对佛教造像的影响。佛像的肩颈及头部比例结构准确，胸部丰满厚实，具阳刚之美。

图 1-2-14　佛立像，北齐，石刻，高
113 厘米

青州市龙兴寺窖藏出土，青州博物馆藏

　　佛像着通肩袈裟，衣纹为单线
刻，呈 U 形，舒朗地排列在身前。
袈裟轻柔贴体，躯干隐现。两个手
臂处累叠下垂的衣褶体现出袈裟柔
薄的质感，疏与密的交融在袈裟上
得到很好的体现。佛像头部浑圆，
头后的圆形头光上还雕有七尊坐
佛。尽管佛像脚部已残缺，但并不
影响整尊造像的比例和谐，佛像嘴
角带有微微笑意，对众生怀有无限
慈愍。

图 1-2-16　佛立像头光局部，北齐，石刻
青州市龙兴寺窖藏出土，青州博物馆藏

造像头光的表现十分精彩。头光中心是一朵莲花，以莲花为圆心，向外刻有一道道同心圆，线条雕刻细劲有力，头光最外圈是一圈缠枝莲花纹，纹饰布局细密。阴线雕刻的纹饰上是浮雕的七尊穿通肩袈裟、坐于莲台的禅定佛像。不同的雕刻手法使头光上的图像主次分明。

图 1-2-15　佛立像头部特写，北齐，石刻
青州市龙兴寺窖藏出土，青州博物馆藏

从佛像的正面及侧面的多个角度观察，更可见造像的完美。此尊造像的佛发与之前两尊佛造像又有不同。虽也属螺发，但右旋的纹饰已不见，是一个个平素无纹的圆片。佛像面部的表现除了面部结构的自然起伏变化外，工匠在眉弓骨、下巴等部位还施加了线刻，尤其是眉弓骨部位，在眉弓骨上下的转折处，也就是眉毛的位置施加了一道线刻，这里匠师将东西方的造型表现手法完美地结合。

图 1-2-17　佛立像右手特写，北齐，石刻
青州市龙兴寺窖藏出土，青州博物馆藏

佛像手部的表现非常出色，提着袈裟边的右手柔若无骨，符合佛造像三十二相八十种好的相好要求，细腻而光滑的肌肤下是充盈的血肉，丝毫令人觉察不到这竟然是冰冷坚硬的青石所雕刻而成的。

图 1-2-18　佛立像，北齐，石刻，高 151 厘米
青州市龙兴寺窖藏出土，青州博物馆藏

此尊佛立像保存基本完好，唯左臂及部分头光残损。难得的是袈裟上的红色保存十分完整，红白相间的福田袈裟，使人们得见千年前佛教袈裟的本来状貌。佛像的头光残损了一半，中心为一朵莲花，边缘尚存四尊禅定佛像。佛像整体比例和谐，约与真人的人体比例相仿。造像端正、慈祥，颇具亲和力。

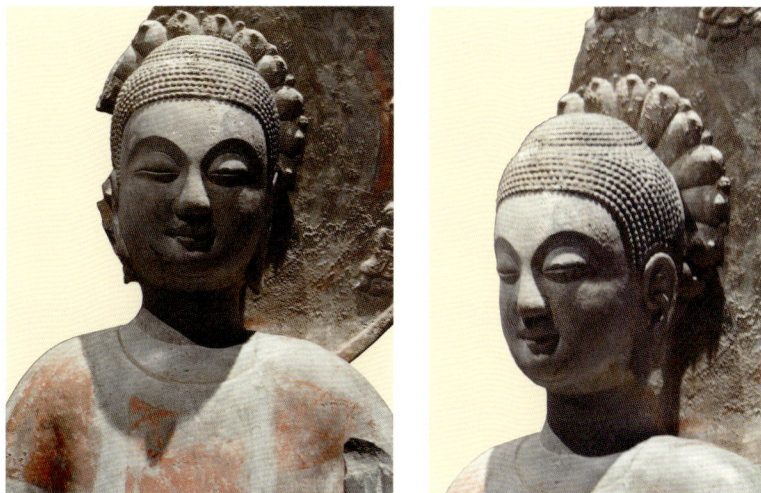

图 1-2-19　佛立像局部，北齐，石刻
青州市龙兴寺窖藏出土，青州博物馆藏

佛像有椭圆面庞，双眼微闭，面含笑意，情态可掬。头上的螺发是一个个密布的小圆球，肉髻较为低平，类似馒头的形状。其螺发的形式又与先前所见之螺发均不相同，同一窖藏出土、同一时代之造像，螺发表现变化多端，此一细节可窥见雕刻者匠心之独运。

图 1-2-20　佛立像，北齐，石刻，
高 79 厘米

青州市龙兴寺窖藏出土，青州博物馆藏

　　佛像残损较严重，仅保存了躯
干部分，但表现手法简净、利落，
仍旧是一件水平极高的艺术杰作。
佛像身着袒右袈裟，身体的有机结
构表现准确，袈裟的衣纹为阴线
刻，形式为双线刻及单线刻穿插出
现，上部细密，下部舒朗。

图 1-2-21 佛立像局部，
北齐，石刻

青州市龙兴寺窖藏出土，青州博物
馆藏

　　佛像胸前刻有一枚
卐字。衣纹直接刻画于
身体之上，表现出薄衣
贴体的袈裟质感，线条
匀净有力，随袈裟在身
体上的转折起伏、穿着
状态而产生疏密变化，
尽显线条的韵律之美。

图 1-2-22　卢舍那法界人中像及拓片，北齐，石刻，高 115 厘米

青州市龙兴寺窖藏出土，青州博物馆藏，拓片引自青州市博物馆编：《青州龙兴寺佛教造像艺术》，山东美术出版社，2014 年，第 152 页

　　卢舍那法界人中像是佛教中一种非常特别的造像，佛像的袈裟上绘满了佛教图像。此尊法界人中像头、手及足部均已残缺，唯躯干部分比较完整。佛像身材修长，宽肩细腰，身形健美，着袒右袈裟，袈裟贴体，显出身体的有机结构，如果不是衣边、领口的线刻及袈裟上的图案，几乎看不出佛像穿着袈裟。

图 1-2-23　卢舍那法界人中像局部，北齐，石刻

青州市龙兴寺窖藏出土，青州博物馆藏

　　袈裟上的图案以效果类似剪影的减地平钑手法雕刻，袈裟上有一块块长方形格子，即佛教称的福田，图像便被刻在格子及格与格之间的空隙中，密而不乱，有条不紊，随身体的起伏而起伏。此像没有最后完工，袈裟上的图案因为小而难以辨认，初步判断，有类似佛传故事的内容。

图1-2-24　卢舍那法界人中像，北齐，石刻，高150厘米
青州市龙兴寺窖藏出土，青州博物馆藏

　　此尊卢舍那法界人中像的头部已损，但身躯除左臂残损之外保存比较完整，佛像右手手指刻画得纤细柔软，轻捻袈裟衣边。袈裟薄衣贴身，凸显出佛像结构准确而又匀称劲健的身材。佛像身上的各类人物彩绘巧妙利用袈裟上的福田格作为图与图之间的界格。

图1-2-25　卢舍那法界人中像上的胡人彩绘，北齐，石刻
青州市龙兴寺窖藏出土，青州博物馆藏

　　彩绘中有清晰的胡人形象，深目高鼻、须发浓密。图中三人三种神情动态，正侧面、半侧面及正面形象均有展现。位于三人队列最前边的一个，为半侧面，头戴圆顶皮帽，着交领窄袖长袍，腰系革带，足下蹬靴，右手举起，似乎拿着一支莲花。其身后（中间）一个胡人正面朝向画外，虬须浓密，眉头紧皱，其着装与前者相同，只右肩上多了一抹石绿，不知是否衣着本有之色。最后一人为正侧面，乌黑的浓发梳于脑后，画面虽小但额前鬓角的根根发丝却表现得十分精细。这三个胡人动态神情十分传神，更为难得的是色彩依旧鲜艳，红绿之间，让人不难想象初成之时的富丽堂皇。

图 1-2-26 卢舍那法界人中像，北齐，石刻，高 121 厘米

青州市龙兴寺窖藏出土，青州博物馆藏

　　此尊卢舍那法界人中像手部及大腿中部以下皆残损，但其余部分保存十分完好，此像可贵之处正是其头部保存完好，前述几尊法界人中像头部皆损。此佛像身上还残存着贴金彩绘，上面绘制法界图像。造像身躯挺拔饱满，身体修长，面部浑圆，五官清秀，口鼻纤小，螺发，肉髻低平，仅是微微高出头顶。身体结构比例准确，整个造像宁静、柔美、和谐，给人以极其舒适的视觉感受。

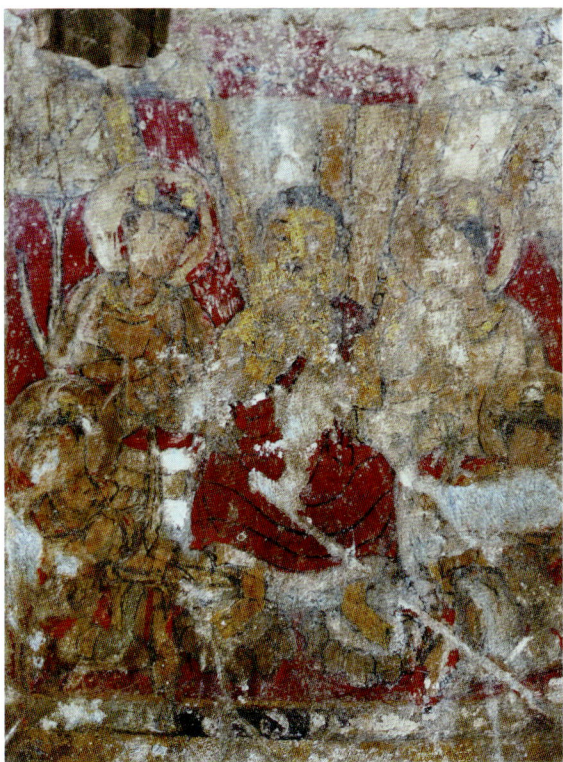

图 1-2-27 卢舍那法界人中像彩绘局部，北齐，石刻

青州市龙兴寺窖藏出土，青州博物馆藏

　　此图位于卢舍那法界人中像胸口部位。佛像居中而坐，两足各踩一朵莲花。佛身侧有二胁侍菩萨，在胁侍菩萨前还有两位呈跪姿态的菩萨，似为供养菩萨。佛着袒右红色袈裟，双手于胸前转法轮印，从其手印可明确此为说法图。

图 1-2-28　一佛二菩萨造像，东魏至北齐，石刻，高 126 厘米

青州市龙兴寺窖藏出土，青州博物馆藏

　　此一佛二菩萨造像为舟形背光式造像，背光的上部正中是一座单层覆钵小塔，小塔下部两侧有伎乐飞天和莲花童子拱卫。背光造像中间的主尊为佛陀立像，佛像腿边两侧有一对背面相对的龙。佛两侧是二胁侍菩萨，右侧一尊面部残损，左侧保存完好。不论是佛、菩萨还是伎乐飞天，面部都是笑意盈盈，昂扬着一种积极乐观的精神。

图 1-2-29　一佛二菩萨造像背光上部小塔，东魏至北齐，石刻
青州市龙兴寺窖藏出土，青州博物馆藏

舟形背光尖部雕刻的方形单层覆钵小佛塔非常精美。塔下承托小塔的是覆莲，中间是方形塔身，塔檐上是高大的山花蕉叶，覆钵塔顶上装饰有仰覆莲花，正中安有塔刹，上有五重相轮，塔刹最顶部有一颗水烟宝珠。塔的两侧为对称的卷草纹饰相衬托。而小塔的最特别之处在于它是以一角正对观者，即现在所说的成角透视的展现方式，而非以正面相对。

图 1-2-30　一佛二菩萨造像主尊及左胁侍，东魏至北齐，石刻
青州市龙兴寺窖藏出土，青州博物馆藏

此一佛二菩萨造像风格还延续着北魏中后期以来的"褒衣博带""秀骨清像"风格。佛像穿通肩袈裟，但领口较深，显露出里面的僧祇支。厚重的袈裟垂感极强，底边的衣褶重重叠叠，颇具韵律感。两条龙身姿劲健，充满张力，工匠精湛的雕刻技艺尽显其中。

图 1-2-31　一佛二菩萨造像主尊右侧面，东魏至北齐，石刻
青州市龙兴寺窖藏出土，青州博物馆藏

佛像面庞清秀，笑眼似两片柳叶，弯弯的长眉形似远山。佛发上光素无纹，肉髻凸起。从侧面看佛像，虽有"秀骨清像"风格，其形体的体积感不及北齐造像的体积感强，但却别有一种清奇之美。

图 1-2-32 佛菩萨三尊立像，北魏晚期至东魏，石刻，尺寸不详
陕西西安 "12.25" 跨省盗窃、倒卖文物案追缴

　　此背光式佛菩萨三尊立像虽出土地点不明，但在图像及布局上与青州龙兴寺出土的背光式
造像几无二致，大同小异。背光上部中间为单层小塔，两侧有伎乐飞天拱卫，塔下还有两个正
面相对的飞天承托小塔。在二飞天之下，主尊佛像的头光正上方有一化佛，似有两只手捧着化
佛的莲座。化佛两侧各有一尊思惟像，在背光上雕刻思惟像的情况在龙兴寺窖藏造像中不见。
主尊为一立佛，左右为二胁侍菩萨。佛身两侧各有一条蛟龙，头朝下尾朝上，身形矫健，从龙
口中吐出一束莲花，其中一支莲茎最为粗壮，上结莲台，胁侍菩萨即立于莲台之上。

图 1-2-33　佛菩萨三尊立像主尊佛像，北魏晚期至东魏，石刻

陕西西安"12.25"跨省盗窃、倒卖文物案追缴

　　佛像头光为细瓣莲花，面庞浑圆，肉髻低平。目光平视，双目细长，满面笑意。佛内着僧祇支，外披袈裟，袈裟一边搭在左手的手臂上。袈裟质地轻柔，垂感极强，底裙垂于脚面，两侧微微外侈，纹路细密。佛像头部与身体的比例略大，佛像显得敦厚可爱。

图1-2-34 佛菩萨三尊立像左侧局部
菩萨像，北魏晚期至东魏，石刻，尺寸
不详

陕西西安"12.25"跨省盗窃、倒卖文物案追缴

　　佛像左侧菩萨与右侧菩萨在相
貌上大致相同，面庞方圆，头戴宝
冠，两侧宝缯垂肩，细长眉眼，樱
桃小口，满面含笑。但此菩萨装束
十分特别，而且在身材上也不似右
侧菩萨那般体态匀称，而是身体微
微发胖，有着肚腩。在衣着上，上
身赤裸披着天衣，下身系腰裙，腰
部裙口外翻，腰裙长及膝盖，裙上
有一圈圈的横纹。赤双足，戴脚
环。其着装具南亚或东南亚特色。

图1-2-35 佛菩萨三尊立像局部童子
像，北魏晚期至东魏，石刻

陕西西安"12.25"跨省盗窃、倒卖文物案追缴

　　从龙口吐出的一束莲花中，有
两个坐在莲蓬上玩耍的小童子，其
中一个头部残损，但丝毫未影响画
面情感的传达，两个可爱的顽童天
真无邪，俨然就是生活中嬉闹孩童
的真实写照。

第三节

邺下风流：河北临漳邺城遗址出土造像

邺城，位于今河北省邯郸市临漳县与河南省安阳市交界地区，春秋时期齐桓公始筑城，秦代置县。东汉建安年间曹操攻占邺城，此后经两晋十六国至南北朝，先后有曹魏、后赵、冉魏、前燕、东魏、北齐六个王朝在邺建都。曹魏时期建邺北城，东魏时期建邺南城。北魏永熙三年（534）权臣高欢另立东魏孝静帝并挟其迁都邺城。东魏武定八年（550）高欢之子高洋称帝建齐，仍以邺城为都。北齐承光元年（577）北齐为北周所灭。北周大象二年（580），杨坚在镇压尉迟迥之乱后下令火焚邺城，千古名都付之一炬。

魏晋南北朝时期，邺城地区的佛教逐渐兴盛起来。北齐以前，佛图澄、须菩提、道安、竺法雅等高僧曾先后在河北地区弘法，东魏迁邺时洛阳地区的诸寺僧尼也随之迁移。作为国都的邺城，不仅是经济、政治中心，更是文化中心与佛教中心。北齐时期，上至皇族，下至平民，崇佛之风盛行。北齐文宣帝高洋"请稠禅师受菩萨戒"，孝昭帝高演"情寄玄门"，度僧尼三千余人，武成帝高湛"广济群生，应游佛刹"。据《续高僧传》记载，北齐邺都一地有寺院四千，僧尼八万，可见北齐邺都佛教之兴盛。

自20世纪50年代以来，邺城及周边范围内多次出土北朝造像，以东魏北齐时期的白石造像为主。其中出土数量最多、质量最精美的一批为2012年发现的河北临漳邺城遗址北吴庄佛造像埋藏坑，共出土佛造像2895件（块），是近年来中国佛教考古最重要的收获之一。北吴庄出土的北朝造像中以东魏北齐为多，但亦有北魏时期特别是造像风格未发生汉化之前的造像出土。如北魏太和十九年（495）的刘伯阳造释迦像（见图1-3-1至1-3-2），以及没有明确纪年的谭副造释迦牟尼立像（见图1-3-3至1-3-5）。这两尊出土的造像在风格上依然保有北魏早期雄浑健硕的造像特征，可与云冈早期石窟昙曜五窟的造像相参照。尽管谭副造释迦牟尼立像没有明确纪年，但仍可从造像上的纹饰等信息找到其相对年代。在佛像背光侧面及佛陀脚下台座的侧面均刻有对波或波浪形纹饰，相同的纹饰也出现在北魏司马金龙墓出土的石帐座上，司马金龙墓为太和八年（484），再结合其他综合因素考虑，推断谭副造释迦牟尼立像的大致时间可能在太和八年左右，时间早于刘伯阳造像。

邺城东魏时期的舟形背光式造像与青州地区非常相似，都城的文化辐射功能由此可见一斑。包括北吴庄在内的邺城遗址出土的舟形背光式造像以东魏居多，且不少都有着明确的纪年。尽管东魏造像还延续着北魏晚期以来的造像风格，但佛像面相丰腴，肉髻扁圆，袈裟既有"褒衣博带"式也有通肩式，开始出现贴体轻薄的风格，衣纹刻画趋向简单，已经开始露出新风貌的端倪（见图1-3-6至1-3-16）。当然邺城地区出土造像最为精彩的要数北齐的龙树背龛式造像。其主要特征是，前后透雕的双树形成弧扇形的背龛，树冠层叠高耸，背龛上部的飞天手持花鬘，各花鬘相互连接，背龛最上方多为舍利塔或坐佛，主尊多为丰满圆润的北齐式坐佛，组合形式以五尊和七尊居多，基座上多浮雕有双狮香炉，此类"龙树背龛式"造像是邺城地区北齐造像的典型样式，学术界称之为"邺城风格"或"邺城模式"（见图1-3-17至1-3-31）。当然北吴庄出土的造像中也不乏各种题材的其他造像，如单体思惟菩萨像（见图1-3-32）；菩萨头像，此菩萨可能为一单体造像，但身体已失仅剩头像（见图1-3-33）。又如佛弟子像，此像似乎应是一铺造像中的一尊（见图1-3-34至1-3-35）。

在这些"其他"造像中，要数一座单层方形覆钵小石塔最为奢华、精致（见图1-3-36至1-3-39）。

东魏北齐造像之瑰丽令人叹为观止，尤其是北吴庄出土的那些以汉白玉石雕刻的造像，如梦如幻地向世人展示了一个又一个不可思议的佛国世界。总体而言，东魏北齐的造像堪称奢华精丽，特别是背光（龛）式造像，雕刻技巧难度高，大量使用了透雕、镂空等手段，造像层次丰富，各种技巧无所不用其极。其所使用的汉白玉石材更是相当昂贵，洁白莹润的汉白玉契合佛教出尘不染的特质，为其施金、着色，显示出东魏北齐造像追求精致、辉煌的审美风尚。在整个北朝造像中，东魏北齐造像堪称是北朝的巅峰之作。

图 1-3-1 刘伯阳造释迦像，北魏太和十九年（495），石刻，高 31 厘米

临漳北吴庄佛像埋藏坑出土，中国社会科学院考古研究所藏

此释迦佛像结禅定印、结双跏趺坐于长方形台座上，身后为舟形背光。佛像为几近圆雕的高浮雕形式，造像风格与云冈一期造像风格一致，属于北魏早期的造像风格，带有北方草原的民族特色。身后的背光上对称排布有四尊禅定佛，均着通肩袈裟，用线刻手法表现，在视觉效果上对主尊造像起到了很好的烘托作用。佛坐雕刻香炉及供养人。

图 1-3-2 刘伯阳造释迦像佛座局部，北魏太和十九年（495），石刻

临漳北吴庄佛像埋藏坑出土，中国社会科学院考古研究所藏

佛座部分以减地平钑手法雕刻供养人。佛座正面，二人面对香炉以胡跪姿势供佛，佛座正面和侧面亦刻有供养人姓名，"阳之父刘片（比）丘侍佛""阳母张阿槐侍佛""刘伯阳侍佛时"等。整尊造像由高浮雕、线刻及减地平钑等多种雕刻技法相结合，融会贯通、相得益彰。

图 1-3-3　谭副造释迦牟尼立像及背光侧面纹饰，北魏，石刻，高128厘米

北吴庄出土，邺城考古队存

　　此谭副造释迦牟尼立像为背光式，为一佛二菩萨的铺像组合，但主尊与二胁侍菩萨的大小比例相差悬殊。造像为北魏早期的雄健风格，佛像头部已毁，面貌无从得见。佛陀身着通肩袈裟，躯干凸显，衣纹呈U形，右手举至胸前施无畏印，左手提袈裟一角。背光呈舟形，最外一圈为火焰纹，其次为伎乐飞天，佛陀头光外缘雕一圈带有背光的禅定佛，内为莲花。整尊背光造像，雕刻细致严谨，构图布局"密不透风"，包括佛像站立的台面、台子的侧面，以及背光的侧面都布满了纹饰。

图1-3-4　谭副造释迦牟尼立像背面雕刻局部，北魏，石刻

北吴庄出土，邺城考古队存

　　造像的背面分两部分，上部三分之二的面积以减地平钑手法雕刻弥勒天宫说法图、伎乐和供养人，下部为残缺不全的铭文。画面中主尊交脚弥勒菩萨居于正中，弥勒面部浑圆，头戴宝冠，身佩宝石饰，右手举至胸前结说法印。在弥勒菩萨的两侧，分别有大梵天王、天帝释、难陀龙王、跋难陀龙王、像主谭副的父母供养像，以及四身飞天。减地平钑的技法在表现人物细节时主要依赖线条刻画，此弥勒说法图线条劲有力，酣畅淋漓。此外值得注意的是天宫建筑，上面屋脊、斗拱等刻画清晰，是珍贵的北魏建筑图像资料。

图1-3-5　谭副造释迦牟尼立像背面雕刻局部，北魏，石刻

北吴庄出土，邺城考古队存

　　画面中大梵天王和难陀龙王刻画得非常细致、生动。两个人物的形体比例、结构准确，衣服轻柔的质感表现得淋漓尽致。大梵天头上有一尊化佛，而难陀龙王的头后则是五条扇形排列的蟒蛇，显然这种形象有着来自印度的渊源。

图 1-3-6　北梁太守贾仲贤造释迦像，东魏武定元年（543），石刻，高约 40 厘米

临漳北吴庄出土，中国社会科学院考古所藏

　　此造像为一铺三尊式，主尊释迦佛，其坐像两侧站立二胁侍菩萨，下部基座部分雕莲花博山香炉和对狮。造像虽也可说是背光式，但与青州出土的背光为整块屏不同，整块背光上的造像为浮雕或高浮雕，而此北梁太守贾仲贤造释迦像只释迦佛身后有背光，两胁侍菩萨虽部分与背光交叠，但基本为圆雕，与释迦像之间为镂空形式。基座正面为莲花香炉对狮，精巧处在于香炉初放还未全放的莲花造型，可以看出其基本造型本为博山炉样式，博山炉形似莲花花苞，匠师巧妙地将半开莲花的造型移植于香炉之上，突出了佛教的特色。

图 1-3-7 背光式佛坐像残件，东魏至北齐，汉白玉石刻，尺寸不详

临漳邺城遗址出土，中国社会科学院考古所藏

佛像身着通肩袈裟，双跏趺坐，左手施与愿印，右手上举，手指残，结合手掌状态及其他类似佛像判断，右手当为施无畏印。佛像通肩袈裟的U形领较深，露出里面的僧祇支及系于胸前的带子。佛像面相方圆，肉髻低平，身形劲健，悬裳（佛衣下摆）简洁明快，这已是东魏至北齐受印度笈多艺术影响下形成的佛像新样。

佛像头上方，圆雕形式的莲花化生童子手托小塔，沟通了佛像与空中飞天和佛塔的关系，使整个背光造像气脉贯通。拱卫佛塔的飞天，手中分持筌篌、横笛、琵琶等乐器正在演奏。伎乐飞天的身体虽然微胖但柔韧性极好，她们梳中分发型，面庞圆润，都是细眉修目，隆鼻小口，眼睛微笑着眯成了一条线，昂扬着一种积极乐观的精神，伎乐飞天的活泼更衬出佛像的静穆。整座背光造像采用了透雕、圆雕等技术难度较高的雕刻手法，造像层次可达六七层，显得玲珑剔透、华美无比。由于整尊背光式造像是汉白玉雕刻，晶莹洁白，愈使造像显得神圣庄严，给人一种水中白莲的意象之美。

图 1-3-8 背光式佛坐像残件局部，东魏至北齐，汉白玉石刻

临漳邺城遗址出土，中国社会科学院考古所藏

佛像头后是一个圆形头光，共分三层。最里层是一朵盛开的莲花，莲瓣宽厚饱满。中间层是五层平行的同心圆纹样，最外层是S形波浪状起伏的缠枝莲花，每朵莲花内都有一个化生童子，莲花及童子纹样繁密，造型生动细腻，其与中间五层同心圆的抽象图形，以及最内层雕刻手法简净的莲花形成一种繁与简、具象与抽象的规律变化。黑白的光影之间，时光为之凝固。

图 1-3-9　弄女等造弥勒像，东魏武定
五年（547），汉白玉石刻，高 82.3 厘米

临漳北吴庄出土，邺城考古队存

　　此为弄女等造弥勒像。弥勒
像是北朝晚期比较常见的造像题
材。弥勒根据不同的经典有不同的
形象，一是《弥勒上升经》，弥勒
为菩萨像，一是《弥勒下生经》，
弥勒形象为佛。此造像为头戴
宝冠的菩萨装，一铺三尊，两
侧各一胁侍菩萨。弥勒菩萨
的背后为一舟形背光，确切
地说更像一片莲瓣的形状。
二胁侍菩萨并不包括在背屏
内，只有头部或头光的一
部分与弥勒菩萨的背光交
叠。弥勒菩萨背屏上绘
制的彩绘纹饰色彩依旧清
晰，上部有六身雕刻精美
的飞天，拱卫着一座单
层覆钵小塔。基座上是
香炉供养人及对狮。从造
像上残存的金箔可以看出
这尊造像不仅敷彩而且贴
金，华美非常，可见造像
者倾注了他们极大的虔诚
与热忱。

图 1-3-10　弄女等造弥勒像背面，东魏武定五年（547），汉白玉石刻

临漳北吴庄出土，邺城考古队存

　　造像的背面，也即弥勒菩萨背光的背面是一幅"白马吻别"图，描绘的是释迦太子离城出家，他的白马跪地吻足与他辞别的情景。画面中太子着菩萨冠服，肩上还披着一块披巾，坐于山野间，若有所思，画面下部山石层叠，上部两棵树先分开后抱合，树冠纠缠在一起，匠心别具，美轮美奂地呈现出一幅林间辞别的场景。

图 1-3-11　王元景造弥勒像，东魏武定
四年（546），汉白玉石刻，高 63.8 厘米
临漳北吴庄出土，邺城考古队存

　　此王元景造弥勒像是比较典
型的东魏舟形背光式造像。一佛二
弟子二菩萨五尊式，立佛站于覆莲
上，弟子与菩萨则立于从龙口中吐
出的半开的莲花上。佛头后是雕有
卷草纹饰的头光，身光则是平行
的条状纹饰。背光上部有六身
飞天拱卫着一座单层方形覆
钵小塔。下台座正前方为
香炉对狮。整尊造像雕刻
细腻、比例匀称，佛像
"褒衣博带"，具北魏晚期
遗风。

图 1-3-12　王元景造弥勒像局部，东魏武
定四年（546），汉白玉石刻

临漳北吴庄出土，邺城考古队存

　　背光上部的飞天雕刻得十分生动
活泼，颇为引人注目。飞天面庞圆润，
五官小巧精致，面含愉悦之色。身体
微胖，肌肤充满弹性。飞天的身体为
高浮雕，而天衣则隐于身后，以浅浮
雕形式表现，既充满动感，富有装饰
性，又衬托了飞天的主体形象。

图 1-3-13　王元景造弥勒像背面，东魏武
定四年（546），汉白玉石刻，高 63.8 厘米

临漳北吴庄出土，邺城考古队存

　　造像背面也是一幅"白马吻别"
图，浅浮雕雕刻。场景同样是着菩萨
装的太子、白马及侍从处于山林之间，
树木茂密充满生机，人物及白马都刻
画得极为生动细腻，但画面中并未有
分别情境下那种凝重的氛围，而是俨
然一位士族高门于林间泉下消散悠然、
自得其乐的场景。

图 1-3-14　道智造释迦像造像碑，东
魏武定四年（546），石刻，高 57.5
厘米

临漳北吴庄佛教埋藏坑出土，中国社会科学院
考古研究所存

　　此道智造释迦像造像碑
大致可分为三段：最下部为
线刻供养比丘道智及供养
菩萨像；中层是以香炉为
中心的对狮；上层也即造
像碑的主体部位，一佛二
弟子二菩萨二力士群像，
其上方有两身大飞天。
这样的一种图式，勾勒
出从供养者通过香炉焚
香这一沟通形式到供
养对象这样一个信仰
图景。

图1-3-15　道智造释迦像局部，东魏武定四年（546），石刻

临漳北吴庄佛教埋藏坑出土，中国社会科学院考古研究所藏

　　东魏造像继承北魏后期以来的"褒衣博带"造像风格，在这件释迦群像中，可以感受到人物衣袂柔和，有隐隐欲动之感。释迦佛双跏趺居中而坐，右手抬起施无畏印，左手置于身前。佛头平素无纹饰，肉髻较为低平。佛像两侧分别是站立的迦叶、阿难、二菩萨及二力士。六位胁侍身体动态微有变化，例如头部向右偏侧的阿难，构图完整而不呆板，人物均面带笑意，洋溢着一种欢乐、轻松的气氛。

图1-3-16　北梁太守贾仲贤造释迦像局部，东魏武定元年（543），石刻

临漳北吴庄佛教埋藏坑出土，中国社会科学院考古研究所存

　　造像最下部基座部分，以线刻形式刻有三个人物。画面最右侧是一个手持长柄香炉单膝跪拜于地的供养比丘僧；中间和最左侧的两个人物，当是两个神王形象。二神王身披天衣，盘腿席地而坐，特别是最左侧的这位珠神王，冠带飞扬，天衣随风，颇具动感；而中间的神王则给人以神思高迈、绵远之感。这组线刻画线条流畅，形体结构准确，充满生命的张力，形象塑造没有多余之笔，可见匠师绘画雕刻技艺之精熟。

图 1-3-17 弥勒七尊像，北齐，汉白玉石刻，残高 55 厘米

临漳北吴庄出土，中国社会科学院考古研究所藏

此弥勒七尊像尽管上半部分已残，但从其右上部残存的情况可以知道，这也是一件典型的北齐龙树背龛式造像。造像人物立体，精致华美。中心对称式布局，人与物井然有序、繁而不乱。

图 1-3-18 弥勒七尊像局部供养比丘，北齐，汉白玉石刻

临漳北吴庄出土，中国社会科学院考古研究所藏

香炉的设计格外精巧，别具匠心。香炉下承托香炉的是两个后背相对席地而坐的童子，他们歪着头，各抬起一手托举着香炉。香炉被放在一个别致的莲叶上，莲叶正中摆放着博山式的香炉，香炉下半部饰以莲瓣。香炉两侧是从莲叶上生出的莲茎及更小一些的莲叶和莲花，呈对称式构图。莲花香炉的两侧有两比丘，似正在拈香供养。虽在莲座的方寸之间，但匠师却一丝不苟，将人物、器物都雕刻得十分生动、精致。

图 1-3-19　坐佛五尊像，北齐，汉白玉石刻，高 57 厘米

临漳北吴庄出土，邺城考古队存

　　造像主尊为一尊坐在亚字形佛座上的坐佛。尽管悬裳依然繁密而有序地铺于佛座前，但已经变得很短，这是面庞浑圆、身体结构明显且健硕的北齐造像的典型特征。佛两侧弟子及菩萨立于龙莲之上。佛像背后是舟形火焰背光，再上方是半圆形的飞天及龛像上方正中的单层方形覆钵塔。佛座前有两位形体较小的供养人。基座正面为高浮雕香炉对狮及供养弟子。整体看去主尊坐佛的形象格外显眼，形体也最大，其余形象均隐于其后，似在特别强调主尊的形象。

图 1-3-20　坐佛五尊像局部，北齐，汉白玉石刻

临漳北吴庄出土，邺城考古队存

　　佛座前两个坐在筌蹄上的供养人雕刻得非常生动。其中右侧人物残损比较严重，上半身已不存。左侧人物除头部部分残损，其余保存比较完好，整个身体生动形象。右侧供养人仰头，双手上举捧有一物，身体微微前倾，下身左腿前伸作为身体重心的支点，右腿后收，动作非常自然。人物虽小，但能够看出匠师对人体结构的了解及写生的扎实功底。

图 1-3-21　坐佛五尊像背面，北齐，汉白玉石刻，高57厘米
临漳北吴庄出土，邺城考古队存

　　此坐佛五尊像造像背面是华美的双树，令人眼前
为之一亮。层层叠叠的带有镂空的树冠枝枝覆盖、叶
叶交通。在布满背光的整个上半部分，树下是思惟菩
萨及二胁侍菩萨。基座上雕有四神王。树木雍容，思
惟菩萨悠然散淡。

图 1-3-22　坐佛五尊像背面局部思惟菩萨，北齐，汉白玉石刻
临漳北吴庄出土，邺城考古队存

　　造像正面坐佛的背光，也成为思惟菩萨的背光，
但思惟菩萨并非是依附于背光的高浮雕，而是圆雕，
只有头部头光这一小部分与身后大背光相附。菩萨右
手支腮，左手抚搭于左腿之上的右脚脚踝。上身简净
几乎不见衣纹，下身着裙，裙摆轻柔地垂于座前。菩
萨双目微闭，嘴角含笑，禅思隽永。

图 1-3-23　弥勒七尊像，北齐，汉白玉石刻，高 53.5 厘米

临漳北吴庄出土，邺城考古队存

　　此弥勒七尊像亦为龙树背龛式造像的典型样式，主尊为交脚弥勒菩萨，脚下有两个可爱的小童子托举菩萨双足。菩萨身侧的胁侍弟子及菩萨立于龙莲之上，其中位于中间位置的菩萨形象比较特别，菩萨未戴宝冠而是盘了一个大螺髻。造像上部有四尊飞天拱卫着一尊坐佛。基座正面浮雕香炉对狮、供养比丘以及最外侧的力士。雕刻手法主要以圆雕、透雕和高浮雕手法相结合，造型繁密、通透。

图 1-3-24 弥勒七尊像背面，北齐，汉白玉石刻，高 53.5 厘米

临漳北吴庄出土，邺城考古队存

　　造像背面主要的景象就是双树：浓密的树冠、扇形的叶片，以及透露在双树间弥勒的背影，从背面望去就可以想见弥勒在树下说法的情景，高大的树冠为弥勒菩萨撑起了一片阴凉。造像背面并没有雕刻弥勒像，但却在双树的树干处雕了两个胁侍（或供养人），弥勒的背影隐现于双树间，可见借景手法运用得十分巧妙。

图1-3-25　坐佛五尊像，北齐，汉白玉石刻，高43厘米
临漳北吴庄出土，邺城考古队存

此坐佛五尊像为双树背龛造像，雕造比较简朴，各种形象只是雕出了基本的轮廓面貌，而不肯再多着刀笔，所以不似其他此类造像那般繁缛、富丽。或许曾经也施有华彩，但已在千年的光阴中蚀去。如此简净的造像，倒是更容易让人看出其工艺的特征。

图1-3-26　坐佛五尊像半侧面，北齐，汉白玉石刻
临漳北吴庄出土，邺城考古队存

从侧面角度看去，更容易看出北齐龙树龛像的复杂工艺。双树龛像的空间层次非常复杂，而不仅仅是透雕、镂空那般简单。从侧视图上可以看到，主尊坐佛的背后是双树龛，在佛前还有一个尖门楣的拱形门，它完全独立于双树背光，是上部的飞天将其与背龛相连。从中可以看出，龙树龛像虽小，但匠师们营造的却是如建筑一样复杂的空间。

图 1-3-27 赵美造像，北齐武平五年（574），汉白玉石刻，高 59.6 厘米

临漳北吴庄出土，邺城考古队存

此赵美造像与坐佛五尊像在雕刻形式构成上一样，都是主尊坐佛的背后是双树龛，在佛前还有一个尖门楣的拱形门。只是赵美造像更为华丽，门楣上方不是飞天而是七尊覆莲上的坐佛。双树被雕成双层，更显得造像层次丰富。基座上雕有一排莲花化生童子，穿插在莲茎间的水禽（或许是鸭子）增添了池中的情趣。

图 1-3-28 赵美造像局部，北齐武平五年（574），汉白玉石刻

临漳北吴庄出土，邺城考古队存

上部的七佛，每一尊都精心雕琢，特别是佛的五官，并未因造像形体小而简化处理，相反，面部的五官结构都刻画得非常精准，神情宁静祥和，似带有一种禅悦之喜。

图 1-3-29　弥勒五尊像，北齐，汉白玉石刻，高 40 厘米
临漳北吴庄出土，邺城考古队存

此弥勒五尊像整尊造像玲珑剔透，除基座四面是高浮雕造像之外，主体部分的弥勒菩萨、飞天、胁侍等形象基本上均可称得上是圆雕。交脚弥勒菩萨端坐正中，背后是双树形背光，两侧为二弟子、二胁侍菩萨。在弥勒菩萨脚下有一个童子，童子两侧各有一世俗衣装模样的人，他们均拥几而坐，左侧之人手中持一长条形板，右侧之人双手抚几，右手做握笔状，或许他记录着弥勒菩萨说法的内容，二人的动作神态十分生动。

二弟子及胁侍菩萨立在佛座两侧龙口中吐出的莲台上，弟子及胁侍菩萨的上部便是飞天及正中的坐佛。造像基本为对称式构图布局，其中一些局部细节有小的变化，使造像在严整之余又不乏生趣。

图1-3-30 弥勒五尊像局部，北齐，汉白玉石刻
临漳北吴庄出土，邺城考古队存

在东魏北齐的背光式造像中，背光最高处的中心位置多是单层小塔，而此处则是由二飞天抬着的一方平板上坐着一尊禅定佛，二飞天手中还拿着一串珠链或花鬘。飞天及禅定佛的背后是双树的树冠，仔细观察可以发现，飞天及飘扬的天衣在小心地躲避着树冠的镂空之处。从一些不显眼的细节上最可看出匠师或画工在设计图样时的用心之处。

图1-3-31 弥勒五尊像背面，北齐，汉白玉石刻，高40厘米
临漳北吴庄出土，邺城考古队存

弥勒五尊像背面是双树，此双树为造像正面和背面共用。上部茂密的树冠分上下两层排列着十尊禅定佛，但有一点特殊之处在于禅定佛的双手并不是放在腹前，而是胸前，这看起来更像是拱手的姿势。每一尊小佛的身下都有一个覆莲莲座，这些小佛都是几近圆雕的高浮雕，附着在透雕的树冠上，工艺难度可想而知。此外，佛像细小的五官也都被精心地一一刻画。为了不使光秃的树干显得过于空荡，树干上雕刻了两条龙，弥勒的佛座后部还雕有一尊小的禅修像。基座部分是两两相对的四个神王，手中均持有宝珠。双树间的空隙透出的是弥勒菩萨的背影。整个造像背面的疏密节奏掌握得十分到位，充满韵律感。

图 1-3-32　思惟菩萨像，东魏，汉白玉石刻，高 50 厘米

临漳北吴庄出土，邺城考古队存

　　思惟菩萨在东魏北齐比较常见，但坐在有三头狮子的台座上的思惟菩萨却十分罕见。这三只狮子显得凶猛强健，鬣毛被以装饰的手法夸张地表现，使它们看上去不像是常见的那种佛菩萨脚前的护法狮子，而是牵引战车准备战斗的雄狮。狮子的凶猛躁动恰恰反衬出菩萨的沉静祥和，也更彰显了佛法的不可思议。

图 1-3-33　菩萨头像，北齐至隋，汉白玉石刻，高 38.1 厘米

临漳北吴庄出土，中国社会科学院考古研究所存

　　此菩萨头像面相饱满，长圆面型，头发雕刻出贴塑般的效果，鬓若刀裁，头戴宝冠，其中心连珠圈饰内为一宝瓶。眉似远山，又如新月，双目狭长，眼睑微合，目光俯视。鼻翼有所磕损，但丝毫不影响菩萨的神圣与庄严。北齐造像异域因素影响明显，在人物的面部塑造上重有机结构，其五官结构比例精准。

图 1-3-34　佛弟子像，北齐，石刻，高 61 厘米

临漳北吴庄出土，中国社会科学院考古研究所存

　　此佛弟子像雕刻得十分精湛、优美。年轻的比丘静静地站在莲台上，左手拿着一朵未开的莲花。花苞上淡淡的红色与他袈裟的颜色相互呼应，更加映衬出肌肤的莹白。此尊弟子像比例匀称，线条简净流畅。

图 1-3-35　佛弟子像局部，北齐，石刻

临漳北吴庄出土，中国社会科学院考古研究所存

　　弟子像在人体肌肤质感的表达方面堪称绝妙，看起来柔软而富有弹性。尤其是持莲苞的左手，不仅造型准确，而且更是与佛弟子的面部表情一样，传达出一种柔和的情感。他手中的莲苞正含苞待放，似乎历经了千余年仍然生机盎然。

图 1-3-36　覆钵塔，北齐，石刻，高 100.1 厘米

临漳北吴庄出土，中国社会科学院考古研究所存

　　此覆钵塔为单层方形覆钵塔，四面开龛，塔内方形中心柱四面造像。塔上所雕人物、动物繁多，尽管残损严重，但在考古人员的精心修复下，人们得见石塔基本完整时的精美样貌。石塔覆钵上倒扣莲花，上面的塔刹已失，塔檐四周有高大的山花蕉叶。塔内中心柱，其中三面为佛像，第四面为弥勒菩萨像。每一面造像的龛基本为拱形，上有飞天，捧着佛塔或宝珠，佛及弥勒菩萨两侧有胁侍菩萨（有的已残损不见），脚下有成对的小狮子，塔座的四面雕有香炉、供养比丘、伎乐神王等形象。此塔异域风格浓郁，特别是塔檐上的山花蕉叶部位，其纹饰与阿富汗蒂拉丘地出土的建筑构件上的纹饰十分相似。

图 1-3-37　覆钵塔侧面，北齐，石刻，高 100.1 厘米

临漳北吴庄出土，中国社会科学院考古研究所存

　　从侧面看，更能发现此塔的华美与玲珑剔透。所有的形象均为高浮雕，似乎脱壁欲出。尽管有两面残损严重，树冠已完全被破坏，但从残存的树干仍可看出塔的四面是四个双树龛。由此不难看出北齐造像对双树这一形式的偏爱。

图 1-3-38　覆钵塔局部，北齐，石刻

临漳北吴庄出土，中国社会科学院考古研究所存

　　塔内中心柱上的佛造像均坐在一座莲台上，风格特征为典型的北齐造像。佛像面部方圆，面含微笑，披袒右式红色袈裟。

图 1-3-39　覆钵塔基座内佛像局部，北齐，石刻

临漳北吴庄出土，中国社会科学院考古研究所存

　　覆钵塔基座的一个侧面的三个尖拱形龛内，雕有单尊神王像，分别是肩扛大鱼的河神王、长着象首的象神王以及带着狮子头的狮神王。小小的拱形龛内地方虽小，但并不妨碍匠师对它们的精心刻画，可以看出每一个人物都倾注了匠师的极大耐心。其中河神王肩扛大鱼的形象可追溯到中亚阿富汗蒂拉丘地 1 号墓出土的金牌饰上的河神形象（公元 1 世纪），而这一河神，又可追溯至古希腊神话中海神波塞冬的儿子特里同。

第四节 无量心愿：河北曲阳修德寺出土石刻造像

河北曲阳位于太行山东麓、华北平原西部，现属河北省保定市。其西北山脉从汉宣帝至清初一直是历代帝王祭祀的北岳之地，清顺治十七年（1660）才改为现在的山西浑源。北岳虽改，但曲阳北岳庙仍存至今日。修德寺位于曲阳县县城之内北岳庙南不远处。1953 年 10 月下旬，当地农民在修德寺遗址处挖白薯窖时无意中发现了一个有残石造像的窖藏深坑，由于冬季寒冷，考古工作者于次年三月开始才对其进行考古发掘。修德寺遗址共有甲乙两个窖藏坑，其中乙坑曾被打开，里面造像很少，甲坑为方形，南北长 2.5 米，东西宽 2.6 米，坑内散乱堆集着佛像及残块，较大者多集中于下面，较小者多集中在上面，共发掘出残石造像 2000（2200）余件。此窖藏坑内除造像外无他物，推测其埋藏时间约在五代之前。① "在这 2200 余件造像中，刻年款的有 247 件，起北魏神龟三年（520）到最后一件是唐代天宝九载（750），达 230 年之久。包括北魏晚期 17件，东魏 40 件，北齐 101 件，隋 81 件，唐 8 件。"② 有愿文年款题刻的造像比例高达 11%，这在中国历次出土的石刻造像中都比较少见。造像主的身份多为下级官员、僧侣及普通民众，其中以普通民众占大多数，愿文内容多是度亡祈福，如东魏兴和三年（541）李晖等造弥勒佛像，其背刻发愿文为："大魏兴和三年十一月廿五日，上曲阳县人李晖妻王丰姬为亡息（媳）李景珍敬造弥勒像一区（躯），上为国家，后为七世父母，居

---

① 李锡经：《河北曲阳县修德寺遗址发掘记》，《考古通讯》，1955 年第 3 期，第 43 页。
② 杨伯达：《曲阳修德寺出土纪年造像的艺术风格与特征》，《故宫博物院院刊》，1960 年总第 2 期，第 43 页。

眷大小，亡过现存，边地众生，一时成佛。"处于北朝末期的东魏至北齐是一个战乱频仍的年代，在东魏至北齐初的时间里，与西魏几乎年年有战事，动荡社会缺乏安全感的人们，将自己对逝者的思念、亲人的牵挂、国泰民安的渴盼，将自己的无量心愿全部寄托在一尊尊造像之上。

曲阳汉白玉石矿藏资源丰富，出土的石造像中除为数不多的几件为砂岩石质外，绝大多数为汉白玉石，根据造像题记，这些造像被称为"玉像"或"白玉像"等。修德寺造像时间约从北魏中晚期至盛唐，造像题材丰富，主要有释迦佛、多宝释迦二佛并坐、阿弥陀佛或弥勒菩萨、观世音菩萨、半跏思惟菩萨，以及天王、金刚、力士、化生童子、供养伎乐等。不同时代造像特点不同，流行的题材亦有所不同。目前这些造像主要分藏于故宫博物院、中国国家博物馆，以及河北省博物院等文博单位。

修德寺出土的北魏造像风格大致可分为两种：一种是北魏孝文帝汉化改革前造像所具有的健硕、雄壮的风格，如现藏于河北省博物院的砂岩材质的交脚弥勒菩萨像（见图1-4-1），此风格可在云冈一期造像中见到；另一种则是汉化改革后出现的具南朝特色的"褒衣博带""秀骨清像"风格，例如北魏正光元年（520）的王女仁父母造石佛像（见图1-4-2）和孝昌三年（527）张买德造佛像（见图1-4-3），造像面庞清秀，身上长袍大袖衣纹堆叠厚重，是其典型特征。这两尊佛像上半身的袈裟纹路较深，其衣纹的横截面大致呈三角形，这种衣纹表现方式与北魏永平四年（511）天津大港区（今滨海新区）窦庄子村出土的铜佛立像相同，当然其再早可追溯到十六国及北魏初的佛造像，例如隆化民族博物馆所藏北魏泰常五年（420）的刘惠造铜弥勒佛坐像，其衣纹亦是此类。尽管此种衣纹只是北魏后期造像衣纹之一种，但这也说明：一方面修德寺汉白玉石造像与金铜造像关系密切，另一方面早期佛造像的衣纹特征在北魏汉化改革后也依然流传。此一时期的菩萨像风神秀逸，面含悦人的微笑，身上的天衣裙裾向两侧延展，似迎风而立（见图1-4-4、图1-4-5）。此种菩萨像在同期金铜造像中同样可见。有学者已然注意到修德寺白石佛像的整体造型即源于当地的金铜佛像，而不久之后，白石佛像很快走上了独立发展的道路。[①]

公元534年北魏分裂为东魏与西魏，东魏定都于邺（今河北临漳）。十几年后，公元550年东魏为北齐所代，东魏北齐时期曲阳一直为其辖地，而这批出土的石造像中东魏北齐的作品数量居多。整个东魏时期基本延续了北魏汉化改

---

① 李静杰、田军：《定州系白石佛像研究》，《故宫博物院院刊》，1999年第3期，第73页。

革后的造像风格（见图 1-4-6 至 1-4-9），但在东魏晚期，其造像也在悄然发生变化，人物形象变得丰润饱满，如东魏武定元年（543）的杨迴洛造观世音菩萨像（见图 1-4-8），观音的身躯明显变得丰腴。东魏和北齐均比较流行思惟菩萨像。思惟菩萨一般坐于筌蹄之上，右手支腮，手肘支在右膝上，左腿下垂，右腿半跏搭于左膝之上，左手抚右足，所以有时也称半跏思惟像。东魏的思惟菩萨像单体形式比较多（见图 1-4-10、图 1-4-11），脑后的头光比普通的头光要大，犹如一轮皓月，菩萨的右手中还牵着一茎莲苞，贴于头光的边缘。菩萨于月轮中冥思的状态宛如水月（观世音）前身，优美宁静至极。而北齐则是带龙树背龛的形式比较多（见图 1-4-12 至 1-4-15），精巧别致的双树（龙树）背龛采用镂空透雕技术，使造像显得奢华富丽。修德寺出土的造像中，观世音菩萨像在北魏时已有，但在东魏晚期至隋的造像中数量可观，这种现象很可能与出自定州的东魏天平年间（534—537）观世音瑞像，以及《高王观世音经》故事直接关联，《高王观世音经》的流传促使观世音像流行，[①]而且在这些观世音像中还有双身观世音像（见图 1-4-16）。北齐除了双观世音像还有双佛像（见图 1-4-17），但此双佛像并非释迦多宝佛那样为常见的坐像，而是立像。此双佛立像，虽仍是"褒衣博带"，但丰腴的身躯、向前挺起的腹部，已经昭示出北齐的造像已然不再是"秀骨清像"，而是在南朝新风格影响下出现的，带有更多印度笈多艺术因素的造像风格。一尊没有题刻纪年的残佛立像，可为此类造像风格的代表（见图 1-4-18）。这类风格造像在青州龙兴寺及临漳北吴庄出土的北齐造像中多见。隋朝初年，修德寺出土造像不论是风格还是造像题材多延续北齐，如隋开皇五年（585）张波造石弥勒佛像（见图 1-4-19）。但到了唐朝，稳固持续的新的大一统王朝已然形成，佛教造像也以其比例精准、浑厚雍容的磅礴气势展现在世人面前（见图 1-4-20、图 1-4-21）。

曲阳修德寺造像犹如一部浓缩的北朝（不包括西魏北周）至隋唐的佛教造像小史，其各个时期的造像既有时代共性，亦有地区个性，例如曲阳的造像贴金敷彩者十分鲜见，基本为原石本色，但邺城北吴庄出土的大量汉白玉石造像却有很多贴金敷彩，显得华美炫丽。对于色彩的使用显示出地域性的审美差异。

---

① 李静杰、田军：《定州系白石佛像研究》，《故宫博物院院刊》，1999 年第 3 期，第 80 页。

……父母造石佛像，北魏正光元年（520），汉白玉石刻，高90厘米

……母造石佛像的佛像头部残缺，外着"褒衣博带"式大衣，内着僧祇

……落下垂搭于左臂，衣纹呈阶梯状，线条简劲爽利。佛为倚坐，自膝

……成数层密密匝匝的衣褶。身后背光残损大半，但最外层向上升腾的

……大背光其光明而绚丽的基调。佛像下为一上圆下方带有圆柱状束腰

……几道划刻痕迹外几乎呈素面。孝文帝迁都洛阳以及一系列汉化政

……佛教造像美学特征亦呼应了政治动迁，此尊造像所着"褒衣博带"

……衣之下清瘦的身躯，皆与汉族士人崇尚的清雅潇洒之美契合。

图1-4-3 张买德造佛像，北魏孝昌三年（527），汉白玉……

　　此尊造像亦为背光式，背光为素面，形似莲……

与王女仁父母造石佛像一致，甚至上身的阶梯状……

前厚重的衣摆（悬裳）铺陈。此像头部保存较好……

容清癯，面含笑意，典型的"秀骨清像"。

多宝佛像，东魏武定五年（547），汉白玉石刻，高44厘米
藏

多宝佛像中的释迦、多宝并坐在方形高台之上，身
自然清新之美呼之欲出。二佛形象完全一致，皆为
着"褒衣博带"式袈裟，内着僧祇支，衣带于胸口
左手施与愿印。相较前文述及的北魏晚期佛像，此
像身姿及衣物更为窄削。衣纹线条密集而圆融，垂
衣褶转折以圆弧、曲线呈现，使佛像气质和造像材质

图 1-4-7　李晦等造弥勒佛像，东魏兴和三年（541），汉白玉石刻，高44.5

此李晦等造弥勒佛像中的弥勒修眉长目，肉髻光滑，二目下
笑。内着僧祇支，胸前系带，外披袈裟，衣边自然搭于左手，右手
于覆莲莲台上，基座素面，背刻发愿文："大魏兴和三年十一月廿
李晦妻王丰姬为亡息（媳）李景珍敬造弥勒像一区（躯），上为国家
居卷大小，亡过现存，边地众生，一时成佛。"东魏时期，仿释迦
勒取代交脚弥勒渐成为曲阳造像的新风潮。

此邸荀生造观世音菩
萨像的整体形式与王起同
所造之观世音菩萨像基本
相同，如莲台、方形基
座、莲瓣形背光、菩
萨的宝冠服饰等，
差异只是一些细节
的出入，如头光
为月晕般的同
心圆，纹饰雕
刻比较浅显，
覆莲的莲瓣并
非自然形态，
而是装饰效果
化之后的样式。
此尊观世音菩
萨造像最与众不
同、最感染人的
是观世音沁人心
脾的笑容，周围的
空气似乎都被她感
染，愉悦的情绪荡漾
在菩萨的周围，使每
一位经过者无不为
之动容，嘴角也
会不自觉地挂
上一丝微笑。

图 1-4-6　张同柱等
河北曲阳修德寺遗址出土，

此张同柱等造
后莲瓣形背光平素
磨光肉髻，面带笑
打结。佛右手施无
二佛并坐像更显典
于佛座的悬裳仅有
一样温润如玉。

图 1-4-4　王起同造观世音菩萨像，北魏真王五年（528），汉白玉石刻，高 29.5 厘米

河北曲阳修德寺遗址出土，故宫博物院藏

　　此王起同造观世音菩萨像的观世音立于盛开的莲花之上，突出的莲蓬成为观世音立足的平台，自然形态的莲瓣下垂形成覆莲，莲台下是一方形基座。菩萨身后为一通身莲瓣形大背光，背光外缘雕刻升腾的火焰纹，头后为圆形内雕莲花的头光，与头光相叠的是长圆形身光。整个背光纹饰雕刻深而且繁密，衬托出简净的菩萨形象。观世音菩萨头戴小巧的宝冠，但此时观世音宝冠中的化佛尚未形成定制。菩萨身披天衣，在肩头如披肩般像外翘起，于身前交叉，再向上搭于手臂，从手臂外侧徐徐垂下，散落在莲台两侧。天衣向外延展的形态，好似菩萨临风而立，衣襟被风吹起，给静态的造像增添了几许动感。

5.5 厘米

像风格

似，座

型，面

图 1-4-8　杨迥洛造观世音菩萨像，东魏武定元年（543），汉白玉石刻，高 47.5 厘米
河北曲阳修德寺遗址出土，故宫博物院藏

厘米

观，面带温润的微
他无畏印，跣足立
五日，上曲阳县人
，后为七世父母，
佛样貌塑造立姿弥

曲阳地区的观世音菩萨造像兴起于北魏中晚期，进入东魏时期逐渐形成了较为典型、富有区域审美特点的白石观世音造像。杨迥洛造观世音菩萨像便是其中较具代表性的一尊。该尊像莲瓣形背光，头戴三叶宝冠，缯带自宝冠两端自然垂下，面部浑圆，腹部微鼓，身材趋于丰腴圆润。菩萨胸前璎珞在腰部形成交叉，右手上扬持莲，左手下垂提一桃形物，跣足立于覆莲莲台之上，其下为长方形基座。基座正面高浮雕童子托举香炉，两侧各一蹲姿狮子。

东魏时期的曲阳观世音菩萨造像多与该尊像风格相类，呈现出该地区造像美学历程中北魏向北齐过渡的情态，如菩萨像面短且丰腴、扁胸、鼓腹、X 形璎珞等，这些情态均在日后的北齐及隋代得到进一步发扬。

图 1-4-1 交脚弥勒菩萨像，北魏，砂岩石刻，高 44 厘米

河北曲阳修德寺遗址出土，河北博物院藏

　　此交脚弥勒像为菩萨装，交脚端坐于四足床座之上。四足床座是石刻造像模仿金铜造像的一个明证。弥勒面部浑圆，双目低垂，头戴宝冠，身饰璎珞，下身着裙，均匀流畅的阴线刻，刻画出薄衣贴体的质感。弥勒两侧各有一狮子从其身后探出头来，显得格外温顺。此尊弥勒像为背光式造像，可惜上半部分残损，但仍可见两侧双手合十的胁侍菩萨及背光中线刻的纹饰和供养人。此造像整体风格略显粗放，但床座前部纹饰的表现又不失细腻，弥勒造型形体准确、结实，具北方民族强悍健硕的特征。

图 1-4-2 王女仁

河北曲阳修德寺遗址出土

　　此王女仁父

支，大衣自右肩

而下大衣衣摆形

火焰纹奠定了硕

的台座，除底部

策，使北魏晚期

式大衣，以及大

图1-4-9　郭元宾造菩萨像，东魏武定三年（545），汉白玉石刻，高48.5厘米

河北曲阳修德寺遗址出土，故宫博物院藏

　　此郭元宾造菩萨像中的菩萨头戴宝冠，内着僧祇支，外披天衣，衣带于腹部经穿环交叉后垂下，右手持莲蕾上举，左手提桃形物，天衣自然垂搭在身体两侧，跣足立于莲台之上。莲瓣形背光。长方形基座，前部浮雕双狮与举香炉的莲花童子，双狮的塑造一改规矩的蹲坐之姿，造型活泼，右侧坐狮足部上抬，左侧则前足作势欲扑，双狮背部别出心裁雕刻出两束莲花。此双狮香炉童子形象雕刻精致细腻，颇为精彩。基座背面刻发愿文："武定三年十月五日，佛弟子郭元宾为父前妻造玉像一区（躯），高尺七，亡者生天，现在得富，弥勒三会，一时成佛。"

图 1-4-10 惠照造思惟菩萨像，东魏元象二年（539），汉白玉石刻，高 46.5 厘米

河北曲阳修德寺遗址出土，故宫博物院藏

惠照造思惟菩萨像中的思惟菩萨半跏趺坐于台座之上，下部为厚重的覆莲，莲下为素面基座。菩萨头戴三叶宝冠，冠带向上高高翘起，表现出强烈的动感。菩萨本是右手支腮，牵莲苞，但右臂残损，唯莲苞存留于头光之上。思惟菩萨的头光要比普通的头光大，宛如一轮皓月从菩萨身后升起，肩头的披帛天衣如羽翼般向两侧展开，清风徐扬，襟带飞动，舞动的瞬间化作永恒。菩萨

半跏坐姿、凝思的神态不禁令人想起罗丹的著名雕塑《思想者》。曲阳的思惟菩萨更具超然出尘的神圣性，是东方美学蕴藉与含蓄的典型代表。

根据基座背面的造像记可知，此尊造像于东魏元象二年（539）由比丘尼惠照所造，是修德寺出土思惟菩萨像中纪年年代最早的一尊[①]。留存有大量纪年题记是曲阳造像的一大特点，精准的纪年和朴素的发愿文带领后人走进古人的精神世界。

---

① 冯贺军：《曲阳白石造像研究》，紫禁城出版社，2005 年，第 82 页。

图 1-4-11　邱广寿造思惟菩萨像，东魏兴和二年（540），汉白玉石刻，高 59.5 厘米

河北曲阳修德寺遗址出土，故宫博物院藏

此邱广寿造思惟菩萨像的思惟菩萨面庞修长，嘴角含笑，半跏趺坐。左手握足，右手握长茎莲花，手指支腮，手肘架于膝上。菩萨下身着裙，腿部裙褶呈 U 形，线条流畅，简洁练达。向上飞扬的冠带、肩头羽翼般的披帛天衣，与安静的状态相互呼应，动静相生。风幡谁动，唯在仁者之心。

图 1-4-12　张延造思惟菩萨像，北齐天保八年（557），汉白玉石刻，高47厘米

河北曲阳修德寺遗址出土，故宫博物院藏

　　此张延造思惟菩萨像虽然残损，但仍能看出背龛呈弧扇形，由树冠层叠高耸的双树缠绕而成，背龛上飞天环绕，最上方多为舍利塔或坐佛，主尊为丰满圆润的北齐风格的思惟菩萨像，此类"龙树背龛式"造像是北齐造像的典型样式。浮雕和透雕相结合的手法别具特色，日本学者松原三郎称之为"定县样式"，但实际上这种样式源自北齐都城邺城。

　　基座是造像重要的组成部分，曲阳修德寺出土造像的基座主要有素面式和浮雕式两类。浮雕式基座上的装饰各有不同，香炉、双狮、童子是最基本的内容，更为复杂的带有供养人、力士、神王像等。此尊造像的基座以博山炉为中心，左右各有一只狮子，最外侧为力士。两只狮子体量虽小，然活泼可爱，匠人的寥寥数笔便赋予造像以鲜活的生命力。

图1-4-13　张延造思惟菩萨像局部，北齐天保八年（557），汉白玉石刻

河北曲阳修德寺遗址出土，故宫博物院藏

　　此张延造思惟菩萨半跏趺坐，头光为圆形，头戴宝冠，冠带披于肩头，自然垂下。菩萨强壮的身躯与突出的肌肉彰显着北齐造像浑圆雄健的审美风尚。"双树背龛"虽有部分残缺，但从现存部分中仍能感受到它玲珑通透的意蕴。化生童子坐于树上，庄严中带有一丝娇憨。汉白玉石温润洁白的质地更添造像的神圣高洁，菩萨嘴角的微笑更显和蔼可亲。造像虽为石雕，但匠师高超娴熟的技艺，柔和细腻的刀法，给人以绘画般笔墨丰润华滋的酣畅淋漓之感。

图 1-4-14 刘氏造石思惟菩萨像，北齐，汉白玉石刻，残高 44.5 厘米

河北曲阳修德寺遗址出土，故宫博物院藏

此刘氏造石思惟菩萨像在东魏北齐是一直比较流行的造像题材，只是东魏时单体造像较多，北齐时多是以思惟菩萨为主尊的龙树背龛式造像。该刘氏造石思惟菩萨像，二胁侍及龙树背龛已损毁，唯思惟菩萨以及下面的基座保存完好。思惟菩萨的样式姿态与东魏时期相同，此造像的特别之处是其多达三层的基座，上面刻满人物、动物、植物等各类形象，内容十分丰富。

图 1-4-15　刘氏造石思惟菩萨像像座侧面，北齐，汉白玉石刻

河北曲阳修德寺遗址出土，故宫博物院藏

　　造像基座的正面分三层，最上层两侧有高浮雕的二力士，半蹲半跪姿势，形象憨厚壮实。中间为浅浮雕博山香炉，香炉两侧生出莲花，莲花中有化生，在化生的两侧还各有一飞天。中间一层主要是僧俗供养人，正中是两个蹲地做托举状的人物，此二人手上是一块突出的隔板，上面正是博山香炉。最下面一层为高浮雕的对狮。基座正面的人物造型稚拙简朴，比例和结构并不准确，说明雕刻这几处形象的匠师可能是一位新手，与基座上造型准确的思惟菩萨相比，俨然不是同一水平。基座的左右两侧也分为三层，均为高浮雕手法雕刻，最上层主要是供养人，中间层为手持各种乐器的伎乐，下层为河神王、树神王等神王像。整个基座略呈梯形，三面皆雕满各色形象，伎乐、神王、供养人共同构成了一个"喧嚣"的佛国世界。

图 1-4-16 张藉生造双菩萨像，北齐天统四年（568），汉白玉石刻，高 36.5 厘米

河北曲阳修德寺遗址出土，故宫博物院藏

张藉生造双菩萨像中的两尊观世音菩萨并立于覆莲莲台之上，共用莲瓣形背光，背光顶部浮雕二飞天托举宝珠，二飞天身躯舒展，面带童稚，十分生动。菩萨面部丰腴，皆一手上举，一手下垂持桃形物，衣纹刻画十分简练，并无璎珞珠宝，上身着僧祇支，外披天衣。长方形台基正面浮雕双狮与博山炉。北齐时期曲阳开始大量出现双尊观世音题材的造像，于佛教经典中并无相关依据。这批造像大多如张藉生造像一般，呈现大背光、衣裙刻画洗练、几乎素身、面部丰腴、覆莲莲瓣宽大等特点，让今人可一窥 6 世纪河北地区民间造像美学的特质。

图 1-4-17 双佛像，北齐，汉白玉石刻，尺寸不详

河北曲阳修德寺遗址出土，故宫博物院藏

　　二佛并立的形象在北朝造像中并不是很常见。此造像中二佛呈镜像对称式，一手施与愿印，一手施无畏印。此二佛虽仍"褒衣博带"，但却非"秀骨清像"，而是面庞圆润饱满，身躯丰腴微胖，腹部略略突出，头部与整个身高比例较小，约在 1：4 左右，类似幼童的身体比例特征。但正是这一比例特征，再加上佛像面部的笑容，使造像显得稚拙可爱、憨态可掬。此造像尽管背光残损（此背光亦为镂空透雕的龙树背龛），但仍不难看出整件造像雕刻技法娴熟，刀笔流畅，一丝不苟。什么样的人便会创作出什么样的作品，从此尊双佛像上亦可看出匠师内心的纯净与满怀欣悦的虔诚。

图 1-4-18　立佛残像，北齐，汉白玉石刻，尺寸不详

河北曲阳修德寺遗址出土，故宫博物院藏

　　此造像为典型北齐造像样式。造像身材修长，袈裟衣纹舒朗，薄衣贴体，凸显出比例准确的身体协调结构，具"曹衣出水"之特征。

图 1-4-19 张波造石弥勒佛像，隋开皇五年（585），汉白玉石刻，高 23.6 厘米
河北曲阳修德寺遗址出土，故宫博物院藏

此张波造石弥勒佛像中的弥勒佛像肉髻平缓，长耳方颐，双目下视。身着 U 形领通肩袈裟，衣物贴体，纹络亦呈 U 形从胸前层层下落至腿部。佛右手上举施无畏印，左手轻提衣角，立于覆莲莲台上。两侧胁侍菩萨身姿与主佛略同，头戴高冠，后有圆形头光，上身披帛蔽体，下着长裙，跣足立于莲台之上，莲茎莲叶承托莲台，似从平地生长而出。三尊像共同立于方形台座上，台座前面浮雕一组蹲狮及香炉，对狮体态敦实可爱。隋代造像薄衣贴体可见北朝痕迹，但抛却前朝清癯飘逸的情趣，圆润饱满的面容更凸显出造像的浑厚端严。

图 1-4-20　刘三娘等造双阿弥陀佛像，唐开元十年（722），汉白玉石刻，高34.5厘米

河北曲阳修德寺遗址出土，故宫博物院藏

　　此刘三娘等造双阿弥陀佛像中的二佛并坐像一般认为是释迦多宝像，但佛座底部发愿文显示此尊造像为"玉石双身弥陀像"，题材别具一格。在修德寺遗址出土的造像中阿弥陀佛像占有一定的数量，这说明唐代弥陀净土信仰的流行。两尊并坐阿弥陀佛像皆凸显出强烈的唐代造像特征，佛皆着袒右袈裟，衣物轻薄贴体，显露出饱满的身躯。残损上举的手臂原应施无畏印，另一手自然下垂抚膝。两像姿势呈镜像对称，袈裟的披覆方式略有不同。右侧弥陀正襟危坐，袈裟自右肩下紧贴腰腹不留缝隙；左侧弥陀上身稍侧，袈裟仅覆搭右肩，壮硕的身躯更一览无余。二佛的佛座设计十分别致，上为椭圆形仰莲莲座，中间束腰部分镂空设计，以两根主要支柱支撑，周围有圆雕的矮小力士承托莲台，下部是长方形素面基座，正面刻有题记。莲座上实体佛像与镂空束腰莲座二者虚实相生，使造像实而不沉闷，虚而不飘浮。

图 1-4-21　党宝宁等造阿弥陀佛像，唐开元二十四年（736），汉白玉石刻，残高 39.5 厘米

河北曲阳修德寺遗址出土，故宫博物院藏

　　此党宝宁等造阿弥陀佛像的造像头部及右手手臂残损，但其余保存完好。阿弥陀佛跏趺坐姿端坐于工字形须弥座上，着袒右袈裟，袈裟的一边搭于右肩肩头，左手抚于膝头，当结触地印。造像上身的衣纹柔和流畅，浅浮雕和线刻两种形式并用，凸显出衣纹的层次感。袈裟下摆铺陈于座上，悬垂于方座周围，质地轻薄柔软，衣摆纹路精心设计，自然而又不着人工痕迹。造像宽厚的胸膛、健壮饱满的身躯，是唐代佛像典型的特征。

第 五 节

关河古制·西安地区出土造像

西安，古称长安，在魏晋南北朝及隋唐时期曾是西晋、前赵、前秦、后秦、西魏、北周、隋、唐的都城。北朝时，北魏拓跋氏统一北方后先定都平城（今山西大同），后迁都洛阳，此时的长安虽不是都城，但佛教艺术受都城影响，与此同时亦有本地特点。北魏经孝文帝汉化改革，其佛教造像特色也与前期有别，由一种雄壮浑厚逐渐变为"褒衣博带""秀骨清像"的风格。景明是孝文帝次子宣武帝元恪年号，从西安地区出土的一些北魏景明初年的造像上可以看出北魏造像这种风格变化的过渡（见图 1-5-1 至 1-5-6）。建明二年（531）已是北魏末期，此时的造像早已是"褒衣博带"风格（见图 1-5-7 至 1-5-8），清瘦的面庞、宽大洒脱的裙裾等是其主要特点。在西安地区出土的造像艺术中有很多是没有纪年的，但从其造像风格等方面可判断为北魏时期的作品。一件亭阁式造像塔制作十分精巧，几乎是以模型的方式再现了一座北魏建筑，十分珍贵（见图 1-5-9 至 1-5-12）。

534 年北魏分裂后，长安相继成为西魏、北周的都城，尽管国号不同，但这两个政权的实际掌权者均为宇文氏家族。西魏的造像风格基本沿袭北魏汉化改革后的"秀骨清像"风格。入北周后，长安造像风格发生了一次明显的变化，人物形象变得丰满而富有立体感，为隋、唐佛教造像艺术奠定基础，是佛教造像艺术发展史上的一个重要时期。

西安地区出土比较集中的北周单体佛像，主要有 2004 年 5 月在西安东郊灞桥区湾子村出土的五尊大型佛立像〔其中一尊纪年为北周大象二年（580）造像]，[①]2004 年 11 月西安市未央区中查村发现的一批佛教造像残块，[②]2007 年西安窦寨村发现的北周石刻造像。[③]总体而言这些造像体积大、数量多，而且有纪年造像出现，为断代提供了可靠依据。北周特色的佛菩萨造像形成于北周初年，时间大约在明帝武成二年（560，或再略早些）至武帝保定二年（562）。之后造像装饰等细节变化逐渐出现，如佛像袈裟衣纹变化，菩萨璎珞出现长 U 形等，至武帝天和三四年间，北周造像已然定型。北周佛造像主要有以下几个特点：

（1）面相方圆，面长和面宽之比将近 1∶1。螺髻较多出现，肉髻低平，有的脖颈处有三道蚕节纹。

（2）身体粗壮，头与身体比例较小，约在 1∶4.5 至 1∶5，均穿圆领通肩袈裟，长度约至小腿中部，袈裟下为内裙下摆，裙长至脚踝，跣足，裙摆两侧外侈，整齐地叠出多重裙褶。

（3）莲座为覆莲或仰覆莲，莲瓣浑圆饱满而略长。莲座下方座上，或四角各有一蹲狮，或只正面两角各有一蹲狮。

（4）立佛左手提袈裟一角，右手施无畏印。

（5）造型上突出人体的体量感，以及人体结构，袈裟紧贴身体，突出躯干。体型略胖，腹部突出，后背平直。

西安东郊、中查村及窦寨村等处出土的佛像不少都形体高大，且有沥粉贴金彩绘的痕迹，其中窦寨村位于汉长安城宫城遗址内，[④]而那也正是北周宫城所在，因此我们有理由认为，这种通肩袈裟样式的单体立佛是北周官方造像样式的主体（见图 1-5-13 至 1-5-21）。除佛像外，北周菩萨像也很有自己的特色。最初北周菩萨像的衣冠服饰仍有着前朝痕迹，如 X 形交叉的璎珞或天衣，但在人物形象上已变得饱满圆润（见图 1-5-22、图 1-5-23）。北周成熟的菩萨造像当属 1992 年西安北郊出土的三尊汉白玉观世音菩萨单体造像。[⑤]这三尊造像形象基本一致，只是细节小有差别（见图 1-5-24 至 1-5-28）。均为汉白玉大理石雕刻，莹白的石质更增了菩萨的圣洁与优雅。菩萨头戴宝饰，分左中右三部分，之间以饰带相连，宝缯垂于头侧、搭于双肩，耳戴圈饰。面相圆润，细眉长眼，鼻子直挺，嘴巴较小，颈部有三道蚕节纹。上身穿僧祇支，下身衣裙贴体，腰

① 赵力光、裴建平：《西安市东郊出土北周佛立像》，《文物》，2005 年第 9 期。
② 中国社会科学院考古研究所编著：《古都遗珍——长安城出土的北周佛教造像》，文物出版社，2010 年。
③ 西安市文物保护考古所：《西安窦寨村北周石刻造像》，《文物》，2009 年第 5 期。
④ 西安市文物保护考古所：《西安窦寨村北周石刻造像》，《文物》，2009 年第 5 期，第 86 页。
⑤ 西安市文物局：《西安北郊出土北周白石观音造像》，《文物》，1997 年第 11 期，第 78—79 页。

部有多出的衣边系于腰间，不同于麦积山腰裙外翻式的菩萨装。身上璎珞的一个明显特点是呈 U 形，而不再是交叉的 X 形。菩萨右手执杨枝，左手持净瓶。头与身体的比例较短，体态丰腴，头、手和脚都显得略大，但整体非常和谐。整尊造像令人感觉珠圆玉润，雍容华美。

关于长安造像在铺像组合方面的特色，可以西安未央区草滩出土白石龛像为代表（见图 1-5-29 至 1-5-35）。未央区草滩出土的这批龛像总数在 17 块，尺寸基本一致，很可能是用于地面寺院建筑中，除少数圆拱火焰楣龛之外，均为帐形龛。龛内人物配置或二佛并坐，或一佛二弟子，或一佛二菩萨，或一佛二菩萨二天王等。这些龛像初看上去似乎没有太大差别，龛像组成要素也并不多，但仔细观看会发现，这些龛像没有哪两块是完全相同的。雕刻匠师或者说这些龛像的设计者，在不断地变换着有限的龛像要素的组合关系，从而创造出无限的变化。这组龛像不论是佛、菩萨还是弟子像，均是面庞浑圆，细眉小眼小口，五官清秀，嘴角略带微笑。佛像肉髻低平，两肩较平直，肩胛浑厚，轻柔的衣服贴于身体，显出衣服下人体的体量感。佛像体型微胖，特别是腹部微微鼓起，造像基本特征与立佛相似。长安没有合适的岩体可以大规模地开凿石窟，因而在研究北周造像时缺乏完整的信息，但这套汉白玉帐形龛却昭示了长安造像与固原（今宁夏固原市）须弥山北周窟的密切关联。

北周于 577 年灭北齐统一北方。581 年，外戚杨坚代周建隋朝，后于 589 年灭南陈，分裂了几百年的中国终于再归一统，在隋朝短暂的几十年过渡后，迎来了大唐盛世。

隋、唐造像主要承自北周，但也有各自面貌。隋更近于北周，故而有些造像的断代在没有时间题记的情况下比较难以分辨。图 1-5-36 至图 1-5-39 中的菩萨像是一尊珍藏于西安博物院的北周至隋代菩萨像，遗憾之处是这尊像仅剩上半身，但依然能够展示这尊造像的精美绝伦，在这尊造像的装饰上含有很多外来因素。唐代造像的基调来自北周，但这毕竟是一个空前强盛的统一帝国，与北周已经有了很大差别。就佛像而言，北朝时期佛的面貌显得年轻，有时还具有一些女性的柔美特征，唐代的佛像则俨然是一位中年男子，而且是相当威严的中年男子形象（见图 1-5-40、图 1-5-41）。与之相对，唐代的菩萨像则更具女性特征（见图 1-5-42 至 1-5-43），正所谓"菩萨似宫娃"。此外与前代不同的是，唐代密教非常盛行，在长安出土了相当数量的密教造像，十分精美。

图1-5-1　景明四面造像（其中之两面），北魏景明二年（501），石刻，高60厘米

西安碑林博物馆藏

　　这件景明四面造像应当是高层造像塔中的一块，形式如山西南涅水出土的造像塔。此四面造像的正面及两侧均为拱形龛，一佛二菩萨铺像组合，背面为一方形龛，亦为一佛二菩萨组合，不过佛的背光宽大，格外显眼，这使得背面虽不是拱形龛，但在整体视觉上与拱形龛保持着一致。四面造像在佛龛的周围均布满小的禅定佛像，龛楣上还雕有一排弟子头像。这样的布局依然保持着云冈石窟北魏早期的造像特色。佛像肉髻高大，袈裟衣纹较深，而且密集，佛衣的悬裳除背面佛像较短外，其余三面佛像均铺陈在佛座前，然每一面佛像悬裳的具体纹路样式均不相同，在统一中富于变化。

图1-5-2　景明四面造像正面龛局部，北魏景明二年（501），石刻

西安碑林博物馆藏

　　从图片上看佛发为螺发，这是北魏时期造像中比较少见的佛发样式。螺发是笈多佛造像的典型特征，这说明此时的造像已经出现了笈多的艺术元素。胁侍菩萨静立于佛侧，宽大的披巾在身前呈X状交叉，左手护于胸前，右手下垂提净瓶。不论是佛还是菩萨的脸上都含有淡淡的微笑，使观者见以忘忧。

图1-5-3　景明四面造像局部思惟菩萨，北魏景明二年（501），石刻，高60厘米

西安碑林博物馆藏

　　景明四面造像正面的右上角有一尊小而精致的思惟菩萨像。菩萨应是坐在筌蹄这种较高的坐具上，虽然由于衣服的遮挡无法得见，但可借助其他思惟菩萨像推断其坐具应为筌蹄。菩萨右脚搭在左膝上，左手抚右脚脚踝，右臂手肘支在右膝上，右手托腮，头部深深地向右侧倾斜，菩萨面庞清秀圆润，双目微闭，面带微笑。此图呈现于人的不似菩萨，倒更像一位沉醉于清梦中的人间少女。

图 1-5-4　刘保生造无量寿像，北魏景明三年（502），石刻，高 50 厘米，宽 35 厘米，厚 20 厘米
西安碑林博物馆藏

　　此刘保生造无量寿像中的佛像披通肩袈裟，双手结禅定印端坐于两后背相对的狮子座上，
佛像背后有火焰纹舟形背光。佛像长圆脸形，肉髻较高，袈裟样式虽为"褒衣博带"，但纹饰雕
刻尚比较简素，为较粗的阶梯状纹路。整尊造像呈现出北魏由雄浑风格向"秀骨清像"过渡的
特征。

图 1-5-5　刘保生造无量寿像侧面，北魏景明三年（502），石刻，高 50 厘米，宽 35 厘米，厚 20 厘米

西安碑林博物馆藏

　　佛身下的狮子宝座是两只后背相对的狮子，圆目阔口，表情严肃。此类二兽背面相对的形式与波斯文化相关。佛衣悬裳较长，但还没有成为后来那种厚重而纹饰繁复的样式。

图 1-5-6　刘保生造无量寿像右侧局部，北魏景明三年（502），石刻

西安碑林博物馆藏

　　佛像大耳垂肩，面带微笑，佛发为丝丝可见并束起的直发，只在额头上部及肉髻的正前方雕刻出旋涡发丝状纹饰。身后的背光繁密有序，最外缘为火焰纹，内层有禅定佛及花朵纹饰，佛像与背光形成疏密对比，繁密的背光烘托出佛的形象。

图 1-5-7　朱辅伯造像碑，北魏建明二年（531），石刻，高 178 厘米

西安碑林博物馆藏

　　佛教造像碑是将佛教造像与中国传统碑刻相结合的艺术形式。此朱辅伯造像碑半圆形螭龙碑首，碑上的造像分上中下三段，组合以一佛二菩萨为主。最上部为倚坐佛。中部为一大龛，内有一佛二菩萨，大龛两侧各有一龛，内只雕坐佛。下部两龛大小一致，分别为跏趺坐和单跏趺坐的坐佛，两侧小龛内有禅定佛和乘象菩萨。造像碑的最下部为浅浮雕雕刻的香炉和供养人。造像布局严谨，疏密相宜。

图 1-5-8　朱辅伯造像碑局部，北魏建明二年（531），石刻

西安碑林博物馆藏

　　此造像碑就造像风格而言是典型的"褒衣博带""秀骨清像"。佛像面庞瘦长，肉髻高，细眉长目，面带微笑。不论是倚坐佛还是坐佛，厚重的袈裟底摆繁密有序且极富装饰性。高浮雕、减地平钑和线刻手法的交互使用，丰富了造像碑的空间层次，突出了核心形象。

图 1-5-9　亭阁式造像塔，北魏，石刻，残高 51 厘米

西安市莲湖区礼泉寺遗址出土，西安博物院藏

　　上图所示亭阁式造像塔为方形，四面开龛。样式为中国古代亭阁式建筑，瓦垄、斗栱一应俱全，俨然为北朝亭阁建筑的模型。四面造像龛内一般为一佛二菩萨，龛式或为带有火焰纹的拱形龛，或为类似云冈的"几"字形龛，样式富于变化，整件造像塔雕刻刀法干净利索，十分精致。

图 1-5-10　亭阁式造像塔之禅定佛龛，北魏，石刻，残高 51 厘米

西安市莲湖区礼泉寺遗址出土，西安博物院藏

　　上图造像塔此面拱形龛内雕刻一佛二菩萨。高大的禅定佛居中坐于"亚"字形金刚宝座上，两侧侍立二菩萨。禅定佛肉髻较高，面庞略显清瘦，可见南朝审美影响。但佛像健劲的身材，内着僧祇支、外披袈裟且无悬裳的形式，都还可见北魏前期的风格特征。此外，袈裟衣纹较深，粗棱突出，亦为当时造像的一个显著特点。

图 1-5-11　亭阁式造像塔弥勒佛龛，北魏，石刻，残高 51 厘米

西安市莲湖区礼泉寺遗址出土，西安博物院藏

造像塔的背面为弥勒佛龛，龛楣呈"几"字形，上挂帷幔，两侧立八棱柱。中间弥勒佛交脚而坐，两侧有胁侍菩萨。整座小造像塔高与宽之比几近黄金比例，所以视觉感极为舒适，弥勒佛与房屋大小的比例适中，给人一种殿宇宏阔之感。

图 1-5-12　亭阁式造像塔塔檐局部，北魏，石刻

西安市莲湖区礼泉寺遗址出土，西安博物院藏

造像塔房檐下的斗栱雕刻非常写实，几乎可成为北魏建筑的实物样板。在栱眼壁上雕刻着身着通肩袈裟的禅定佛。佛像身后有正圆形的头光和身光，佛像袈裟于身前呈 U 形。栱眼壁基本呈正三角形，跏趺坐禅定佛的形象恰恰成为一种适合纹样嵌在栱眼壁上。时至明清，我们依然能够在地面寺院的实体建筑上，看到栱眼壁中绘制的佛像，可见这种形式在寺院建筑中流传久远。

图 1-5-13　北周五佛

西安灞桥区湾子村出土　西安碑林博物馆藏

　　在西安碑林博物馆专门为大像设置的展厅内，主位陈列着西安灞桥区湾子村出土的五尊释迦牟尼佛佛像。大像威严，震撼人心。

图 1-5-14　佛立像，北周，石刻，高 216 厘米

西安灞桥区湾子村出土，西安碑林博物馆藏

图 1-5-15　佛立像局部，北周，石刻

西安灞桥区湾子村出土，西安碑林博物馆藏

　　此尊佛立像明显带有南朝影响的痕迹，特别是佛像系于胸前的带子样式，与南朝造像如出一辙。此像袈裟领口呈深 U 形，袈裟的一边搭在左肩上，这使得袈裟衣纹呈从右肩向左肩聚集的状态。内裙垂至脚面，裙摆外侈。外层袈裟以弧线、U 形线及浅直平阶梯式技法表现衣纹。佛右手上举施无畏印，左手平贴近腹部，手握衣角。这是笈多艺术中佛立像的典型姿态。

　　佛像螺发，肉髻平缓，方形脸庞，眉细长。广目，鼻挺直，唇上刻两绺胡须，菱角口，面露微笑，颈部有三道蚕节纹。造像气质浑厚、沉稳、庄严。

图 1-5-16　佛立像，北周大象二年（580），
石刻，通高 238 厘米

西安灞桥区湾子村出土，西安碑林博物馆藏

　　此尊立佛"大象二年"的时间题刻
十分珍贵，使其成为这批造像断代的标
准器。此造像已然是北周风格。与前一
尊造像相比，袈裟衣纹已发生了一定的
变化。其袈裟为通肩袈裟，领口低至胸
部，躯干和腿部的衣纹呈 U 形。

图 1-5-17　佛立像局部，北周大象二年（580），石刻

西安灞桥区湾子村出土，西安碑林博物馆藏

　　此北周末年的造像，在佛的面部及身体刻画方面表现得更加写实、
自然。佛发同样为螺发，这是北朝晚期佛造像的普遍特征。面部浑圆，肉
质感很强，面部肌肉的自然起伏刻画准确，有两道细而长的形似远山的弯
眉，眼窝略深，眼角微微下垂，尽管双目微闭目光下视，但仍可看出是一
双有着印度笈多造像特点的大眼睛。嘴角上翘，略带微笑，嘴唇部位复杂
的肌肉变化刻画到位。身上薄薄的袈裟贴于体表，显露出结实而准确的身
体有机结构，袈裟衣纹随身体起伏而起伏。这些足见匠师对人体结构的精
准把握。

113

图 1-5-18　佛立像，北周，石刻，通高 246 厘米

西安灞桥区湾子村出土，西安碑林博物馆藏

　　左图所示佛立像在袈裟的样式上与前面
第一尊北周大像更为接近，身前袈裟的衣纹
从右向左逐渐聚拢，尽管此袈裟领部较深，
但仍为通肩袈裟，且内衣中的衣带也没有显
示在外边。佛像姿态及基本造像特征与前两
尊像相同，衣摆微微向两侧展开，似有微风
吹过。佛像面带微笑，一派潇洒风神。

图 1-5-19　佛立像佛座局部，北周，石刻

西安灞桥区湾子村出土，西安碑林博物馆藏

　　此尊佛立像造像的方形基座上雕刻有
丰富的图像。正面中间为一博山式香炉，但
香炉下的基座为覆莲形式，两侧有荷叶莲
花。香炉两边为胡跪姿势的比丘僧：一个双
手合掌面对香炉，表情虔诚恭敬；一个似是
在往香炉中添加香料，表情凝重，显得格外
小心翼翼。在二比丘僧的背后各立一位金刚
力士。画面中人物形象不大，但刻画颇为
生动。

图 1-5-20　佛立像，北周，石刻，高 173 厘米
西安市中官亭村出土，西安博物院藏

　　此尊佛立像与湾子村出土的五尊大像样式、风格一致，螺发，通肩袈裟，右手施无畏印，左手提袈裟。此像亦为西安出土，但与前述大像地点不同，这说明这种穿通肩袈裟的立佛是长安造像的普遍形式，即北周的长安样式。

图 1-5-21　佛立像手部特写，北周，石刻
西安市中官亭村出土，西安博物院藏

　　细节最能体现造像的艺术水平，尽管佛像没有什么华丽的装饰，但从佛像左手提袈裟的姿态上最可看出匠师高超的雕刻技巧：佛手纤细、柔若无骨，袈裟搭在佛手中质感轻柔，线条刻画如丝如缕，若流水一般。

图 1-5-22　菩萨立像，北周，石刻，高 79 厘米
西安市未央区出土，西安博物院藏

图 1-5-23　菩萨立像局部，北周，石刻，高 79 厘米
西安市未央区出土，西安博物院藏

　　此尊菩萨立像当为北周早期的菩萨造像，身上的璎珞还呈交叉状。菩萨头戴宝冠，面部饱满略方，下巴较尖。修眉长目，目光下视。右手残，左手提净瓶。跣足立于台座上。菩萨立像为圆雕，然身上的璎珞装饰均为较浅的浮雕形式，故而华丽却内敛不张扬。

　　菩萨表情沉静，若有所思，嘴角上翘口含微笑。宝冠雕刻精细，两侧的缯带断裂。菩萨颈戴项饰，正中垂一铃铛。此种样式的铃铛在北周的佛教艺术中应用非常广泛，其不止出现在菩萨的装饰上，也出现在帐龛、佛塔等上面。菩萨上腹部系带，带子微微嵌入肉中，雕刻中还表现出皱褶，真人般的肉质感在这一细节中被微妙地表现出来。

图 1-5-25　菩萨立像背面，北周，
汉白玉石刻，通高 69 厘米

西安北郊汉城乡西查村出土，西安博物院藏

　　从立像后面看去，菩萨
腰肢纤细、身材窈窕，宛如
人间少女。虽是背面，但雕
刻得依然仔细，衣纹裙褶并
没有简略处理。

图 1-5-24　菩萨立像，北周，汉白玉石刻，通高 69 厘米

西安北郊汉城乡西查村出土，西安博物院藏

　　菩萨面部微呈长圆形，饱满圆润，细眉修目，
鼻子直挺，樱桃小口，嘴角微微上翘，面带笑意，
颈部有三道蚕节纹。菩萨上身穿僧祇支，下身衣裙
贴体，腰部有多余的衣边系于腰间，不同于麦积山
腰裙外翻式的菩萨装。菩萨身上披挂的璎珞从右臂
外环绕于身前，呈 U 形，长可过膝。右手执杨枝
抬于身侧，左手持净瓶。此尊菩萨曾贴金施彩，尤
其是璎珞宝珠的金色，保存较为完好。由此不难想
见，当年菩萨造像新成之时光彩照人的景象。

图 1-5-26　菩萨立像局部，北周，汉白玉石刻

西安北郊汉城乡西查村出土，西安博物院藏

　　菩萨造像雕刻手法圆熟，整尊像给人珠圆玉润之感，而汉
白玉大理石的材质更显得菩萨肤如凝
脂。菩萨的发丝、璎珞配
饰、衣纹处理，雕刻的可谓是精益求精，几乎看不到上面有何
瑕疵。

图 1-5-27 菩萨立像，北周，汉
白玉石刻，高 95 厘米

西安北郊汉城乡西查村出土，西安博物院藏

雕刻干净利索，绝无滞
碍。整尊造像给人感觉温柔敦
厚、雍容华贵，有着世间女子
妩媚的一面，但大理石的洁白
特质，则又强调了菩萨的神圣
性。整尊菩萨像既可爱，又令
人心生敬畏，仿佛只可远观。

图 1-5-28　菩萨立像侧面局部，北周，汉白玉石刻

西安北郊汉城乡西查村出土，西安博物院藏

　　西查村出土的这两尊汉白玉菩萨像，在外观上十分相似，但在细节上又有很多不同，例如发丝的走向，头饰、项饰及璎珞的样式等。特别是项饰，这尊菩萨的项饰下方坠的是一个铃铛，以高浮雕形式表现，与前边未央区出土的那尊菩萨项饰上的铃铛相似，只是更为精致。这种铃铛不仅是菩萨的项饰，在佛帐、塔刹等处均可见到。此外，菩萨所戴的圆环状耳饰，显然受南亚造像艺术的影响。

图 1-5-29　一佛二菩萨像，北周，高约 42 厘米

西安市未央区草滩出土，西安博物院藏

　　草滩出土的此套龛像以帐形龛为多，此龛帷幕半垂，两侧有帐钩挂起。龛内主尊为倚坐佛，脚踩莲台，莲台两侧各伸出一枝莲花，二胁侍菩萨侍立其上。龛像为高浮雕，雕刻精致细腻。比例上佛尊形体较大，以突出主尊地位，二菩萨隐于龛内。

图 1-5-30　一佛二菩萨像局部佛像，北周

西安市未央区草滩出土，西安博物院藏

　　倚坐佛面庞圆润饱满，长目细眉，口鼻小巧，面带微笑，颇具亲和力。佛发肉髻平素无纹。佛内着僧祇支，外披双领下垂式袈裟，右手上扬施无畏印，左手下垂施与愿印。倚坐佛袈裟雕刻格外仔细，袈裟穿插、交叠的走向交代十分清楚，衣纹疏密布局得宜。

图 1-5-31 一佛二菩萨像，北周，高约 42 厘米

西安市未央区草滩出土，西安博物院藏

　　草滩出土的帐形龛具体龛式变化丰富，此龛虽也是帐形龛，但与前一龛不同，仅在龛沿部位挂垂幔，于龛的两侧各挂一串璎珞。龛内组合亦为一佛二菩萨，菩萨立像与前一龛像无大差别，但佛像为坐像，佛着半包式袈裟，右手施无畏印，左手提袈裟衣角，悬裳较短，铺于宝座前。在高大的金刚宝座的两侧还刻有两尊胡跪姿态的供养比丘，态度虔诚而恭谨。

　　关于菩萨像，由于草滩白石龛像较小，所以菩萨像处理较为简略，身上的装饰也不多。一般是头戴束发花冠，正前方或者正前方及两侧各有一朵花，手中持物，天衣从体前呈 U 形绕过，各搭于左右两臂垂于体侧。尽管龛像中菩萨形象较为朴素，没有过多装饰，但这恰恰更能使人清晰地看到菩萨像优雅的造型和娴熟的雕刻技艺。

图 1-5-32 一佛二弟子像，北周，高 42 厘米

西安市未央区草滩出土，西安博物院藏

此一佛二弟子龛像的帐形龛与前一图中的帐形龛一致，变化的是龛内的铺像组合。佛像跏趺坐居中，两侧为弟子，佛座下部为莲花对狮。汉白玉石莹白细腻，在柔和光源的照射下此龛造像显得静谧祥和，佛与弟子均面带微笑，更添禅悦法喜。

图 1-5-33 一佛二弟子像佛座局部，北周

西安市未央区草滩出土，西安博物院藏

佛座下是莲花香炉对狮，狮子为佛教中的护法善神，经常出现在佛前。这两只雄狮卧在香炉两侧，凝视着香炉，头颈部的鬣毛为卷曲状，显得非常安静、乖巧。在整个北朝，护法狮子鬣毛的表现形式多样。中间的香炉雕刻细腻，设计精巧。香炉下是一个大莲花底座，上托博山式香炉，莲花底座的两侧以对称形式雕刻一簇莲叶莲苞，莲叶以侧面呈现，莲茎倾曲，似微风拂动。

图 1-5-34　一佛二菩萨二力士造像，北周，汉白玉石刻，高54厘米

西安市未央区草滩出土，西安博物院藏

　　此龛造像内容较多，虽为帐形龛，但龛上又雕五身伎乐飞天。草滩出土龛像中的佛、菩萨、弟子等人物可能采用相同粉本，人物形象均都大同小异。此龛中力士是新出现的形象，二力士拱卫在佛座左右，身体扭向龛外，一腿弯曲一腿绷直，回首向内。二力士形象虽小但却孔武有力，身体充满张力。此龛设计最巧妙的是香炉与佛悬裳的关系。此尊佛像悬裳的处理与其他佛像有所不同，此佛像悬裳采用了类似减地平钑式的雕刻方法，浮雕表面低平起伏柔和，衣纹氤氲婉转犹如轻烟，而悬裳的下面正好是香炉，香炉顶尖对着悬裳的正中。看上去佛陀似乎是从袅袅轻烟中化出一般，如此奇妙构思丝毫不输佛教艺术繁盛的北齐和南朝。

图 1-5-35　一佛二菩萨二力士造像龛顶部伎乐，北周，汉白玉石刻

西安市未央区草滩出土，西安市博物院藏

　　这五尊伎乐飞天持筚篥、琵琶等各种乐器，舞姿曼妙，轻弄琴弦，天衣飞扬，天花飞舞。造型上线条流畅，形体准确而又有动态的夸张之处，整个画面浪漫恣肆。匠师在方寸间做到了"满壁风动"。

图 1-5-36　菩萨像，北周至隋，石刻，高 100 厘米

西安市唐礼泉寺遗址出土，西安博物院藏

　　此尊菩萨像的上半身被完整地保存下来，犹如一张半身照。菩萨笑容和蔼可亲，宛如生人一般。这尊菩萨仅存的上半身高度就达 1 米，可见其完整时应是一尊高逾 2.5 米以上的大像。菩萨像雕刻的精彩之处，一是相貌五官的生动刻画，一是冠饰、璎珞的表现。尤其是菩萨胸前的璎珞，高浮雕、浅浮雕等手法相互参用，其中最为精致的当属菩萨胸前圆形花饰中心通过链条垂下的铃铛。这组铃铛是一个椭圆形大铃铛的外缘挂着五个相同样式的小铃铛，而悬挂铃铛的链子雕刻最见匠师水平。这条细小的链子是由一个个小圆环环环相扣连在一起的，匠师将它逼真地再现在石雕上。

图 1-5-37　菩萨像手部特写，北周至隋，石刻

西安市唐礼泉寺遗址出土，西安博物院藏

　　菩萨右手举一段柳枝，柔韧纤长的柳条拢向后方。柳枝的表现非常写实，枝杈的刻画很生动，不禁使人联想到顾恺之《洛神赋图》和康业墓棺床石围屏上柳树的表现方式。

图 1-5-38 菩萨像宝冠正面，北周至隋，石刻

西安市唐礼泉寺遗址出土，西安博物院藏

　　菩萨的宝冠华美异常，带有细小连珠的底纹上装饰的是珠链、星月莲花以及和胸前装饰同款的铃铛。这种铃铛在北周应用得十分频繁。星月莲花的图像设计非常别致，星月图像是波斯或粟特艺术中常见的形象，而随其形状巧妙设计的莲花则又带有鲜明的佛教特色。

图 1-5-39 菩萨像宝冠侧面，北周至隋，石刻

西安市唐礼泉寺遗址出土，西安博物院藏

　　从侧面看更能显示宝冠的全貌，因为它是一种完全对称的设计。星月莲花正中及两侧各有三朵，而且在宝冠的两侧还有一对翅膀，其外来因素更加明显。但其星月下的莲花点明佛教的主题。

图 1-5-40　佛头像正面，唐，汉白玉石刻，高30厘米

西安博物院藏

　　佛头像面容圆润、丰腴，长长的弯眉犹似远山，二目细长，目光下视，直鼻，小口，肌肤质感极强。佛为螺发，肉髻较为高大，形似馒头。神态静穆、安详，其宁静祥和的气场感染着每一位观者。

图 1-5-41　佛头像侧面，唐，汉白玉石刻，高30厘米

西安博物院藏

　　从侧面看去，更可看出佛头像雕刻的高超技艺。雕刻艺术始终要求雕刻者心中要有一个立体的观念，如此才能雕出形体准确、形象饱满的佛头像。

图 1-5-42　观世音菩萨坐像，唐，汉白玉石刻，高 73 厘米

西安市东关景龙池出土，西安碑林博物馆藏

此尊观世音菩萨像结跏趺坐端坐于束腰莲台上，莲台最下部的基座圆台边缘雕有一圈伎乐。菩萨并非端身正坐，而是上身微微向右倾侧，双手把一枝含苞未放的莲花，左手握花茎，右手护持花苞。整尊造像造型优雅，比例和谐匀称，汉白玉石的材质，更使菩萨造像显得高洁无暇，出尘不染。

图 1-5-43　观世音菩萨坐像局部，唐，
汉白玉石刻

西安市东关景龙池出土、西安碑林博物馆藏

　　菩萨面庞饱满圆润，眉如远
山，眼目修长，微微张开。鼻梁挺
拔，口角上翘犹如菱角。发髻高高
挽起，丝丝的柔发被梳理得十分光
洁。头戴五叶宝冠，但宝冠的中间
一叶特别高大，内雕有禅定化佛一
尊，表明了其观世音菩萨的身份。
唐代人物丰腴的美学特色在此尊菩
萨造像上表现得淋漓尽致。

　　菩萨面容祥和慈善，若有所
思。内心情感传达得含蓄而微妙。
匠师雕刻技法纯熟，不见刀痕，天
衣轻柔贴体，垂在莲台上。身上的
璎珞庄严之饰，宛如精工打造，是
唐代菩萨造像中的精品。

第六节

浮屠林立：山西南涅水出土石刻造像

南涅水石刻造像出土于山西沁县县城以北 30 千米的南涅水村。1959 年南涅水村村民张玉科于村边取土时发现了一大批佛教造像。据考古发掘统计，南涅水石刻造像有 1440 余块。这批佛教石刻造像保存在位于沁县县城西湖水库边二郎山顶的南涅水石刻馆内，之后在南涅水周边又陆续发现的一些造像也收集保存在馆内。就现存馆藏造像的石刻题记看，时间从北魏至北宋，跨越 500 多年。2013 年 3 月，该石刻馆正式公布为全国文物重点保护单位。在造像的发现地，当地建亭树碑以记之（见图1-6-1），站在碑亭处举目可见不远处的南涅水村（见图 1-6-2）。

之所以名南涅水，是因为村庄坐落于太行山脉的涅水之南。南涅水地处沁县的西北部，据史籍记载，春秋战国时此地为涅地，属赵，有涅布铸造于此。西汉置涅氏县。东汉、魏晋为涅县。北魏永安年间一度易为阳城。隋开皇十八年（598）改为甲水县。唐武德三年（620）析置甲水县，隶韩州，九年省。唐贞观十七年（643），废韩州，归潞州。唐永徽六年（655）隶沁州。石刻出土地位于城南寺庙遗址西北隅。南涅水是北魏都城洛阳到陪都平城（今山西大同）的必经之路。①

南涅水造像大约分为三类：造像塔、单体造像（包括背光式造像）及造像碑。其中数量巨大令人震撼的当属造像塔。在南涅水石刻馆内足足有三个展厅为这些造像塔而设（见图 1-6-3），另外还有六七座造像塔被借往山西省博物馆展出。根据石刻题记及造像风格，这些造像塔的所属时代大约在北朝晚期，

① 曹雪霞：《南涅水石刻造像的民间特色——浅谈石刻艺术在沁县的传承与发展》，《文物世界》，2011 年第 4 期，第 30 页。

图 1-6-1　南涅水出土造像遗址碑亭

正面刻"南涅水石刻造像出土遗址二
〇一六年九月二十六日",石碑背面记录
了南涅水的地理沿革、石刻造像发现的缘
由始末,以及专门建馆保存造像的经过。

具体而言主要在北魏末至东魏北齐。造像塔形式
高耸,一般是由五块、六块、七块乃至九块数量
不等的略呈梯形的立方体石块垒叠而成,多数高
度在 3 米左右,亦有高达 4 米者。[①] 每块石块的
四面均雕刻佛龛、佛像等。南涅水因是北魏都城
洛阳到陪都平城(今山西大同)的必经之路,故
而在这些造像中我们往往能看到两都佛教造像艺
术的影子。就南涅水石刻造像的主体性质而言,
这批石刻造像塔均为民间所造,充满了活泼的
民间风情和盎然生机。例如图 1-6-4 至 1-6-14,
在这座五层造像塔上清晰地刻有杂耍场面,如汉
画像石般。图 1-6-15 至 1-6-23 是一座六层造像
塔,图 1-6-24 至 1-6-31 是一座五层造像塔。图
1-6-32 至 1-6-33 是一座七层造像塔的局部,佛龛
上的大斗拱十分引人注目。从这些相对完整的造
像塔上,可见这批北朝造像风貌之一斑。这批造
像塔所雕刻的内容十分丰富,仅佛龛式样的种类
就达近二十种之多,如拱形龛、尖楣龛、带大斗
拱的屋形龛、盝形龛、树形龛,等等。

据 1959 年的发掘简报,南涅水出土的单体
造像约有 200 余尊,最大的 3 米,最小的 30 厘
米,有佛、菩萨、罗汉、力士等,造像残毁较严
重。其中纪年最早的造像,是一件造像的佛座
残件,其上铭文:"自神龟元年到正光二年造像
十八尊。"[②] 神龟元年(518)到正光二年(521),
此时已是北魏末期,其造像风格也正是"褒衣博
带""秀骨清像"最为流行之时。但 534 年北魏分

① 高蒙:《图塔与礼佛——南涅水石刻佛塔的调查与研究》,
中央美术学院博士学位论文,2012 年,第 1 页。此外,由
于这批造像塔数量众多,相关材料并没有给出每一座塔的
具体尺寸。故本节对于造像塔仅给出基本尺寸,图题中不
再给出每一座塔的具体尺寸。
② 郭勇:《山西沁县发现了一批石刻造像》,《文物》,1959 年
第 3 期,第 53 页。

裂后，东部政权东魏北齐的造像，其中特别是北齐造像风格发生了一次明显的变化，人物形象变得立体饱满、佛像袈裟贴体，凸显出身体的结构。南涅水出土的单体造像以北朝晚期为多，在这些佛像（见图 1-6-34 至 1-6-38）、菩萨像（见图 1-6-39、图 1-6-40）中可明显感受到此一时期风格之变。

南涅水石刻造像的题材内容主要有说法、二佛并坐、树下思惟、交脚菩萨、白马送别、阿育王施土因缘、文殊问疾等，虽然题材有不少是重复的，但每一处的设计巧思和具体图像内容都有所不同，体现了工匠们无穷的创造力。造像中，以"秀骨清像"风格居多。清秀的面庞，修长的身材，身体微微前倾的姿态，微笑的眉眼，无不给人亲和之感。石刻造像中的人物除佛、菩萨之外，还有天王、力士、飞天、儿童、杂耍人物、供养人等。图 1-6-34 至图 1-6-40 是南涅水出土的单体造像或背光式造像，时间从南北朝晚期至隋，风格从"秀骨清像""褒衣博带"到形体饱满健硕的新风格均有。尽管有些已经残缺，但它所传递给我们的美学意涵并不因残缺而递减。

如此庞大的雕刻数量，构成了一座丰富的北朝民间佛造像艺术的图像库。

图 1-6-2　从石刻造像发现地眺望南涅水村

造像的埋藏地与旁边的村子近在咫尺，或许这里当年曾佛教繁盛，香烟袅袅。

图 1-6-3 南涅水石刻馆第二展厅内景

图 1-6-4　五层造像塔，北朝晚期，石刻
南涅水石刻馆藏

　　造像塔第一层拱形龛内刻一佛二菩萨，佛龛下部损坏较为严重，上部保存较好。佛菩萨"褒衣博带"，典型的北魏晚期以来的造像风格。从画面上看，菩萨衣袂随风飘舞，显示出衣料的轻薄质地。佛像单跏趺坐，脸形瘦长，肉髻较高，面带微笑，"秀骨清像"，俨然南朝士大夫风范。佛衣悬裳垂于坐下，两侧如燕尾般外侈。在佛龛外围雕刻杂耍类一干人物，有的弯腰，有的倒立，画面上一派活泼泼的欢愉气象。

图 1-6-5　五层造像塔局部之一佛二菩萨像，北朝晚期，石刻
南涅水石刻馆藏

图 1-6-6　五层造像塔局部之一佛二菩萨像，北朝晚期，石刻

　　造像塔第二层，一佛二菩萨为三尊三龛式。中间佛像为一圆拱龛，雕刻的内容是阿育王施土因缘，画面中表现的是两三个小孩相互攀扶着，将玩耍时当作谷米的沙土布施给佛陀，而向佛陀布施沙土的孩子就是后世的阿育王。图中佛陀谦和地将身体向右弯曲，伸右手接受布施，左手拉住袈裟的衣袖。两侧的菩萨身后是舟形龛（称背光亦无不可），菩萨腰肢扭动，衣带临风，不论是佛还是菩萨面庞上都带有喜悦的神情。在这三龛像上部是一个以莲花宝珠为中心的对称卷草纹饰，这一纹样巧妙地填补了龛像上部的空白。

图 1-6-7　五层造像塔局部之坐佛，北朝晚期，石刻

　　第三层造像为单龛单尊像，漫漶较为严重。从模糊的雕刻痕迹上看当为屋形龛，屋檐下似乎还有幔帐，龛两侧从幔帐上垂下的装饰非常华丽。龛内佛像似是交脚而坐，僧祇支依稀可见。

图1-6-8 五层造像塔局部之一佛二菩萨像，北朝晚期，石刻

南涅水石刻馆藏

造像塔第四层的一佛二菩萨龛像，龛为上部略窄、下部略宽的方形龛，内雕一坐佛，二胁侍菩萨站立身侧，佛像左侧菩萨损毁较为严重。从三尊像的整体比例上看，佛像身躯明显高大，而二菩萨的身体则要小很多，站立的身高尚不及佛像的坐高。此种比例方式的使用，意在突出佛像的至尊地位。佛与菩萨均是清秀的瘦长面庞，面含笑意，特别是佛像，笑眼形似弯月，显得十分和蔼亲切。佛像肉髻较高，"褒衣博带"，丰神俊朗。龛的两侧浅浮雕两尊力士，肌肉劲健，十分强壮有力，所惜者损坏较重。龛顶是一对龙，身躯矫健，鳞甲飞扬，中间雕一花朵填补了空白。

图1-6-9 五层造像塔局部之一佛二菩萨像，北朝晚期，石刻

南涅水石刻馆藏

造像塔第五层龛像，方形龛，内雕一佛二菩萨，但菩萨头均已损毁。佛像保存较为完整，长方形清秀面庞，微含笑意，"褒衣博带"式袈裟，悬裳垂于龛外。下垂的悬裳衣纹堆叠整齐，两边外侈形似燕尾，雕刻刀法凌厉，棱角分明。在龛外边缘还以浅浮雕的形式雕刻着各类杂耍人物。

图 1-6-10　五层造像塔局部之一佛二菩萨像，
北朝晚期，石刻

南涅水石刻馆藏

图 1-6-11　五层造像塔局部之弥勒与二胁侍像，
北朝晚期，石刻

南涅水石刻馆藏

　　此龛亦为拱形龛，但拱顶较为平直。龛内一坐佛，二胁侍菩萨侍立左右。造像风格仍是"褒衣博带""秀骨清像"，佛顶的肉髻硕大，两侧的胁侍菩萨身材矮小，相对于佛像则如孩童的身体比例。然造像塔此面的造像精彩之处并非佛菩萨像，而是龛外的两位护法神及龛上部的对龙。龛外护法，佛像左侧的已然损毁漫漶，但右侧的保存完好。此身护法立于覆莲莲台上，头微微侧向佛龛，须发皆乍，方面阔口，两环眼尤为突出，怒目圆睁。裸露的手臂上肌肉强健，左手似提一金刚杵。身上的天衣襟带随风微动，头后的缯带向上飘扬，头上方一片六瓣花朵，或许那是佛陀说法时飞坠的天花。佛龛正上方是一双对龙，龙面相对，身体向上翻曲，龙的一只前爪中各托有一个莲叶盘承托的宝珠，盘下是浓密的随风舞动的流苏。在二龙的身后，还各有一个三叶的漩涡纹。佛的静与护法、天龙、飞花的动形成对比，整幅画面动与静结合得恰到好处。

　　此面造像为一屋形龛，龛的下部损毁漫漶较重，从龛内主尊残存的头冠及下身姿态的痕迹上看，当是一尊交脚弥勒菩萨像，主尊与胁侍面庞瘦长、清秀。屋形龛上部清晰可见翘角飞檐，而最盎然有趣的是屋顶两侧的两只鹳鸟。鹳鸟有长长的嘴巴，缩颈抬起一足，似在屋顶休息，造型生动有趣，檐下是波浪状悬挂的帷幕，若非帐内有端坐的弥勒，则俨然一座世间居所。

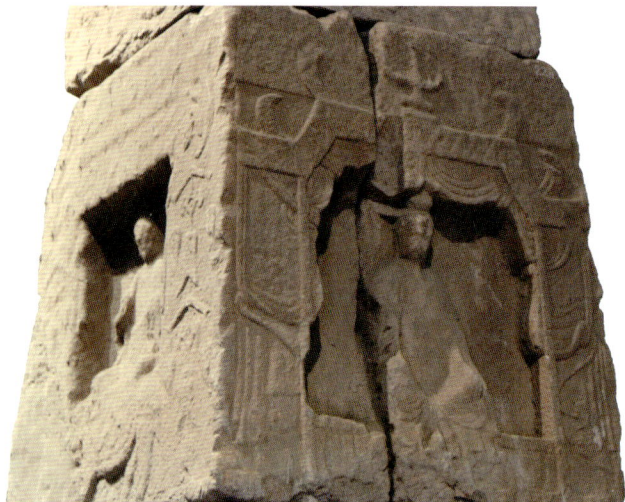

图 1-6-12　五层造像塔局部之交脚弥勒像，北朝晚期，石刻

南涅水石刻馆藏

　　左图交脚弥勒坐于屋形龛内，弥勒菩萨装，发髻高挽，面庞清瘦，但五官及身上的衣纹已经漫漶模糊。屋顶呈"几"字形，屋檐翘角和屋脊鸱尾形似新月。最奇特之处是屋脊正中有一个类似鱼叉形的三连盏烛台，颇有外来文化的意味。屋檐下的帷幕被挂钩挂起，轻薄柔软的质地被表现得淋漓尽致。

图 1-6-13　五层造像塔局部之一佛二菩萨像，北朝晚期，石刻

南涅水石刻馆藏

　　左图方形龛内为一坐佛，二胁侍菩萨侧立左右，造像风格与上述造像相同，佛菩萨的面容及造像的下半部分风化较为严重。龛两侧各有一武士模样者护卫，佛像左侧的武士像已模糊无法辨认，唯右侧的上半身保存尚好。此右侧武士像与第四层造像塔正面造像佛龛右侧的武士十分相似。佛龛上部是两身相对的飞天，中间有一颗安放在覆莲上的宝珠。飞天凌空飞舞，仙袂飘举。

图 1-6-14　五层造像塔局部之一佛二菩萨像，北朝晚期，石刻

南涅水石刻馆藏

　　左图方形龛内刻一坐佛二胁侍菩萨，惜菩萨头已残。风格为"褒衣博带""秀骨清像"。龛外左右是二比丘或弟子像，置于身前的细长之物类似锡杖。二人身上的衣纹十分特别，通身均是高古游丝般的线条，随着身体的运动而变换方向。龛顶有四只禽鸟，中间两只嘴短而弯曲，应是两只鹦鹉，形象可爱，充满生机。

图 1-6-15　六层造像塔，北朝晚期，石刻

南涅水石刻馆藏

　　右图造像塔内容丰富，主要以二
佛并坐、交脚菩萨、阿育王施土因缘
等北朝佛教艺术中流行的题材为多。

图 1-6-16　六层造像塔之乘象菩萨像，北朝晚期，石刻

南涅水石刻馆藏

　　此为六层造像塔正面第二层。主龛为一带有龛楣的尖拱龛，龛内为一菩萨端坐于象背，左腿盘起，右腿下垂，双手抚于膝上。天衣交叉，垂于身前。菩萨面部清秀，双目下垂，头上戴冠，挽住发髻。龛外左右各有三尊着通肩袈裟的禅定佛。此面造像雕刻精细，然背景处雕琢之痕历历可见。

图 1-6-17　六层造像塔之二佛并坐像，北朝晚期，石刻

南涅水石刻馆藏

　　正面第三层造像为二佛并坐龛，此一题材在北魏中后期非常流行。龛楣尖拱形，除在龛楣上左右各有一朵覆莲外，别无其他。大龛内，二佛并坐，悬裳垂于座前，繁而不乱。二佛均是瘦长面形，肉髻较大。右侧佛像身躯较为饱满，右手举于胸前施无畏印，左手施与愿印。左侧佛像身体略微清瘦，左手抓住袈裟衣襟，右手伸向旁边的佛，似在向大众做介绍，而被介绍者则面含谦逊的微笑。雕刻匠师犹如摄影师般，迅速捕捉到这充满人间情味的瞬间。

图1-6-18 六层造像塔之阿育王施土因缘，北朝晚期，石刻

南涅水石刻馆藏

造像塔正面第四层刻阿育王施土因缘。主龛内佛陀正弯腰伸手接受孩童时代的阿育王布施的沙土，满面含有温和的笑意。龛外两侧雕禅定佛，龛楣上方左右各有一供养弟子，一个持香炉，一个执莲花。

图1-6-19 六层造像塔之阿育王施土因缘局部，北朝晚期，石刻

南涅水石刻馆藏

佛陀右下方是三个相互攀扶向佛陀施"米"的小儿，一个趴伏于地，一个踩在他的后背上手捧沙土欲要放入佛陀手中，还有一个则扶着施土的小儿，以防他站立不稳摔下。三个小儿，有主有从，刻画十分生动逼真，特别是他们虔敬的情态，一改孩童的顽皮，但又不失活泼可爱。

图 1-6-20　六层造像塔之一佛二菩萨像，
北朝晚期，石刻
南涅水石刻馆藏

此面为造像塔正面最上层，为三
龛三像，中间方形大龛端坐主尊佛像，
右手施无畏印，左手施与愿印。佛头
部位雕刻精致，面貌慈爱可亲，手法
几近圆雕。肩部以下用高浮雕，而到
了垂于龛外的悬裳则基本属于浅浮雕。
主龛外左右两侧各有一长方形小龛，
内有二胁侍菩萨，均立于铺地莲台上，
双手合十。龛上方，有两身飞天，并
未穿长大的裙裳，身上只有天衣，迎
风飞舞，四肢舒展，矫健有力。由于
胁侍菩萨与飞天乃至佛衣均是浮雕手
法雕刻，故而几近圆雕的佛头成功地
成为画面的焦点，突出佛的核心地位。

图 1-6-21　六层造像塔之千佛造像，北朝
晚期，石刻
南涅水石刻馆藏

此面为造像塔右侧第二层，上刻
千佛，共分三排。最下层为并列雕刻
的三个拱形龛，内雕三尊着通肩袈裟
的禅定佛。三尊像几乎完全相同，有
高高的肉髻，面庞瘦长，双目下垂，
似已进入禅定中。三龛大像上有两排
小佛像，每排六尊，均为拱形小龛，
下有三片莲瓣。小佛像亦为禅定佛，
但只雕出佛的半身像。其中紧挨大龛
的一排小禅定像的最左侧，有一龛只
雕了一半，似乎在提示观者千佛图像
在向外延展。

图1-6-22 六层造像塔之二佛并坐像，北朝晚期，石刻

南涅水石刻馆藏

同中求异是古代匠师追求的目标之一。此龛为释迦多宝二佛并坐像，左侧佛像穿通肩袈裟，结禅定印，衣纹在身前呈U形排列。左侧佛着双领下垂式袈裟，内着僧祇支，腰间系带，垂于腹前，袈裟的右边搭于左臂处，右手伸向右侧佛像，似在做介绍。二佛长长的悬裳垂在座前，细观之，二佛悬裳的纹路基本上都属于对称式，但他们的悬裳纹路却又各自不同。

图1-6-23 六层造像塔之禅定坐佛像，北朝晚期，石刻

南涅水石刻馆藏

方形龛内雕一尊结禅定印坐佛，佛像为高浮雕，垂于龛外的悬裳则为线刻。佛座下有一莲茎，从其两侧各伸出一枝莲花，莲台上便承托着胁侍菩萨，龛正上方有一禅定佛，两侧似为飞天，但漫漶不清，均为线刻。佛像为高浮雕，具三度空间，而其他线刻形象，则是二维平面空间，匠师构思巧妙，使造像在二维和三维之间微妙转换，而不被人轻易察觉，与此同时突出了佛的主尊地位。

图1-6-24　五层造像塔，北朝晚期，石刻
南涅水石刻馆藏

　　造像塔四面五层，每层每面均雕
刻有佛像。

图1-6-25 五层造像塔之一佛二菩萨像，北朝晚期，石刻

南涅水石刻博物馆藏

此面造像主龛内为一坐佛，两侧各有一方形小龛，应是二胁侍菩萨，但此面造像下部损毁漫漶较重，佛的悬裳及菩萨的衣裙均已模糊。上半部分保存较好，尖拱形的龛楣及龛两侧和龛上部的花卉装饰图案十分清晰，呈对称式构图，花卉造型简洁舒朗，充斥着一种气体般的流动感。

图1-6-26 五层造像塔之第一层斜侧面，北朝晚期，石刻

南涅水石刻馆藏

造像塔的每一层的四个面几乎无一雷同，在相似或相近的龛像组合上创造出差异，从人物配置到装饰纹样，莫不如此。

图 1-6-27　五层造像塔第二层斜侧面，北朝晚期，石刻

南涅水石刻馆藏

此层造像塔风化比较重，一面为二佛并坐像，一面是树下思惟菩萨，但这种风化只是模糊了造像的棱角，反而使其出现了一种特殊的柔化艺术效果，似乎时光在上面凝结。两尊龛像外密布的小龛，不禁令人想到云冈石窟造像。

图 1-6-28　五层造像塔之树下思惟菩萨像，北朝晚期，石刻

南涅水石刻馆藏

被岁月和风沙柔化了的造像别具一种美感，带给人一点小小的惊艳。

图 1-6-29　五层造像塔之一佛二力士像，北朝晚期，石刻
南涅水石刻馆藏

　　此为造像塔第三层造像。整个龛内以高浮雕形式雕刻一坐佛及两二力士像。佛像面目已然模糊，穿半包式袈裟，内着僧祇支，身前雕刻二法轮。佛像两侧是两个孔武有力的力士，环眼突出，双轮下是一对回首脊背相对的狮子。此面造像雕刻简朴，略显稚拙，特别是二力士的形象尤为如此。

图 1-6-30　五层造像塔之倚坐佛像，北朝晚期，石刻
南涅水石刻馆藏

　　此面造像为一倚坐佛及二弟子像，雕刻精致细腻。尖顶的拱形大龛及龛楣两侧的装饰纹样使得此面造像异域风格更浓。

图1-6-31 五层造像塔之一佛二菩萨像图，北朝晚期，石刻

南涅水石刻馆藏

一佛二菩萨的龛像配置在南涅水出土的造像塔雕刻中是最常见的，然此面造像的有趣之处在于，佛像的二胁侍菩萨是立在蹲于佛座前两只狮子口中衔着的枝蔓上，这种奇思妙想并不多见。此外龛楣的装饰纹样是一道道细密的线条，犹如绘画中的水纹。

图1-6-32 带斗栱造像塔之倚座弥勒造像，北朝晚期，石刻

南涅水石刻馆藏

此造像塔与前述造像塔的样式有所不同，每层塔塔檐部位都残存有石刻的斗栱，在塔角部位还有半根八棱石柱，柱础部位雕有一个蹲坐的力士或地鬼。从尚存的建筑构件看，这可能是一座石刻的方形楼阁式高层塔，佛塔的每层每面都雕有佛菩萨及胁侍像。此面造像主尊为倚坐弥勒，右手上举施无畏印，左手下垂置于膝头。弥勒面部损毁，宝缯高扬，置于头部两侧，身着菩萨装，天衣在身前穿过圆环交叉，裳裙自然下垂，衣褶均匀地散在腿前。两侧胁弟子侍立于莲心之上，头部已毁，一着袒右袈裟，一着双领下垂式袈裟，衣袂微动，衣料轻柔的质感被充分地表现出来。

图 1-6-33 带斗栱造像塔之一佛二菩萨像，北朝晚期，石刻

南涅水石刻馆藏

　　此图中造像塔相邻的两面造像均是一佛二菩萨，为了不使造像内容重复，工匠在很多细节上使二者相区别。例如佛像的背龛，画面右侧佛像背后是火焰纹的尖拱龛，两侧雕出石柱；又如胁侍菩萨，右侧胁侍菩萨立在束腰仰覆莲台上，而画面左侧的菩萨则是立于佛座两侧小石狮子的头上。这些细节上的差异使两铺造像既整体统一，又富于变化。

图 1-6-34 佛残像，北朝晚期，石刻，尺寸不详

南涅水石刻馆藏

　　右图中佛像头部及身后的背光已残，背光只存留左肩后面的一小部分。从残存的状况看，当为一舟形背光，外缘是一圈火焰纹，内圈为舟形背光的小禅定佛。佛像身材修长，右手施无畏印，左手施与愿印，内着僧祇支，腰间系带，悬裳垂于座前，悬裳的纹路舒朗宽大。整尊像雕刻十分用心，比例和谐，刀法流畅。

图 1-6-35　佛坐像，北朝晚期，石刻，尺寸不详
南涅水石刻馆藏

　　佛像单跏趺坐于台座上，长圆面庞，肉髻
低平，五官比较紧凑，脖颈上有修补的痕迹。
佛着通肩袈裟，但领部较深，露出僧祇支及胸
前系结的带子，胸前的衣纹呈 U 形排列。右
手残，但从其姿态上看当是施无畏印，左手施
与愿印，短小的悬裳垂在座前，下面雕刻一对
狮子，身后各有一御狮之人。整尊造像手法简
略，具地方民间特色。

图 1-6-36　佛坐像佛座局部，北朝晚期，石刻
南涅水石刻馆藏

　　佛像头部雕刻比较粗简，且比例并不精
准。佛像的面部五官紧凑，耳朵比较靠上，上
耳部的边缘几乎与头顶平齐，耳垂硕大。

图 1-6-37　佛坐像侧面，北朝晚期，石刻
南涅水石刻馆藏

　　上图佛座前的两只狮子似乎并非寻常的守
护神狮，而是两只正在搏斗的猛兽，口中似乎
吐着烟气。身后的两个御狮人各抬起一足，好
似在为两只猛兽呼喊助威，看面部特征不类中
土人，而是胡人面貌。小小的画面上气氛紧张，
充满动感与张力。

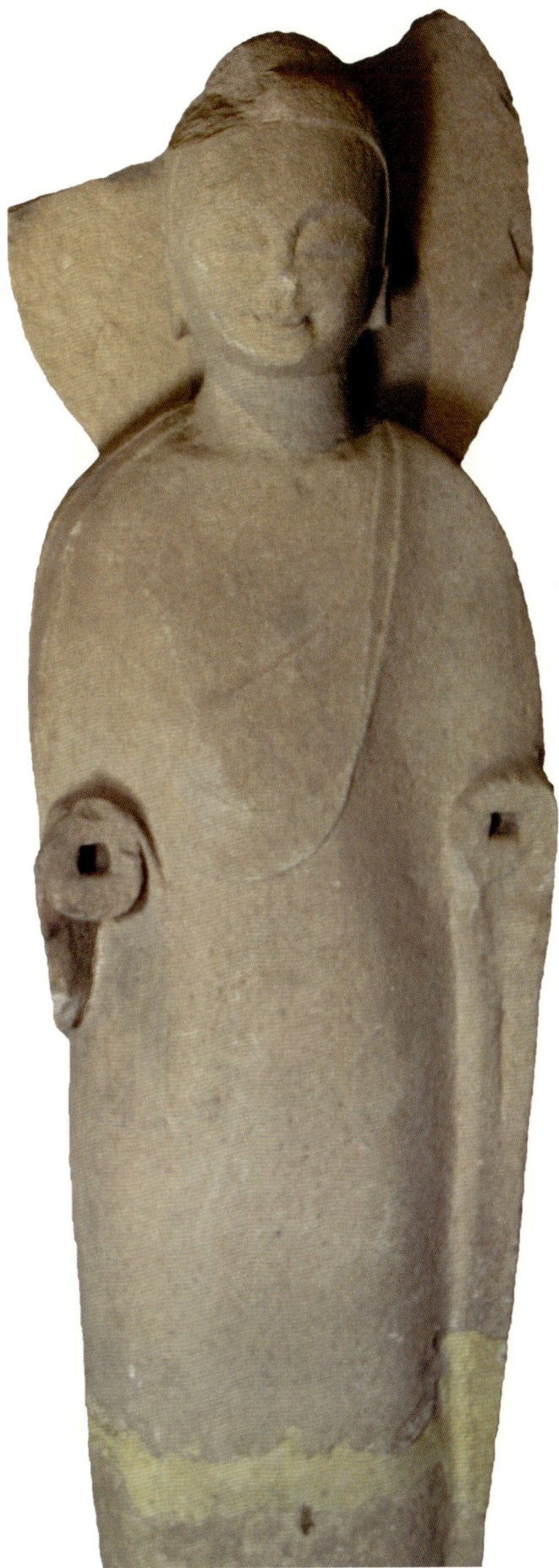

图 1-6-38　佛立像，北朝晚期，石刻，
尺寸不详

南涅水石刻馆藏

　　此佛立像除部分头光及手部
残缺外，保存状况尚好。佛像面部
浑圆，肉髻光素低平，着半包式袈
裟，胸前露出僧祇支。袈裟平展无
衣纹，紧贴于身体，显示出佛像挺
拔匀称的身体。造像简约匀净，其
风格与北朝晚期的北齐造像相似。

图 1-6-39 交脚弥勒菩萨残像，北朝晚期，石刻，尺寸不详
南涅水馆藏

图 1-6-40 交脚弥勒菩萨残像侧面，北朝晚期，石刻
南涅水石刻馆藏

　　菩萨像的头部及手部均残，身体主体部分保存尚好。菩萨内穿僧祇支，上腹部系带，带子上边微微隆起，人体肌肤的弹性质感被淋漓尽致地表现出来。菩萨宽肩细腰，双腿在脚踝部位交叉，衣裙铺散身前，露出双脚。尽管头部已不存，但身姿端庄妙曼，不难想见弥勒菩萨清秀慈祥的面庞。

　　从侧面可以更清晰地看到，造像不似高浮雕，而更像圆雕，菩萨像似乎只是轻轻倚靠在背光上。

第
七
节

河洛遗痕：河南地区出土石刻、泥塑造像

北魏迁都洛阳后，佛事不减，甚至更胜从前。至北魏末，洛阳城内外有寺一千余所，其中最著名的当属洛阳城南永宁寺，寺内佛塔高出云表，为京城之冠。该寺为北魏孝明帝熙平元年（516）胡灵太后所立，是北魏洛阳时期最重要的皇家寺院，《洛阳伽蓝记》开篇便是这座永宁寺。永宁寺僧房楼观一千余间，佛殿宏阔，佛像庄严华丽。如永宁寺塔北侧佛殿内的佛像，有"丈八金像一躯，中长金像十躯，绣珠像三躯，金织成像五躯，玉像二躯。做工奇巧，冠于当世"①。永宁寺不仅有国内的造像，而且凡外国所进献经像，也均藏于此寺之中。当然永宁寺最壮丽的建筑当属永宁寺塔，据杨衒之《洛阳伽蓝记》"永宁寺"条所载：

中有九层浮图一所，架木为之，举高九十丈。上有金刹，复高十丈，合去地一千尺。去京师百里，已遥见之。初掘基至黄泉下，得金像三十躯，太后以为信法之征，是以营建过度也。刹上有金宝瓶，容二十五斛。宝瓶下有承露金盘一十一重，周匝皆垂金铎。复有铁锁四道，引刹向浮图四角，锁上亦有金铎。铎大小如一石瓮子。浮图有九级，角角皆悬金铎，合上下有一百三十铎。浮图有四面，面有三户六窗，户皆朱漆。扉上各有五行金铃，合有五千四百枚。复有金环铺首，殚土木之功，穷造形之巧，佛事精妙，不可

---

① ［魏］杨衒之撰、周祖谟校释：《洛阳伽蓝记校释》，中华书局，2010 年，第 5 页。

思议。绣柱金铺，骇人心目。至于高风永夜，宝铎和鸣，铿锵之声，
闻及十余里。①

　　永宁寺不论建筑还是造像都代表着北魏佛教艺术的最高水平。然而可惜的
是永宁寺塔在永熙三年（534）二月毁于大火，惊世骇俗的雄伟建筑已无从得
见，寺内造像也随着北魏末年的战火、动乱湮灭于历史长河中。20世纪70年
代以来，随着国家对永宁寺塔遗址考古发掘的不断进展，一些幸存下来的造像
残件得以重现世间。当然，考古发掘所见造像数量与当年不可同日而语，但即
便如此，也足以让今人有幸得以窥见北朝造像的巅峰之作。永宁寺塔基内出土
的彩绘泥塑造像主要有佛（见图1-7-1）、菩萨、比丘弟子、侍从（见图1-7-
2、图1-7-3）、飞天、供养人、胡人，以及一些动物等形象。还有一些跪坐人物
像（见图1-7-4），由于头部已失，很难判断其身份。这些造像秀美清雅、绝世
超尘，俊逸灵动的线条，鲜活而丰富的人物性格，每一件塑像似乎都有着自己
的灵魂，耐人寻味。这些造像总体上反映了北魏汉化改革后，受南朝艺术风格
影响的特征，是"秀骨清像""褒衣博带"的典范之作，其南朝风韵不仅在其形，
更在其神。

　　北魏迁洛后，以洛阳为中心的河南地区，其石刻造像存留最多的是背光式
造像及造像碑。北魏的背光式造像以三尊式为主，如"北魏景明年间造像，均为
莲瓣形背光式一佛二菩萨三尊造像"。②洛阳博物馆所藏的一件弥勒菩萨像（见
图1-7-5）即迁洛后的作品，③洛阳博物馆所藏弥勒三尊菩萨像（见图1-7-6、图
1-7-7）虽没有明确纪年，但从其造像的风格样式看应当是北魏景明年间或景明
以后的造像。题材均以弥勒为主尊，两旁二胁侍菩萨，不同的是一为交脚坐姿，
一为立姿，弥勒均为菩萨装。河南博物院所藏王毛郎造像，造于北魏熙平二年
（517），亦为三尊式（一佛二菩萨）莲瓣形背光造像（见图1-7-8至图1-7-11）。
此背光造像的佛菩萨造像艺术水平一般，其精彩处不在造像而在于背光上的线刻
画，线刻内容虽不外乎小的佛像、飞天火焰纹及供养人等，但整个背光上满壁铺
陈，具有非常强烈的绘画韵味。正如日本学者石松日奈子在其关于北魏河南石造
像的研究中所说："河南造像的真髓在于它具有高密度的线刻和浅浮雕秀美飘逸
的表现。……这些作品，与其说是雕刻毋宁说更接近绘画，研磨发黑的石像所表

① ［魏］杨衒之：《洛阳伽蓝记校释》，周祖谟校释，中华书局，2010年，第3—5页。
② 王景荃主编：《河南佛教石刻造像》，大象出版社，2009年，第9页。
③ 王景荃主编：《河南佛教石刻造像》，大象出版社，2009年，第56页。

现的凿线，无不集约着造型之美。另一方面，正面高浮雕的三尊像虽具独特的存在感，但与炉火纯青的线刻技术相比却显得略逊一筹，于是我们感悟到，河南造像与其说是立体造型，倒不如说平面造型更使人觉得优美。"①纵观中国艺术史，北朝存留下来的绘画作品非常有限，而背光上的线刻便犹如一幅北魏的线描绘画，使后人得见千余年前的绘画作品，丰富了人们对北朝绘画艺术的认识。

北朝造像碑主要有两种形式：一种是中国传统记事碑的形式，或有螭首或无螭首的扁碑身的造像碑；另一种是上有庑殿顶，碑身为长立方体或扁立方体的四面造像碑，这种造像碑出现较早，受石窟中心塔柱的影响而出现，带有外来文化因素。中国传统记事碑式的造像碑，北魏时已出现，其在东魏北齐时更加流行。偃师商城博物馆藏北魏正光四年（523）翟兴祖造像碑，高111厘米，是一块无螭首的扁碑身造像碑（见图1-7-12），从碑身正面看，只在中上部开一帐形龛，龛外两侧斜上方为线刻飞天，龛下则为线刻的供养人及供养人题记（见图1-7-13、图1-7-14），造型质朴，造像柔婉细腻。洛阳及周边地区带有螭首的造像碑存留较多，偃师商城博物馆所藏寺沟造像碑即为螭首，碑的最上部呈半圆形，六条螭龙螭首分两侧，龙身相缠。碑身高大，高3米余，多层开龛以圆拱形为主，大小布局错落有致（见图1-7-15、图1-7-16），人物形象为普通的浮雕，碑首螭龙上的纹饰扁平，颇有几分贴塑的效果。整个造像碑因为并未采用高浮雕的手法，显得蕴藉、平和。同为螭首造像碑，洛阳北窑砖瓦厂出土的北齐天保五年（554）的赵庆祖造像碑则显得异常明快爽朗、繁华热闹（见图1-7-17、图1-7-18），碑身共有三层龛，均为长龛，且龛体雕刻较深，人物众多，由于有屋宇的介入而使得透视变化更加复杂，这反映出北齐造像碑艺术浓丽纤巧的一面。提及洛阳地区的北齐造像碑，最令人震撼的莫过于北齐平等寺造像碑。造像碑共四通，发现于"洛阳汉魏故城东300米，寺里碑村南（郑渔公路）120米处"，②四通碑被深埋于地下，发现时按时间顺序一字排开，颇为壮观。然石碑发现处，并非平等寺所在地，碑由后人保护性埋藏于此。平等寺初建于北魏，因北魏末年洛阳兵燹而荒废，后由北齐太宰冯翊王高润重修。此四通造像碑分别是天统三年（567）邑主韩永义等造像碑（方形碑座）、崔永仙等人造像碑（龟趺，此碑无题记）、武平二年（571）邑师比丘僧道略等三百人造像碑（龟趺），以及武平三年（572）冯翊王高润平等寺碑（方形碑座）。③此四通石

---

① ［日］石松日奈子：《北魏河南石雕三尊像》，刘永增译，《中原文物》，2000年第4期，第56页。
② 李献奇：《北齐洛阳平等寺造像碑》，《中原文物》，1985年第4期，第89页。
③ 李献奇：《北齐洛阳平等寺造像碑》，《中原文物》，1985年第4期，第89—97页。

碑碑体高大，十分壮观，平均高约 3 米，均为螭首，但螭首形态又富于变化，各有不同。其中韩永义等人造像碑（见图 1-7-19）和崔永仙造像碑（见图 1-7-20 至 1-7-22）双面均有造像，二碑图像布局一疏朗一繁密，但均遵循对称构图原则。

此外还必须提及偃师商城博物馆所藏的另一块北齐造像碑，此碑无纪年，但从其鲜明的风格特征看当为北齐无疑。此碑碑阴的碑首正中，有民国时期薛正清的题刻，赞此碑之美是"严整茂密之中特富秀逸不羁之致"（见图 1-7-23），还将其誉为"空谷幽兰"。薛之概括相当准确，这从造像碑的构图、纹饰及雕刻手法均不难看出（见图 1-7-24、图 1-7-25），是为北齐造像碑艺术之佳作。

带有庑殿顶的四面造像碑出现较早，前文介绍的山西南涅水出土的北朝造像塔与此类似，但不同的是造像塔更高，且塔身分截，每截四面造像，可以拆卸组装。而四面造像碑的碑身则是一体的，尽管其图像分层，但每层不可拆卸。洛阳博物馆所藏洛阳四面造像碑（见图 1-7-26 至 1-7-29）、河南博物院所藏佛时寺四面造像碑（见图 1-7-30 至 1-7-33）均是北齐时期的此类造像碑，只是洛阳四面造像碑的庑殿顶遗失。入隋后这种造像碑也依然存在，如隋开皇二年（582）邠法敬造像碑（见图 1-7-34 至 1-7-37），且由于地缘关系隋代四面造像碑与北齐四面造像碑在样式风格上有一定的承袭关系。这些四面造像碑多采用高浮雕形式，甚至使用了透雕手法，故而雕刻层次丰富，立体感强，在视觉感官上不仅给人以无比的奢华之感，还有很强的带入感，更加适合绕塔（碑）礼拜。这一点与扁体螭首或不带螭首的造像碑二者在主要功能上有一定的差异。佛教固然是外来文明，但进入中土后，也在不知不觉中一点点被中原文化所浸润，并最终水乳交融。

唐代佛教鼎盛，造像艺术亦十分繁荣。初唐时，在中国历史上出现了第一位女皇，这便是武则天，武周时期国内弥勒造像盛行。

郑州博物馆藏有一件唐代弥勒石造像，此像为倚坐式，坐高 1.8 米（见图 1-7-38）。此弥勒造像头部（见图 1-7-39）与龙门石窟的卢舍那佛略有几分相似，面庞方正，佛发上的纹饰为波浪式的曲线纹，当然具体纹路还是有所区别。整尊造像庄严肃穆，雕刻精致、比例匀称，特别是头光的雕刻颇为精美，头光两侧的飞天格外妩媚动人（见图 1-7-40）。河南比较集中出土唐代石刻造像的地方当属河南荥阳大海寺。大海寺初建于北魏，盛于唐，于宋以后衰落。据《荥阳县志》所载："大海寺在东郭外，唐高祖为郡守，因太宗患目疾重建。"大海寺遗址造像发现于 1976 年，是河南省工业局在荥阳县（今荥阳市）人民广场平整场地举办展览时所发现。考古发掘共出土石刻造像41件，包括造像碑1件、坐佛7件、菩萨像17件、菩萨头像11件、罗汉像2件、佛头像1件、释迦牟尼佛1件、象形座1件。其中年代最早者为北魏孝昌元年（525）造像碑，最晚者为北宋元丰四年（1081）的释迦牟尼像。其中17件菩萨像多为唐穆宗长庆年间（821—824）的作品，只1件菩萨像为元和十五年（820）作品。这批造像以中晚唐时期的为多，艺术价值也最高。[①] 大海寺造像出土时大多数被毁坏，很多造像的头被敲掉，例如7件坐佛，有倚坐的弥勒佛和跏趺坐的阿弥陀佛，但这几件坐佛的头部均已不见。现在在博物馆中所见到的比较完整的菩萨像多数也是经修复后的，还有一些菩萨头像无法与造像残躯拼合。不过这些造像，或在佛座题记中或在造像的身上多刻有该尊像的名字，这为造像身份的辨认以及某种菩萨形象的发展演变提供了重要材料。经历了安史之乱磨难的大唐，在进入中唐以后已不复初盛唐时期的意气风发，此时佛教造像艺术似乎多了几分内敛和低沉。就唐代菩萨形象而言，整体的发展趋势是逐渐女性化的，正所谓"菩萨似宫娃"[②]，是其真实的写照。其肇始可能要追溯至武则天掌权当政时期，她采取了一系列的措施来提高女性地位，在很多佛教艺术中也或多或少映射了她的这种政治意图。大海寺遗址出土了一尊元和十五年（820）的弥勒菩萨像（见图1-7-41、图1-7-42）。元和十五年，武则天的时代早已远去，但我们看这尊弥勒菩萨像，发髻高绾，正前方莲台上饰有一颗宝珠，菩萨形貌姣好，透出女性的温柔气质，这一弥勒形象与早期头戴宝冠的弥勒不论在外形还是气质上都有着较大差别。长庆年间（821—824）的菩萨造像依然延续了这一造像特征，如华严菩萨像（见图1-7-43）、金髻菩萨像（见图1-7-44）等。当然除了拼合出的比较完整的菩萨像外，还有一些菩萨像只存头部，从其头部特征上依然可以判断其艺术特点是长庆年间的，如菩萨头像1（见图1-7-45）、菩萨头像2（见图1-7-46、图1-7-47）。在这些菩萨的头部残像中，有的头像其形象或雕刻手法与其他造像迥异，如菩萨头像3（见图1-7-48）和头像4（见图1-7-49），这两尊头像的面部特征不类中原人士，充满了外来因素，特别是头像4的块面的表现手法，更是中原少见，与同时出土的造像的雕刻手法大相径庭，也许这位匠师受过类似训练或有一个参照的范本，也许匠师本身来自域外。菩萨头像5（见图1-7-50）显然是本土所造，但与前华严、金髻等菩萨像或菩萨头

① 郑州博物馆编：《郑州荥阳大海寺石刻造像》，河南美术出版社，2006年，第1—2页。
② 参见［北宋］道诚集：《释氏要览》卷中，T54，P288.2，"造像梵像，宋齐同皆唇厚鼻隆，目长颐丰，挺然丈夫相。自唐以来，笔工皆端严柔弱似妓女之貌，故令人称宫娃如菩萨"。

像相比此尊菩萨头像雕刻更精致，线条的流畅度和五官结构的准确性均胜其他。从大海寺出土的这些菩萨造像中可以看到中唐造像的丰富性和多样性，这些造像或温婉大方，或活泼俏皮，或端庄秀雅，或腼腆含蓄，服饰发髻也几无雷同，或宝珠髻或丫髻，即便是丫髻，也有左右分和双髻向后的差别。但这些造像的一个总体特征是世俗化，她们的形象越来越接近世俗人物的形象，使得神圣与世俗之间的距离变得模糊。

佛教艺术世俗化是一个总的大势，入宋以后佛教基本完成中国化进程，相应的佛教艺术也更加世俗化和中国化。河南郑州博物馆所藏的一件宋代佛舍利石棺以及河南博物院收藏的一对宋代十王双柱碑和一通明代千佛堂碑，在佛教艺术中国化问题上颇具有代表性。

郑州博物馆收藏的此件舍利石棺出土于郑州开元寺遗址（见图 1-7-51），制作时间为北宋开宝九年（976）。在中国盛放舍利的器皿由西来的舍利瓮、罐以及舍利函（或方形或长方形）逐渐演变成具有中国丧葬葬具特点的棺椁形式，如泾川大云寺出土的唐代金棺银椁、法门寺地宫出土的唐代金棺银椁等。至宋代棺椁成为舍利容器的一种比较普遍的形式。这具舍利石棺床高约 1 米，下部是带束腰的须弥座石床，上面安放着石棺。石棺正面即材头部位雕刻二力士把守一门（见图 1-7-52），形象朴拙，颇有几分憨态，石棺基座壸门内雕有手持各种乐器的伎乐（见图 1-7-53），在亚字形须弥座石床的四角亦各有一力士，做奋力托举状，须弥座束腰的壸门内雕有狮子形象。这具舍利石棺床上雕刻最生动的当属石棺两侧的举哀弟子（见图 1-7-54 至 1-7-57），他们悲痛欲绝，或已晕厥正被人施救，或转身仰面饮泪而泣，或翻身倒地捶胸顿足，连白狮都悲痛地翻滚于地。一派人间悲伤压抑的气氛，与凡夫俗子的世间葬礼场面无异，当然也与佛教真正的涅槃的意义远离。但就艺术效果而言，其所刻画的举哀弟子的悲痛场面是十分传神的，那种哀痛的氛围很容易感染每一位认真的观者。

河南博物院藏有一对宋代的十王双柱碑（见图 1-7-58、图 1-7-59），上刻十殿阎罗，旁边有名称榜题。十王往往是与地藏菩萨同时出现的，地藏十王的题材早在唐代就已经出现，并广为流传，如在敦煌的出土文献、大足石刻、宁波画工的笔下等等，均有此类题材出现。但河南地区出现地藏十王题材并不多见，而且是雕刻在一对石碑上。双柱每柱纵向排列雕刻五龛，每龛内中间一王形体较大，两侧有侍从、书吏或判官，王前置一大桌案。每一龛构图基本相同，整体看去似是单调，但仔细观之会发现每一龛的上部帷幕、十王的冠帽服饰、侍从的姿态等均不相同。大同中存小异，避免简单机械的重复，是人们最朴素

图 1-7-3 泥塑头部，北魏，泥塑，高约 6 厘米
永宁寺塔基出土，洛阳博物馆藏

　　此组泥塑人物头部残像无发者为弟子或比丘像，另外两个或为胁侍菩萨。这四个头像面貌特征相近，均是细眉小眼，眼角微微上挑，口含微笑，面部肌肤温润而细腻。男女性别的区分只在一些细节的微妙处，例如比丘的嘴略宽，嘴部的起伏转折略显方硬，而女性胁侍菩萨的嘴则更小巧，轮廓更柔和。四个头像中三个均是闭口微笑，唯第二个比丘口角张开，露出牙齿。嘴部结构复杂，开口笑时更是会牵动周边肌肉，使面部特征发生改变，如颧骨变高，下巴变尖。这尊张口憨笑的小比丘头像，面部骨骼、肌肉塑造准确，神态刻画颇为传神。

图 1-7-4　人物泥塑残件，北魏，泥塑，高约 15 厘米

永宁寺塔基出土，洛阳博物馆藏

　　人物头部已失，身躯下部也有不同程度的损坏。小像尽管残缺不全，但传递给人们的生动意态却丝毫不减，甚至在人们的脑海中不断自动补充着头部的形象。人物拱手跪坐，衣纹褶皱集中于身体前部，像虽小，塑造得却十分精致，衣服的款式、内外层次感，无不用心。衣纹清晰流畅，宛若真的织物。仿佛在衣服下是蕴含着生命力的、身材匀称、骨骼清奇的身躯。

图 1-7-5 弥勒菩萨像，北魏，红砂岩石刻，高 34.5 厘米

洛阳博物馆藏

此像为背光三尊式，弥勒菩萨居中交脚而坐，脚下有一力士托举双足，两侧各一供养人。菩萨面容清瘦，双眉高挑，眼睛细长，直鼻小口，耳轮垂肩，头戴宝冠，上有化佛，此为弥勒作为未来佛的一个重要标志。宝冠两侧的缯带高高向上扬起，为静态的造像平添了几许逸动之感。其面部洋溢着一种欢愉之情。弥勒身上的天衣交叉于身前穿过圆环，下裙材质纤薄，腿部的形体结构准确。弥勒菩萨身侧各一胁侍菩萨，胁侍菩萨面部漫漶较重。

图 1-7-6　弥勒三尊菩萨造像，北魏，石刻，高 81 厘米
洛阳孟津出土，洛阳博物馆藏

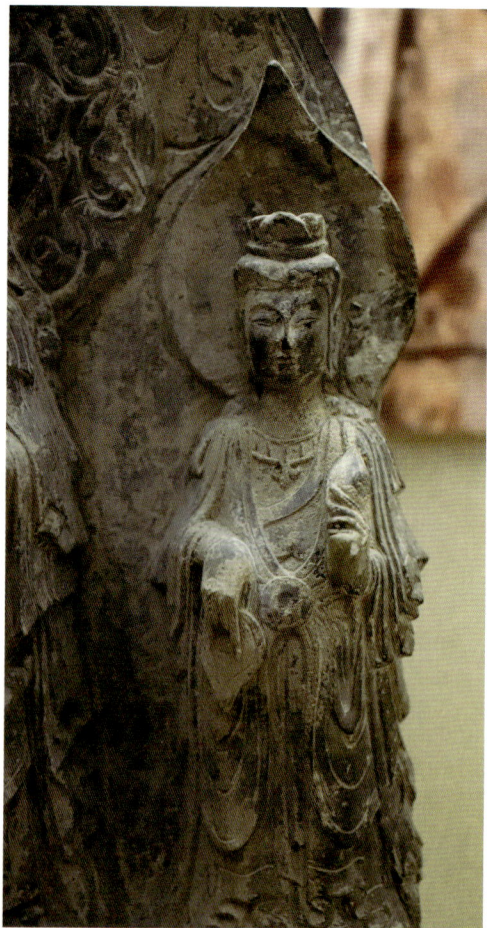

图 1-7-7　弥勒三尊菩萨造像局部，北魏，石刻
洛阳孟津出土，洛阳博物馆藏

　　此弥勒三尊菩萨造像为舟形背光式造像，主尊弥勒菩萨立像，两侧二胁侍菩萨。此弥勒为菩萨装，右手施无畏印，左手施与愿印，据其装束，造像当依《弥勒上升经》而造。弥勒菩萨较二胁侍身形略大，以突出其主尊地位，弥勒头戴宝冠，两侧冠带微微支出后下垂，搭于肩头，头后有雕饰精美的莲花纹头光。弥勒菩萨长圆面庞，细眉修目，面含微笑，带有一种慈祥母性的魅力。身挂璎珞，在身前呈 X 状交叉。上身内穿僧祇支，腰下系裙，裙摆的褶皱颇具韵律感地向两侧展开。两侧胁侍菩萨装束与弥勒菩萨相同，只是宝冠上没有冠带，身上也无璎珞。造像风格虽有北魏末期的"秀骨清像"，但人物形象已变得饱满丰圆。

　　胁侍菩萨面庞清秀，看上去似是一位十六七岁的少女，体态匀称，右手提一桃形物（有学者称之为"善锁"），左手持莲苞。颈戴项饰，披帛在身前穿过圆环呈 X 状，余者再无装饰，更显胁侍菩萨的清新脱俗。

图 1-7-8　王毛郎造像，北魏熙平二年（517），石刻，高 219 厘米

河南博物院藏

　　此背光造像原存河南辉县市吴村乡山阳村，故也称"山阳村造像"。背光为莲瓣形，正面以高浮雕形式雕刻一佛二菩萨。造像风格是孝文改制后的"褒衣博带""秀骨清像"风格，但此造像的三尊像面部均有损毁，面目不清。主尊右手施无畏印，左手提袈裟，袈裟的下摆如燕尾般向两侧展开。两侧的胁侍菩萨立于蹲狮上部的莲台上，一个双手合十，一个左手提净瓶，右手当胸残损，似执莲苞。此尊背光造像为民间所造，造像显得稚拙，其精妙之处并非造像，而是背光上的线刻画。佛像头光部分的线刻画共分四层，最内层是佛像头后的莲花，莲花外层是七佛，七佛外是伎乐飞天，最外层是火焰纹。造像背面亦为线刻画，上部为盝顶帐内的弥勒菩萨，下部为供养人像。

图 1-7-9　王毛郎造像主尊头光线刻局部，北魏熙平二年（517），石刻

河南博物院藏

　　主尊造像的头光部分以线刻及减地平钑相结合的手法雕有七尊坐佛以及龙和飞花的图像。此雕刻手法便于突出所雕刻的物像，绘画感较强。七佛均为莲瓣形背光，背光中以细密的波浪式曲线表现佛像身光的光芒。在七佛间雕有飞坠的花朵。七佛上部三角区域内雕有两条颈部相交、身姿矫健的对龙，三角形的构图正好以适合纹样的形式填满七佛上部的空白。

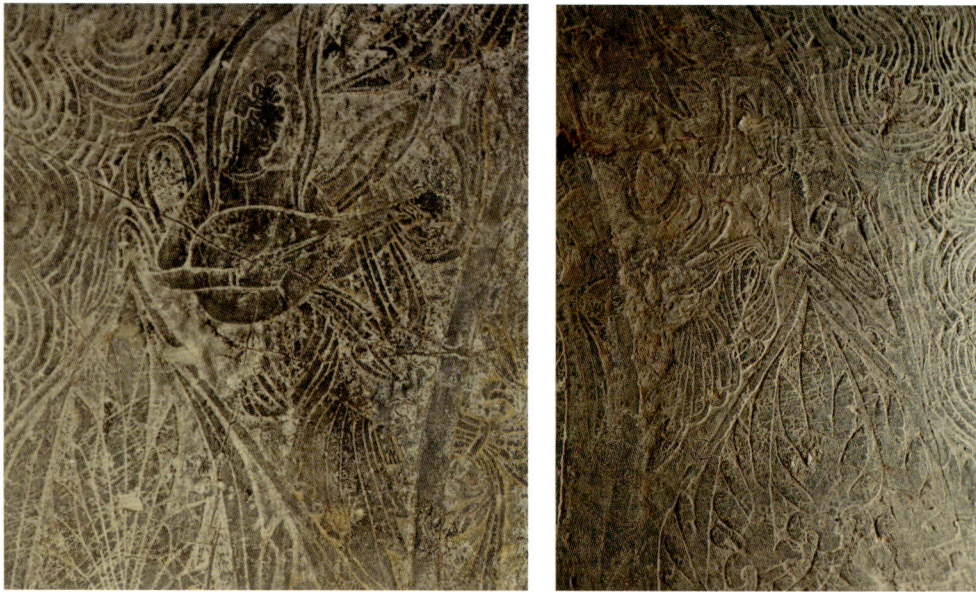

图 1-7-10　王毛郎造像背光上的伎乐飞天，北魏熙平二年（517），石刻
河南博物院藏

　　七佛外缘雕刻伎乐飞天，有的拨弄琵琶，有的则婉转回身蹁跹起舞。天衣轻扬环绕在伎乐身边，巧妙地填补着每一个空白。伎乐飞天身材修长，上衣紧窄包身，下裙宽大柔软，衣褶以密排的细线表现，更显舞姿婆娑。

图 1-7-11　王毛郎造像下部的供养人，北魏熙平二年（517），石刻
河南博物院藏

　　造像上的世间人物形象主要有僧俗两类，位于造像正面佛菩萨脚下显要位置的供养人分别是"都维那王还香"和比丘僧显（"比丘僧显供养佛时"）。显然此二人是此次造像活动的重要人物，他们分立于博山香炉的两侧，身后有身材矮小的小童为其举着伞盖，身体比例悬殊，显示了此二人的高贵地位。人物形象比例匀称，形象刻画准确。

图 1-7-12　翟兴祖造像碑，北魏正光四年（523），石刻，高111 厘米

偃师商城博物馆藏

翟兴祖造像碑 1984 年征集于偃师南蔡庄乡宋湾村，为村民在村东北取土时发现。从碑身通体的墨色可以看出石碑被拓印了不止一次。碑为长方形，上部为一帐形龛，内雕一佛二弟子二菩萨。龛下部石碑的中部为碑刻铭文，铭文下为功德主供养人。此碑造像精致，线刻细腻，字体娟秀。

图 1-7-13　翟兴祖造像碑局部，北魏正光四年（523），石刻

偃师商城博物馆藏

造像风格为典型的北魏晚期风格，人物"褒衣博带"、秀逸俊朗。此铺造像中间为坐佛，宽大而充满韵律的悬裳垂于座前。佛着通肩袈裟，右手上举施无畏印，左手下垂施与愿印。佛面部长圆，双目下垂，沉静而庄严。佛头后为莲花头光。佛右侧为尊者迦叶，身上瘦骨嶙峋，显示出大迦叶修行第一的特征。佛左侧为年轻的智慧第一的阿难尊者。二弟子的外侧为面含微笑、清秀娴雅的菩萨。不论是弟子还是菩萨，身上的衣纹都刻画得匀细流畅、飘逸，衣襟似随风而动。

图 1-7-14　翟兴祖造像碑供养人局部，北魏正光四年（523），石刻
偃师商城博物馆藏

　　供养人像位于石碑的下部。画面中是比较重要的四位功德主供养人，此四人宽
袍大袖，头戴高冠，手牵莲花，左右对称相向而立。最左侧为"维那翟兴祖"，此造
像碑的名称即是以他的名字命名。其前为"邑主石灵凤为亡父母""大像主赵买德为
亡父母"，最右侧为"狮子主邑正徐珍贵"。翟兴祖还是这次造塔造像活动中的天宫
主，即碑铭中所刻的"天宫主维那扫逆将军翟兴祖"，"扫逆将军"为北魏设置的官
名，先为八品中，后改为从八品上，用以褒赏勋庸。可见翟兴祖作为主要的供养人，
还拥有一个较高的官方身份。石碑下部的这些功德主、邑主、邑子等形象，在衣着
上大致相同，但在人物形象上匠师尽量将这些人物雕刻得富有个性，如邑主石灵凤
明显是一名德高望重的长者，而翟兴祖虽也蓄有胡须，但显得相对年轻、精明干练。

图 1-7-15 寺沟造像碑，北魏，石刻，高 307 厘米

偃师商城博物馆藏

寺沟造像碑下部右侧受损较重，但仍可看出造像基本内容。造像碑为双龙蟠首，碑上部三分之二的部分造像被整齐有序地规划在一个个长方形格子中，一龛龛造像铺像组合以一佛二弟子二菩萨为主，也有单尊菩萨立像。碑下部为一大龛，铺像组合为一佛二弟子四菩萨二力士，但头部均已残损。龛下部为供养人及中间的香炉。碑阴仅凿一龛，下部原有题刻，但字迹已漫漶不可辨识。这块造像碑布局严整，浮雕的深度适中，并非那种高浮雕，故而此碑给人一种平和而不张扬的气质。

图 1-7-16 寺沟造像碑局部，北魏，石刻

偃师商城博物馆藏

碑首蟠龙的中间有一龛造像，内雕一佛二弟子二菩萨，其最独特之处是造像上部的佛塔。塔为单层覆钵方塔，塔檐饰山花蕉叶，塔下部底座为铺地莲，两侧各有一飞天捧持，襟带飞扬。塔内竟然有三佛并坐，这在北朝此类塔中十分罕见。

图 1-7-17　赵庆祖造像碑，北齐天保五年（554），石刻，残高 126 厘米

洛阳北窑砖瓦厂出土，洛阳博物馆藏

　　赵庆祖造像碑为半圆形蟠龙碑首，长扁形碑身，碑下部残。碑首正中尖楣方龛内雕倚坐弥勒菩萨及二胁侍菩萨，弥勒宝冠两侧的缯带非常夸张，高高向上支起，然后回折向下，垂在肩头。龛侧刻"弥勒主赵庆祖"字样。碑身雕有三层图像，最上层释迦多宝二佛并坐居中，身侧侍立菩萨和弟子。二佛的左手边分别刻释迦苦行像和思惟菩萨像，右侧雕弥勒菩萨及胁侍菩萨。中层图像为北朝时期流行的"文殊问疾"图，图像的左侧为坐在中式建筑下的维摩诘，屋檐一角挂着一口大钟，一个比丘正在用力敲击着。画面正中为一单层亭式塔，上有三组相轮，小塔周围约有 15 个比丘僧，画面右侧为坐在帐下的文殊菩萨。下层为一大龛，但仅剩上半部分，龛楣处为伎乐飞天，最中间的两身飞天双手托举着中层图像中就已出现的佛塔，其实此塔当属第三层，但经匠师巧妙的安排，使其成为沟通中层和下层图像关系的桥梁。龛内有一佛二弟子四菩萨二力士九身造像，惜下半身已残。造像碑碑阴为造像记和供养人。碑上密布着各种人物，热闹而有序，俨然一幕幕影视场景。

图 1-7-18　赵庆祖造像碑局部，北齐天保五年（554），石刻

洛阳北窑砖瓦厂出土，洛阳博物馆藏

　　碑阳上层佛龛的样式非常特别，由两边生长出来的交叠在一起的树冠构成，树叶呈扇形，是一种装饰化的表现手法，而非写实性表现。但树的表达颇具生命力，为树下的佛菩萨撑起了一片绿荫。尽管造像的时间已是北齐的天宝五年，但是铺陈在佛座前厚重且皱褶繁缛的悬裳还依然带有北魏晚期和东魏的风格特征。

图 1-7-19　平等寺韩永义等人造像碑，北齐天统三年（567），石刻，高 300 厘米

偃师商城博物馆藏

　　平等寺韩永义等人造像碑，原存地点为偃师首阳山镇寺里碑村南。此造像碑为偃师出土的平等寺五通造像碑之一，碑身高达三米，仅就体量而言颇有气势。碑首为半圆形螭龙碑首，从正面看去两条螭龙头朝外，身体纠缠在一起，在弓形的身体和龙的前腿之间巧妙地形成一个尖顶形龛，龛内雕倚坐弥勒及二胁侍菩萨。弥勒龛的下部，也即碑身的最上部是一排六龛禅定佛，龛拱起伏相连，远远观之，如波浪似连珠。再下为一拱形大龛，宽度略小于碑身宽度，内为一佛二弟子二菩萨，主尊为一坐佛。大龛之下约不到碑身二分之一的面积，是碑文题刻。石碑造像的风格是典型的北齐特征，与其他造像相比并无特别。其令人耳目一新的是碑身的布局，典雅别致，由密集到舒朗，将观者的目光深深吸引。

图 1-7-20 平等寺崔永仙造像碑，北齐天统三年至五年（567—569），石刻，高 275 厘米

偃师商城博物馆藏

　　崔永仙造像碑高近三米，气势雄伟。螭龙碑首，碑身下为龟趺座，但头部已失。虽为螭龙碑首，但螭龙所占的面积非常小，细细的龙身就如同装饰框的边缘。纵观造像碑，似乎所有的装饰因素都让位于碑上的各种佛教形象，雕刻的内容有佛传、"文殊问疾"、思惟菩萨像、佛说法像、弥勒像、神王或力士，等等。内容虽然丰富，但整体布局却没有紧迫压抑感。相反，构图大小、疏密穿插得宜，张弛有度。

图 1-7-21 平等寺崔永仙造像碑碑首，北齐天统三年至五年（567—569），石刻

偃师商城博物馆藏

　　半圆形碑首部分左右雕刻佛传故事"乘象入胎"和"九龙灌浴"，图像较小，构图比较紧密。

图 1-7-22 平等寺崔永仙造像碑碑身局部，北齐天统三年至五年（567—569），石刻

偃师商城博物馆藏

　　碑身造像图案以轴对称形式展现。碑身分上下两层，上部中间的帐形龛内为倚坐佛及二站立的胁侍菩萨，帐龛两侧为树下思惟菩萨形象，菩萨身后为一棵树，身侧侍立一比丘。

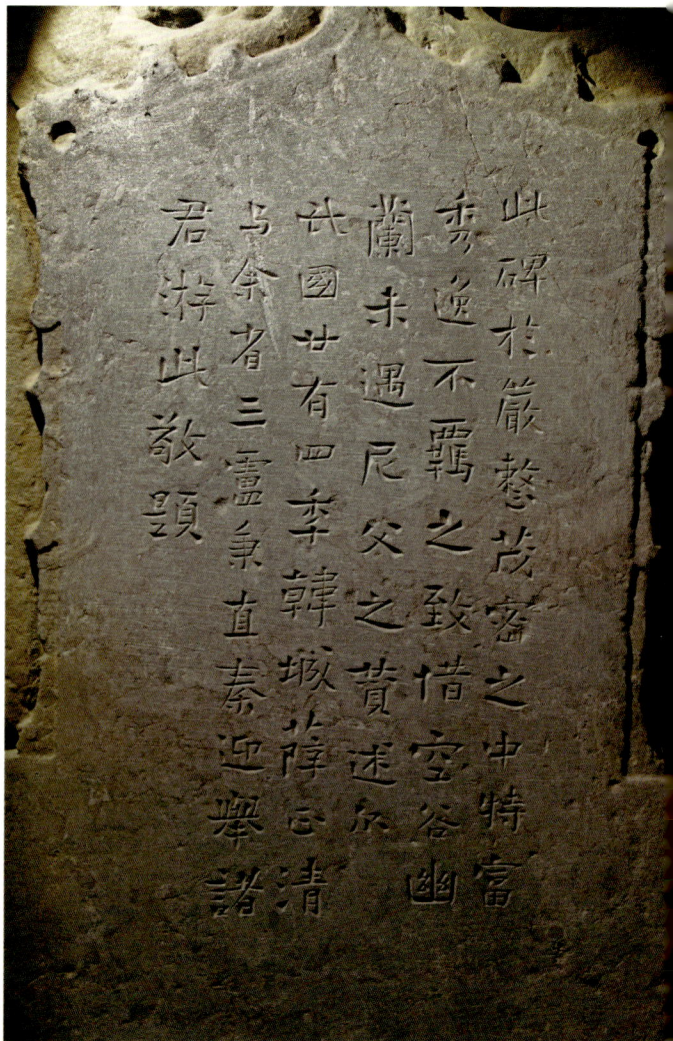

图 1-7-23　无名造像碑及其碑阴民国题记，北齐，石刻，高 185 厘米
偃师商城博物馆藏

　　2005 年 11 月，无名造像碑出土于实验小学对面自来水管道工地。造像碑保存基本完好，半圆形双龙螭首，中间为一龛弥勒造像。碑身主体是一大龛造像，一佛二菩萨二弟子，龛像下为对狮香炉和二供养比丘。此造像碑纹饰繁密，正面碑身几无空余处，但整体构图明快。纹饰方面不论是造型设计还是雕刻手法，恣肆又不乏细腻，整体给人以简明流畅之感。

　　碑阴题记："此碑于严整茂密之中特富秀逸不羁之致，惜空谷幽兰未遇尼父之赞述尔。民国廿有四年韩城薛正清与余省三卢秉直秦迎举诸君游此敬题。"

图1-7-24　无名造像碑局部龛像及幔帐细节，北齐，石刻

偃师商城博物馆藏

无名造像碑主体为一帐形龛，龛内为一坐佛、二弟子二胁侍菩萨立像。五尊像的头部均已残损，但其余部分保存完好。坐佛位于莲台承托的长方形高台座上，双跏趺坐，右手上举，左手抚膝。短小的袈裟下摆仅仅是搭在佛座上部的边缘上。此五尊造像从衣着到形体的塑造，早已不是"秀骨清像"而是北齐造像的健硕特征，"褒衣博带"也已被衣服紧窄的带有异域特色的服饰所取代。特别是胁侍菩萨形体的表现，立体感强，人体结构准确。若论此龛像的精细之处，不在造像而在于佛帐的雕饰及龛下香炉的表现。

从上图帐额部分可以看出，完全是现实中帐饰的生动再现，珍宝绸带，层层叠叠，交代得一丝不苟。

图1-7-25　无名造像碑香炉，北齐，石刻

偃师商城博物馆藏

造像碑龛像之下，在对狮和供养人之间有一鼎香炉，香炉的形制很别致，整体观之如一朵开放得恣肆烂漫的花朵。承托香炉的是一个覆莲莲台，莲台上有一个支架，形似莲苞的香炉就放在支架上。莲苞两侧由双层莲叶半包裹着，莲叶的边缘如波浪起伏，形态逼真。莲叶外侧是对称的忍冬花叶纹，形如张开的蝶翼，将莲叶及香炉包裹于内。映衬于香炉背后的是一簇莲花及叶片较小的水生植物，莲花半开，莲瓣似风吹欲落，俨然池塘小景。

图1-7-26　洛阳四面造像碑正、侧面图，北齐，石刻，高140厘米

洛阳出土，洛阳博物馆藏

　　此洛阳四面造像碑为一长方体，中式建筑的大屋檐式顶盖已失，造像碑其中三面开龛造像，背面无雕刻或文字。三面造像每面图像分三层，正面上层为一帐形龛，内雕弥勒菩萨立像及二弟子二胁侍菩萨，弥勒菩萨的宝冠正中雕有化佛。中间是面积略小的出自《维摩诘所说经》的"文殊问疾"图，画面左侧是坐于帐下的文殊菩萨，右侧是头戴高冠、手持麈尾的维摩诘。二人之间有诸弟子侍立，其中间上部有一弟子正在敲击一口大钟。维摩诘与文殊的形体雕刻较大、形象突出，身边的诸弟子，除敲钟者外，多是半身像，形象虽小，但他们或凝神听经，或窃窃私语的情态被表现得栩栩如生。下部是一拱形大龛，主尊为倚坐佛，旁立二弟子四菩萨。其下为充满生命力的莲花香炉，以及尽忠职守的二护法力士。碑右侧，上部为一双树龛形，内为二佛并坐及胁侍弟子、菩萨，中部为一拱形龛，内雕一佛二弟子二菩萨，龛外群山环绕，内中刻有人物故事。下部亦为拱形龛，龛楣正中有一兽面，两侧各一飞天，龛内一佛二弟子四菩萨，龛下对狮莲花香炉及供养人。造像碑左侧，上部为佛教故事中的"树下观耕"图，中部和下部图像均为拱形大龛，龛内分别雕一佛二弟子二天王、一佛二弟子二菩萨，此类龛像类似说法图，无故事情节。此四面造像碑，将无故事情节的说法图与情节丰富的佛教故事穿插出现，为观者营造了一个跌宕起伏的视觉阅读过程，面对佛菩萨时，虔敬恭谨，而一个个带有故事情节的场景却又引人入胜。

图1-7-27　洛阳四面造像碑左侧树下观耕图，北齐，石刻

洛阳出土，洛阳博物馆藏

　　"树下观耕"是佛教艺术中常见的题材，表现的是释迦牟尼佛还是太子时出游城外观看农夫耕作的场景。这一题材在犍陀罗和新疆的克孜尔石窟均有遗存，与此造像碑最明显的不同之处是，犍陀罗与克孜尔的树下观耕，多为农夫与犁地的耕牛，而此造像碑上则是农夫手把锄头在锄地，这表现的当是中原地区农耕的情景。画面右侧是世俗装的释迦太子与随从侍臣，其身后有五根旌幡，整齐地飘向右侧。三个农夫上面有一持长柄香炉的供养人。主尊释迦太子头微微倾侧，似在思索着世间的无常与疾苦。

图 1-7-28　洛阳四面造像碑碑阳下部龛像，北齐，石刻

洛阳出土，洛阳博物馆藏

　　从造像碑的细节看，佛菩萨各类人物形象的雕刻似乎并不精致，特别是在表现佛菩萨的精神气质上，并没有完全体现出佛菩萨的那种神圣、超脱的精神内涵。而在这方寸之间，在这些造像上，看到的则是一张张生动的众生面相。

图 1-7-29 洛阳四面造像碑局部，北齐，石刻

洛阳出土，洛阳博物馆藏

　　造像碑右侧第二幅画面内容颇为丰富，拱形龛内为一佛二弟子二菩萨造像组合，龛外右侧有一棵树，树干中央有一人正在攀爬，树下一人立于一口大瓮旁边，似在向树上之人招手，此场景具体表现何种故事内容不得而知。龛的周围环绕群山，山林中雕刻有舍身饲虎（画面左侧）、山中苦修牧女献糜（画面上部）等佛教故事。画面的最上部表现的是连绵的远山，雕刻手法简单，与近景的山林拉开了空间距离。此画面犹如一幅生动的山林人物图，使今人得见千余年前的山水。

图 1-7-30　佛时寺四面造像碑，北齐武平三年（572），高 232 厘米

河南省博物院藏

　　佛时寺四面造像碑原藏于河南鹤壁浚县东酸枣庙村东北的佛时寺。此碑立方柱体碑身，四面造像，顶部为歇山式屋顶，莲花瓦当，下部方形碑座，上有造像碑记。造像碑记上明确刻有"武平三年"的时间题记，弥足珍贵。不少同类造像碑上不见时间题刻，此碑提供了断代的标准器。造像碑四面雕满造像，华美异常，每一面造像分上中下三层，也即三龛，四面共12龛，每龛主尊题材不尽相同。每龛龛形基本呈方形，有的龛楣处略有尖拱，龛两侧为八棱柱，柱上如龙一般盘绕不同种类的树木，龛楣处有的是飞天，有的则是相互缠绕的树冠。各个龛像的题材主要有弥勒、释迦、阿弥陀、二佛并坐、九龙灌浴、思惟菩萨、文殊问疾、释迦涅槃等。造像碑图像布局堪称是密不透风，多采用高浮雕形式，是北齐造像中最华丽的篇章之一。

图 1-7-31　佛时寺四面造像碑之弥勒像，北齐武平三年（572），石刻
河南博物院藏

弥勒像是造像碑正面最上方的一龛造像，主尊弥勒交脚而坐，头部残损，但仍可看出戴着宝冠，身上有璎珞，可知是菩萨装弥勒，弥勒身边为二弟子四菩萨，均跣足立于莲台之上。龛楣处有四身飞天，两侧的八棱柱上缠绕着婀娜的柳树。在弥勒菩萨的脚下有两个赤裸上身的地鬼承托菩萨的双足，他们之间还有一个承托着香炉。画面中各种形象整体上均是高浮雕，但在形象的具体纹饰上则采用浅浮雕、线刻等相结合的表现手法。

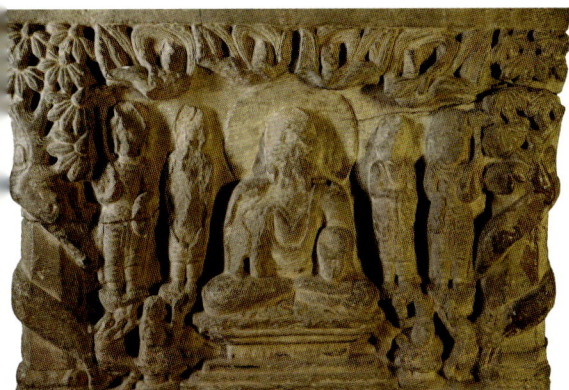

图 1-7-32　佛时寺四面造像碑之阿弥陀像，北齐武平三年（572），石刻
河南博物院藏

此龛主尊为阿弥陀佛，双跏趺坐于"亚"字形金刚宝座上。佛身旁为二弟子二胁侍菩萨，菩萨立于龙口中吐出的莲花中，这种龙吐莲的形象在青州造像多见。年深日久，人为破坏和自然风化漫漶，使这五身造像的面目已然模糊。龛楣处亦为四身飞天，两侧是盘柱的双树，但树种与弥勒龛的柳树不同，是一种由五个叶瓣托着一个花苞的树种。因为是高浮雕，在光影的作用下，整龛造像犹如镂空般玲珑剔透。

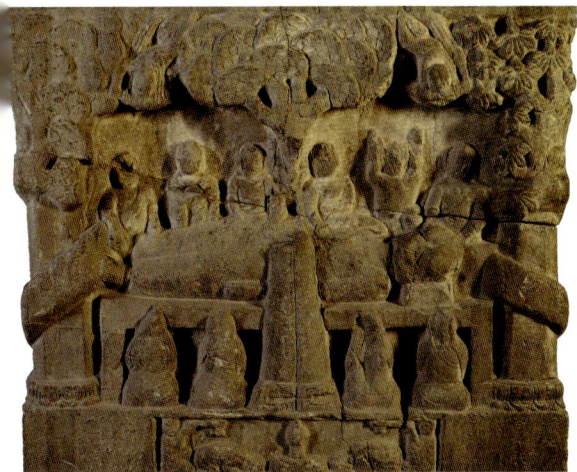

图 1-7-33　佛时寺四面造像碑之释迦涅槃像，北齐武平三年（572），石刻
河南博物院藏

佛陀涅槃像是常见的造像题材，龛内佛陀左侧而卧躺在床上，与佛经中记载佛陀涅槃时右肋而卧不同。床后有六举哀弟子，其中一个弟子举起双臂悲痛欲绝，床前坐有四人，面貌衣着漫漶模糊。有趣的是龛两侧的盘柱双树并不是同一树种，此一情形比较少见。在画面的正中挺立着一棵大树，有银杏叶状层层叠叠的树冠，两侧各有一身飞天。佛经记载佛陀入灭时是在娑罗双树间，而此龛显然盘柱双树只是作为一种龛式，且树种不同，显然不单是娑罗双树。这一现象或许是中国民众自己对涅槃场景的图像诠释。

图 1-7-34 邓法敬造像碑，隋开皇二年（582），石刻，高 215 厘米

河南博物院藏

　　滑县出土的邓法敬造像碑与佛时寺的四面造像碑形制相同，内容也大致相似，只是时间为开皇二年，比佛时寺晚 10 年。所不同的是，隋代邓法敬造像上的龛式虽也有盘柱的双树龛，但不再是主流龛式，而是各种龛式并举。在雕刻技法上，虽也称得上高浮雕，但却不如北齐佛时寺造像碑雕刻深，且很多地方几乎是透雕手法，相比之下隋代造像碑就显得相对朴素。北朝末期政治风云的变幻，也体现在小小的造像碑上。

图 1-7-35 邸法敬造像碑局部无量寿佛龛，隋开皇二年（582），石刻
河南博物院藏

无量寿佛龛位于造像碑右侧最上层，龛左侧残存造像题记"……侍佛时，开无量寿大像光明主……"，是以确知主尊是无量寿佛。佛龛为一尖楣拱形龛，龛楣上方有两朵对称的祥云，龛楣处有四身伎乐飞天，龛两侧是带有莲花束腰的八棱柱，主尊无量寿佛，双跏趺坐于"亚"字形金刚宝座上。旁边有二弟子、二胁侍菩萨立于莲台上，但体量比无量寿佛小很多，金刚宝座两侧各有一护法狮子。开皇二年仍属于北朝末期，造像风格也仍是北朝晚期的风格，由于地缘关系，此造像碑风格更多承袭北齐造像。佛像着袒右袈裟，面庞饱满方圆，身体健硕，袈裟悬裳很短。

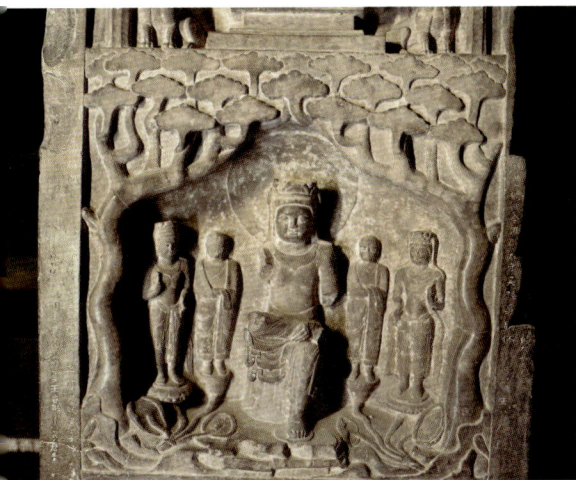

图 1-7-36 邸法敬造像碑局部之思惟菩萨，隋开皇二年（582），石刻
河南博物院藏

思惟菩萨龛延续了北齐双树龛的龛式，双树为对称图式，树冠由一片片形似扇形的树叶构成。主尊思惟菩萨形象突出，身旁二弟子、二胁侍菩萨立于地中生出的一束莲花上，但莲花是浅浮雕雕刻，具有一种流动感。双树的树根部位有山石相伴，暗示出山林的环境。思惟菩萨的头后有淡淡的一圈头光，在双树的掩映下，俨然一轮明月在山林间升起，而思惟菩萨和胁侍弟子、菩萨正处于这样一种青林明月的环境中。

图 1-7-37 邸法敬造像碑局部之释迦涅槃龛，隋开皇二年（582），石刻
河南博物院藏

涅槃龛整体为方形，但借助龛两侧的八棱柱和举哀弟子身后的娑罗双树，巧妙地构成了一个内尖拱形龛，尖拱两侧各有一身头戴高冠、反身向内的飞天。画面的正中是头朝画面左侧、仰面平躺的佛陀，在佛陀涅槃床榻的周围环绕着举哀弟子，两侧侍立二菩萨，双树点出了佛陀涅槃的地点。与佛时寺头朝右侧的佛陀涅槃像相比，此涅槃图佛陀的朝向虽符合经典记载，但却并非侧卧而是平躺，这说明普通民众对佛教场景加入了自己世俗的理解，营造出颇具感染力的悲伤氛围。

图 1-7-38 弥勒石造像，唐，石刻，高 180 厘米

郑州博物馆藏

此倚坐弥勒双足下垂，踩在由祥云生出的两个莲台上。弥勒身形伟岸，左手抚膝，右手上举，但手掌部分已残。弥勒内着僧祇支，胸前系带，外披袈裟。其袈裟的披着方式匠师表现得非常清晰，原本袒右式的袈裟，在绕过左肩后，剩下的末尾部分继续绕过身体搭在右肩上，垂在右侧身前，此右侧的衣纹较少，比较平整，不似左侧衣纹密集，这正是袈裟的穿着方式所产生的结果。袈裟薄衣贴体，显出佛的健壮身躯，腿部的衣纹以阴刻双线表现，宝座两侧袈裟的下摆均匀排布，垂于座前。弥勒佛面庞长圆、饱满，表情肃穆，肩宽身壮，带有一种不怒自威的气势，不由得令人心生敬畏。

图 1-7-39　弥勒石造像局部，唐，石刻
郑州博物馆藏

　　弥勒佛面相端严，头上肉髻高大，形似覆钵，佛发的纹饰犹如水波，此样式北朝多见，其源头可追溯至犍陀罗。弥勒佛头部微颔，双目下垂，眉心镶嵌的毫光已失，只留下一个小圆坑。头光为桃形，周饰火焰纹，其雕刻以浮雕和高浮雕相间而制。头光中，在佛头的正上方有一尊小坐佛，结禅定印，头光亦为桃形，身下为一莲台，但雕刻简略不见莲瓣。在莲台下生出两支莲茎，分为左右，另一端又结出莲蓬，坐佛的二胁侍弟子即立于莲蓬之上。此二弟子从面貌特征上看，一年轻一年长，当是释迦佛的二位弟子迦叶和阿难，故而坐佛应为释迦佛。头光中的一佛二弟子为高浮雕。在一佛二弟子之下、头光的两侧各有一身飞天，飞舞、流动的天衣为头光增添了不少动感，使画面显得活泼而不沉闷。

图 1-7-40　弥勒石造像头光上的飞天，唐，石刻
郑州博物馆藏

　　弥勒佛头光两侧各有一身飞天，此时唐代的飞天已然与北朝的飞天有着明显的风格差别。这两身飞天刻画更加生动自然，身体的扭动也更符合人体的自然状态，她们均是头朝下身体朝上，手握天衣从上而下凌空而至。长长的天衣在空中飞扬，显得恣肆而浪漫。右侧图中的飞天，长裙将其足裹住，仅仅露出足尖，轻柔的裙子随着足部的结构而起伏，那质地仿佛丝绸。

图 1-7-41　弥勒菩萨像，唐元和十五年（820），石刻，高 232 厘米
荥阳大海寺遗址出土

因为弥勒菩萨是未来佛，故而身披袈裟，而不是像其他菩萨那样披着披帛（天衣）。弥勒菩萨面庞圆润，修眉长目，目光下视，头上发髻高挽。身体端正直立，肩宽细腰，胸前系带。其衣纹细劲柔韧，匀净利落。由于弥勒菩萨手部残损，究竟施何手印无从知晓。弥勒菩萨神态安然自适。

图 1-7-42　弥勒菩萨像局部，唐元和十五年（820），石刻
荥阳大海寺遗址出土

上图弥勒菩萨发髻的正前方饰有一个莲台火焰宝珠，此饰物不见于其他菩萨。其发箍非常简素，只在正中和两侧各有一朵圆形花饰，但菩萨的头发刻画得非常细致逼真，发丝一根不乱，如水波，如流云。弥勒菩萨表情静穆威严，五官特征与佛相类，如若将高发髻换成螺发，与佛无异。

图 1-7-43　华严菩萨像及局部，唐长庆年间，石刻，高 223 厘米

荥阳大海寺遗址出土

　　华严菩萨保存状况较好，除左手及头部披于肩头的发辫有所残损外，余者尚好。菩萨头上丫髻高束，发丝根根清晰，令今人清晰可见唐人梳绾发髻的方式。其虽是立体圆雕，但身上的衣服装饰均为浅浮雕，菩萨内着僧祇支，下身着裙，肩头的披帛在身前呈 U 形，右手轻捻披帛的下段，披帛薄如蝉翼，搭在菩萨的手中宛若无物。华严菩萨体态丰腴，温柔敦厚的性情中还带有几分俏皮可爱，似面含笑意款款而来。

图1-7-44 金髻菩萨正、侧面像，唐，石刻，残高138厘米
荥阳大海寺遗址出土

　　金髻菩萨的左侧大腿部位刻有"金髻"二字。菩萨长圆面庞，饱满且肌肤富有弹性，目光下视，表情沉静略含微笑。浓密而略微蓬松的头发发髻高挽，头戴如意纹饰的发箍，根根发丝被匠师精心刻画，其头后一缕缕弯曲的长发披散在肩头。身体微微扭动呈优美的S形，身体轻微的动态，使菩萨的形象既端庄又不失优雅，气度雍容。

图 1-7-45　菩萨头像 1 正、侧面，唐，石刻，高 42 厘米

荣阳大海寺出土

　　菩萨头像 1 的面庞浑圆，以眉骨转折构成的眉毛形似弯月，鼻如悬胆，高而挺拔，侧面观之则鼻梁与额头相平，此平额的特征是为佛教造像的相好之一，代表智慧。其情态贞静娴雅、秀丽端淑。此菩萨像最具特色的是头部发髻的表现。菩萨头梳宝珠髻，头发被分成绺后，在头顶扎住，然后分作两边，再一圈圈盘起，最后完成宝珠的形状。发髻的束结一步步交代得非常清晰。菩萨头前部戴有发箍，但发箍本身很细，嵌入浓密的发中，只可见勒痕和额前正中的一朵宝相花。生活的细节并未逃脱匠师的眼睛，它们被精心地表现在菩萨造像之中。

图 1-7-46　菩萨头像 2 正、侧面，唐，石刻，高 41 厘米

荥阳大海寺出土

　　菩萨头像 2 的面庞圆润，两颊丰颐，长眉以深深的阴刻线形式在眉弓骨上刻出。菩萨的发髻也是丫髻式，只不过两股头发不是向两侧展开，而是向后收拢。一头秀发厚重而浓密，还略带几分蓬松，以至发箍过处头发被压得凹陷，而旁边又微微鼓起，于此不得不感叹匠师对生活的观察细致入微。菩萨低眉凝眸若有所思，嘴角上翘，面含笑意。其实，此头像与其说是菩萨不如说是人间的少女，娇俏美丽的面庞恰如十七八岁的花季女孩。

图 1-7-47 菩萨头像 2 局部，唐，石刻
荥阳大海寺出土

菩萨头像 2 为大海寺出土，图中可看出菩萨像头发的表现并非千篇一律。此菩萨的头发表现是一种双线刻的形式，整体看去，发丝宽窄相间，既富于变化，又充满韵律之美。同时，头发的顺滑和蓬松的质感也被表现得淋漓尽致。

图 1-7-48 菩萨头像 3 正面，唐，石刻，高 40 厘米
荥阳大海寺出土

菩萨头像 3 面庞瘦长，下颌较尖，恰如人们常说的瓜子脸，以眉弓骨的转折塑造出细长的弯眉，眼睛虽然狭长，但与佛菩萨上下如弓状弯曲的眼睑不同，其眼睑比较平直，头部微微倾斜，眼睛看向左下方。菩萨嘴唇较厚，嘴唇边缘有一圈明显的唇线，鼻直且较长。菩萨发髻不高，戴着细带状的发箍，头发也不似其他菩萨一根根刻出发丝，贴于额前的波浪状的头发犹如京剧旦角的额发。此菩萨头像更像是一个人间女子的肖像，而且是一位来自异域的女子。

图 1-7-49　菩萨头像 4 正、侧面，唐，石刻，高 39 厘米

荥阳大海寺出土

　　菩萨头像 4 的表现手法与其他头像不同，其面部五官及头发的体、面感极强，犹如一件西方雕塑作品。例如菩萨额前的头发，不似其他菩萨那样头发贴在前额，而是将头发进行了块面化处理，塑造出头发的体积感，这种体积感与其他菩萨额前的头发具有一定的厚度所产生的体积不同。又如菩萨的颧骨和眉弓骨的表现，眉弓骨与颧骨结合自然而准确，从头像的正、侧面图中，均可看出骨骼对面部的支撑，显示出此位匠师对人体骨骼结构的了解。

图 1-7-50 菩萨头像 5 正面，唐，石刻，高 42 厘米

荥阳大海寺出土

　　菩萨头像 5 的额头饱满，面部丰圆，长眉入鬓，低垂的双目形似弯弓，鼻子饱满挺拔，犹如俯视的金鱼背，双唇敦厚而又转折分明。菩萨的发髻残损，但头发的表现依旧出色，蓬松的额发似乎带有几分慵懒，发箍正中及两侧镶嵌有三颗硕大的明珠。中晚唐造像中菩萨的贞静典雅此像堪为代表，此类造像也开启了两宋菩萨造像之风。

图 1-7-51　舍利石棺右侧，北宋开宝九年（976），石刻，高100厘米

郑州开元寺遗址出土，郑州博物馆藏

　　舍利石棺包括棺和棺床两部分，棺包括棺盖、一头大一头小的棺身以及下部的棺座。承托石棺的是一个"亚"字形金刚宝座式石棺床。整个石棺布满各种纹饰和人物形象，最上部的棺盖上以线刻手法雕满纹饰，石棺棺身两侧为悲伤得痛不欲生的举哀弟子，棺身正面雕有石门，有二金刚力士把守。棺座部分雕有一圈壸门伎乐，每个壸门间以连珠状圆柱分隔。石棺床的束腰部分亦开有壸门，内雕各种姿态的狮子，棺床四角各有一个奋力托举的力士。这些图像中以棺身两侧的举哀弟子雕刻得最为生动，将哀痛弟子们的各种表现，刻画得淋漓尽致。

图 1-7-52　舍利石棺正面力士，北宋开宝九年（976），石刻

郑州开元寺遗址出土，郑州博物馆藏

　　石棺正面正中雕一门，门上有锁，两侧各立一金刚力士。二力士装束、面相基本相同，均是方面，环眼阔口，赤裸上身，腰间系裙，赤足，披天衣，手持金刚杵。面对这两个相似度极高的人物，匠师为了不使画面过于呆板而使他们的动态产生些微的变化，画面左侧的力士翘起一足，头部微低，目光下视，金刚杵置于身后，它的天衣不似右侧力士飞扬于脑后，而是U形绕于身前。于统一中的变化，既不失于庄严，又不至于刻板。

图1-7-53　舍利石棺基座壸门内的伎乐，北宋开宝九年（976），石刻

郑州开元寺遗址出土，郑州博物馆藏

　　舍利石棺基座壸门内的伎乐虽算不上精美，但每一个都刻画得很仔细。此手持箜篌的伎乐，浑圆面庞，身体微胖，跪坐于地。其右手轻轻拨弄琴弦，手略大，带有几分稚拙，箜篌的根根丝弦被认真雕刻。伎乐的整体形象显得珠圆玉润、朴拙可爱。

图1-7-54　舍利石棺右侧举哀弟子局部，北宋开宝九年（976），石刻

郑州开元寺遗址出土，郑州博物馆藏

　　舍利石棺上这组举哀弟子刻画得十分生动，共三个人物。一个弟子因佛陀圆寂而过于悲伤，以至于晕厥于地。其身后有一弟子，将其扶起半坐于地，靠在自己身上。在他们旁边，另一弟子弓着背，右手持一小钵，口中含水，左手扶着晕厥者的头，正向他面上喷水施救，此弟子两颊鼓起，额角青筋暴起，神情焦急而专注。同门道友的晕厥使本就悲伤的场面一度混乱，匠师将这种悲伤、紧张而又忙乱的氛围表现得非常出色。

图 1-7-55　舍利石棺左侧，北宋开宝九年（976），石刻
郑州开元寺遗址出土，郑州博物馆藏

　　舍利石棺左侧举哀弟子有五人，另外还有一只翻滚于地的狮子，此五人一狮呈弧线形构图。画面最左侧是坐在地上，一手支撑身体一手垂胸的弟子，其身后是弓着背低着头掩面哭泣的，再后面是两个抱头痛哭的，此二弟子的右侧是一位仰面痛哭的弟子，最后是躺在地上的狮子。最后的狮子与第一个坐在地上的弟子，在画面构图上形成一个前后呼应，由低到高再到低，形成一道弧线。高低起伏的构图与举哀弟子悲痛的跌宕起伏的场景相结合，达到了艺术内容与形式的统一。

图 1-7-56　舍利石棺局部之一，北宋开宝九年（976），石刻

郑州开元寺遗址出土，郑州博物馆藏

　　面对佛陀的涅槃，这两个弟子哀号痛哭，一个抑制不住悲伤掩面而泣，一个仰面坐于地上捶胸顿足。匠师对于人物形象的刻画并不复杂，没有过多的细节描述，衣纹粗简，很多地方都大而化之，但却对人物动态表达得十分传神和准确。

图 1-7-57　舍利石棺局部之二，北宋开宝九年（976），石刻

郑州开元寺遗址出土，郑州博物馆藏

　　右侧的狮子悲痛地翻滚于地，而左侧的比丘虽然只是个背影，但那种悲哀的感染力却充斥了整个画面。比丘背转过身去，似是不愿让人看到他的哀伤，一手掩面，一手高高向后扬起，身体似乎在抽搐，他的肢体语言已经暴露了他悲痛欲绝的心境。

图 1-7-58 十王双柱碑，宋，石刻，尺寸不详

河南博物院藏

　　此十王双柱碑原存巩义，两通瘦长扁平的碑体，上面分别刻有五位阎君，即十王。在每一个龛像的旁边都刻有题记，以说明龛中十王的具体身份，如阎罗王台尊、五官王台尊、变城王台尊、泰山王台尊等。双柱碑上十殿阎君的构图一致，均是中间主尊，其身前置一大桌案，身后及两侧侍立四至五位侍者和随从，因此整个双柱碑看上去十分规范统一，几乎没有什么变化，但若仔细观察这 10 个龛像，会发现其于统一中求变化的精心安排。

阎罗王

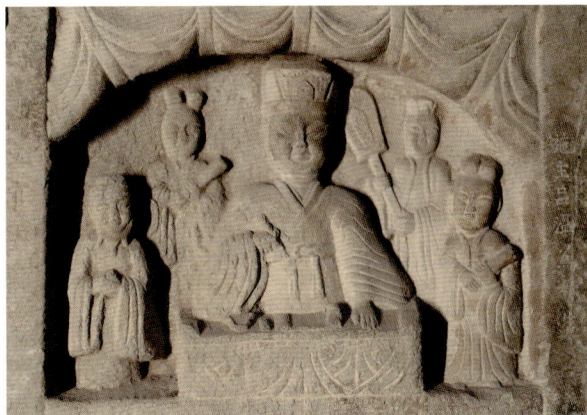

五官王

变城王

泰山王

图 1-7-59　十王双柱碑局部，宋，石刻

河南博物院藏

　　以十王中的四王为例，可见其细微的变化。阎罗王、五官王、变城王及泰山王四王坐姿基本相同，但也有双手叉于胸前及双手抚案或单手抚案之别，此四王冠帽的具体样式均不相同，其身后的侍女或怀抱卷宗或持扇，有单扇亦有双扇。在冥君书吏中有手持卷宗恭谨而立的，如变城王左手边的大头书吏，也有弓身弯腰毕恭毕敬呈上卷宗的，如泰山王右手边的书吏，这些人物动态的局部变化为画面增添了很多生趣。其他又如桌案上文房用品的变化，每一龛龛缘帷幕悬挂形式的变化等等，这些微小的变化，都使得高度相似的十王龛像不再呆板枯燥。

图 1-7-60　千佛堂碑，明嘉靖十三年
（1534），石刻，高 269 厘米
河南博物院藏

　　此千佛堂碑原存新乡市延津县，
由于博物馆整修，碑上螭龙碑首已卸
去，碑首正中雕有观音菩萨及善财龙
女像。此碑最特别之处是碑身上部雕
有《西游记》故事的情节片段，其下
为普贤、文殊、观音三大士及两侧的
二天王力士，三大士图像下为大肚弥
勒佛，弥勒佛下为地藏菩萨及闵长者
与道明和尚，石碑最下部为十殿阎罗。
在碑座上刻有三排人物，上下两排为
禅定佛，中间似是雕刻一排七尊罗汉。
就碑身图像而言，整体布局严谨，从
上部的取经成佛，至下部统管阴曹的
地藏和十殿阎罗，构成了一个完整的
佛国世界。碑阴刻千佛，下部有"皇
帝万岁万万岁"的题刻。

图 1-7-61 千佛堂碑之上部的《西游记》故事，明嘉靖十三年（1534），石刻
河南博物院藏

　　千佛堂碑上的取经故事分左、中、右三个部分。左侧有上下两个场景，上部是一比丘样的壮汉手持降妖宝杖立于山间，山顶有祥云缭绕，此人或为《西游记》中的沙僧。[1] 下图是柳树旁正在观察周围环境的悟空以及树下驮着一大摞书的白马。中间的当是灵山，佛陀居中坐在一个大莲花台上，两侧侍立迦叶、阿难，佛像上部是几乎与佛像等大的鸟头人身的大鹏金翅鸟，其足为鸟足，抓着人身蛇尾的龙族。右侧画面颇具叙事性，画面下部，孙悟空肩挑一担经书，身后是唐僧。唐僧身后是一座小拱桥，过桥便是一座石灯，石灯后是一座庙宇，一比丘半启殿门，露出半个身子正向外张望。似是取经的师徒欲投宿于此，嘈杂的脚步声惊动了寺院里的僧人，画面虽止于此但却令人不禁想象着后边的情节。画面中人物雕刻的水平并不是很高，却显得十分淳朴而生动。

---

①　谭淑琴：《〈千佛堂碑〉与民俗文化》，《中原文物》，2016 年第 6 期，第 81 页。

图 1-7-62　千佛堂碑之三大士，明嘉靖十三年（1534），石刻
河南博物院藏

　　西游故事下雕刻着三大士，从左至右依次是普贤菩萨、观世音菩萨和文殊菩萨。普贤菩萨的莲花座下为一头白象；观世音菩萨座下为犼，然更具图像标志的是观世音菩萨两侧的杨枝净瓶和鹦哥；文殊菩萨座下为青狮。在三大士两侧为怒目圆睁的二天王。三大士形象基本相同，如果不是通过坐骑和标志物几乎无法分辨。民间造像虽不精致，却稚拙纯朴。

图 1-7-63　千佛堂碑之地藏菩萨及十殿阎罗，明嘉靖十三年（1534），石刻

河南博物院藏

　　碑身下部是地藏菩萨与十殿阎罗，地藏菩萨的形象与三大士相同，其莲座下卧有一兽，为地藏菩萨的坐骑。地藏菩萨左侧是手持锡杖的道明和尚，右侧为闵长者。地藏图像下为十殿阎罗，阎罗的两侧为判官和书吏，十殿阎罗五人一组，中间有一题刻，上书"千佛堂"。十殿阎罗相貌、衣着基本一致，无甚人物个性可言，但在工匠粗简的刀笔之下，显得有几分稚拙可爱。

中国
佛教美学
典藏

汉传佛教出土及传世金铜造像

金铜造像艺术的发端与 1 世纪兴起于犍陀罗地区的贵霜王朝密切相关。当时该地区相对平稳的政治环境和冶炼工艺的发展，令艺术家开始寻求以金铜材料铸造佛像。金铜造像体量小，便于携带，使得他们较早地通过取经和传教的僧侣被带入到中原内地。诸多史料中记载了西域金铜造像最初进入中原的传说：东汉明帝在永平七年（64）"夜梦金人"后，遣使自西域迎来优填王金像。虽是传说，但可见此时的金铜造像便伴随着自西而来的僧侣进入中土。东汉末年，已有豪强笮融在下邳"以铜为人，黄金涂身"[1] 铸造金铜大佛。自汉末三国之后，金铜造像铸造见诸各类文献史料的情况日渐增多。

金铜造像自印度传入中国的途径是多元的，大体分为西域陆路至中原和南洋海路至江东，这种局面在南北朝分裂时期更为明显。由于长期分裂，双方对来自西域的金铜造像的美学均产生了独特的认知，这一时期金铜造像的地域性特征十分明显。南朝由于遭受战乱较少，经济较为富足，铸造金铜大像的情况比之北朝较早，梁武帝光宅寺中的金铜造像用铜四万斤，"葱河以左，金像之最唯此一耳"[2]。南朝金铜造像的繁盛，催生了对佛教造像中国化影响深远的造像大师戴逵，戴逵用中国画家的审美观点，参照西来佛像的特征，塑造出诸多符合中土审美特色的南朝金铜造像，今日在诸多出土造像中仍可见其风韵。同时期的中国北方，在战乱频繁的情况下亦诞生出更具民族特色和西域

---

① ［西晋］陈寿：《三国志·吴书》，中华书局，1959 年，第 1185 页。
② ［南朝梁］释慧皎：《高僧传·释法悦传》卷一三，汤用彤校，中华书局，1992 年，第 493 页。

韵味的金铜造像，其中后赵时期（319—351）和北魏文成帝时期（452—465）是中国北方金铜造像发展的两个高峰。后赵统治者多崇佛，在其统治核心地区的河北中部一带逐渐形成了一个专业的铸造金铜造像的中心。中国最早有纪年的金铜造像便铸于后赵建武四年（338），该尊像从对其衣纹的刻画来看，深受犍陀罗美学影响，但面部细眉纵目、扁平鼻、宽鼻翼的特征又明显具有东方人种特质。河北造像中心在北魏时期被二度复兴，铸造出的佛像或融合少数民族审美特色，或师法西域造像遗风，或模仿南朝"褒衣博带"风格。在北魏太和年间（477—499），北朝金铜造像已脱离印度和中亚美术原型的束缚，将外来的佛教图像和汉、鲜卑族的艺术传统互相结合，孕育出独特的风格。此时的造像铸造技艺精湛，背光瑰丽，躯体雄健，是北朝历代金铜造像的翘楚。在南北朝末年，铜料的匮乏让金铜造像的制作明显有所衰落，金铜造像多体量小，质量轻，北方进一步学习南朝"褒衣博带"风格，清癯的面庞取代了雄健的身躯。

隋唐时期，政治安定，经济发达，佛教的发展随之达到巅峰。同时，玄奘、王玄策等西行印度的僧人和官僚均自印度携来天竺稿本的佛像，这些印度图像范式对唐代金铜造像影响颇巨。受其影响，前代衣着保守、姿态僵直的菩萨和佛尊逐渐消失，薄衣透体、身姿婀娜呈 S 形的菩萨和宽肩细腰、躯体健硕的佛成为唐代佛教造像的主流。唐代金铜造像在对造像躯体的认知上更为灵活写实，其塑造的人物形象气质均有所不同，佛尊庄严，菩萨温婉，天王勇猛，唐代金铜造像对神态细节写实性的描绘令人叹为观止。

中唐以后金铜造像逐渐伴随着国力的衰微而日趋缺乏创造力。晚唐五代的菩萨造像身躯敦厚，胸肌平坦，对躯体结构的把握日趋概念化，远不如盛唐细腻写实。五代时期，北方诸王朝多采取整肃佛教的政策，唯有偏安江南的吴越国在钱氏家族的推动下制造了一大批金铜造像。吴越金铜造像明显承袭唐代遗韵，只不过在雕工和背光等细节上更为细腻秀丽，流露出江南地区的地域性审美特征。

进入宋代，中原地区金铜匮乏，以及官方禁止私铸铜器的法令，导致金铜造像日渐衰微，在仅存的一些出土金铜造像中可以看到其符合宋代造像世俗化风潮的特点。金铜造像中的外来影响在此时已然消弭殆尽，佛尊内敛，菩萨柔美，均具有东方审美意趣。同时期的辽国由于契丹贵族礼佛崇佛之盛，金铜造像存在一定程度的复兴。现存的辽代金铜造像在上承唐代造像传统的同时，风格上更为写实，诸多契丹族的独特元素被融入菩萨和佛尊之中，但对躯体结构的把握同样流于程式化，不复唐代之细腻、生动灵活。

第一节 ✦

明帝遗梦：汉魏十六国金铜造像

中国最早的金铜造像史料记载于《三国志》中。东汉末年，丹阳人笮融在徐州建浮屠祠，供奉黄金涂身之铜佛像。及至西晋时，殿堂中做鎏金大佛以供信徒参拜俨然是僧院伽蓝的常态。在这一时期，中国金铜造像伴随着日渐东进的"胡风"迅速成长起来，内地工匠在借鉴西来之审美、工艺的同时，开始逐步尝试中国化。造像美学吸收融入的过程与佛教中国化的过程紧密结合，如大量出现的垂目内敛的禅定坐造像便与此时颇受士大夫青睐的部派佛教禅观思想密切相关，而禅观思想的流行正是源于汉末西域僧人安世高译出大量部派佛教禅观理论的经文。此外，在后赵境内以佛图澄为首的僧团在努力强调"像教"之重要性，甚至说动石虎浴佛行像，供人朝拜。在帝王尊奉、民间崇拜以及西域僧人的有力推动下，4世纪中叶可以说是中国第一个佛教造像的高峰期。

从现存出土十六国时期（304—439）金铜造像的地点来看，多集中在关中及河北中部一带，这与彼时控制这一区域的后赵息息相关。后赵建国者石虎便以佞佛得名，其自居天王，以西域高僧佛图澄为国师。中原首次出现以官方形式大规模崇佛的行为。官方的推动促进了佛教艺术的高速发展。在4世纪后赵统治区中，中原地区的金铜造像在短短数十年间便迅速发展出融入了犍陀罗美学特质的东方佛造像设计风格。尽管在整体风貌上这一时期仍旧没有完全脱离来自西域的影响（见图2-1-2至2-1-4），但如方形四足壶门佛座、"褒衣博带"、跏坐悬裳等日后影响深远的佛教造像美学特征在这一时期全部崭露头角。

图 2-1-1　佛坐像，十六国，铜鎏金，高 13.5 厘米

西安市长安区石佛寺出土，西安博扬院藏

　　佛尊作束发式高肉髻，平素无纹，头上有直线阴刻发丝。面庞方阔，双眼细长而呈杏仁状，眼角飞扬，鼻扁，厚重的双唇微微上扬，似笑非笑，仿若于禅定间了悟了大神通。身着通肩袈裟胸前衣纹呈 U 形，双手结禅定印，跏趺坐于长方形台座之上，端正而稳定。

　　这是一尊典型的十六国时期金铜造像，与后赵建武四年（338）佛坐像在大体上非常接近。从其 U 形通肩袈裟以及刻画深刻的衣纹中可以看到来自西域的犍陀罗艺术风格的遗韵，但方阔的面庞，上扬细长的双目，以及扁平的鼻梁均呈现出更多东亚人种的特质。中西风貌的融合是十六国时期金铜造像的一大特质，这一时期工匠开始在吸纳西域造像特点的同时，有意识地将中国的传统审美观付诸作品。

　　这尊造像背后底座环刻佉卢文，其意为：此佛为智猛所赠（或制），谨向摩列迦之后裔，弗斯陀迦·慧悦致意[1]。智猛史料载其为 5 世纪雍州京兆新丰（今西安市灞桥区一带）僧人，曾聚集沙门十五人自长安出发西行求法。

<hr>

[1]　林梅村：《长安所出佉卢文题记考》，《西域文明：考古、民族、语言和宗教新论》，东方出版社，1995 年，第199 页。

图 2-1-2　分铸型金铜弥勒像，十六国，铜鎏金，高 21.4 厘米

石家庄市北宋村出土，河北博物院藏

　　《释氏稽古略》载："桓帝永兴二年（154）帝铸黄金浮屠老子像，覆以百宝盖，在宫中奉祠。"[1] 可见在 2 世纪时，佛在华盖下安坐的构图模式已然出现。图中佛尊结禅定印，趺坐于四足壸门形台座之上。顶有伞盖，伞盖在出土时尚遗存垂帘[2]。身光两侧雕刻出二飞天、二供养人。其头顶坐佛、座侧双狮之特征表明尊像当为兜率天宫之弥勒佛。风格古拙，整体风格及布局明显受到西域犍陀罗艺术影响，如双狮底座，微倾的头部，U 形领袈裟等。北宋村出土的这尊弥勒像是少见的保存完整的十六国时期复合式金铜造像。在高约 21 厘米的体量中，背光、伞盖、造像、台座均是分铸后运用套接、铆钉、焊接等手法组合而成，表现出极高的金属工艺水平。尊像为 4—5 世纪的作品，出土于河北地区，但与同期甘肃泾川玉都乡出土的一尊体量相似的弥勒佛坐像如出一辙，二者均有圆形伞盖、二重背光、四足壸门台座等独特特征，表明分铸成型的尊像在当时已然十分流行。但相较之下，甘肃泾川出土的弥勒像在艺术构型上更为程式化，更接近汉人的审美。

① ［元］释觉岸：《释氏稽古略》，《大正藏》第 49 册，第 767 页。
② 出土图见河北博物院、河北省文物管理处编：《河北省出土文物选集》，文物出版社，1980 年，第 169 页。

图 2-1-3　佛坐像，十六国，铜鎏金，高 16.4 厘米

河北易县西贯城出土，河北省文物考古研究院藏

此尊佛坐像是现存十六国时期金铜造像艺术成就较高的一尊。佛尊头部微向前倾，高肉髻，发丝细密可辨，鬢发梳至脑后，面长圆，广额，眉目修长，面带微笑，着通肩式大衣，结禅定印跌坐于双狮座上。根据有关记录[①]，该像狮座两侧、主像背颈部及腰部均有孔榫，原初应有背光等构件共同拼接而成。

尊像衣纹的刻画及部分细节的掌控游刃有余，胸前及前襟部位衣纹呈 U 形，衣领可见錾刻云气纹，衣纹断面呈浅阶梯状，尤以两臂部分衣纹刻画深刻有力，层次明显，腕部袖口宽大，重叠自然垂于膝盖、佛座之上。座下双狮张口吐舌，肌肉遒劲；四足壶门形台座上细密刻画云气纹，展现出成熟规范的造像技艺。该佛像虽仍为印度式袈裟，但高发髻、蒙古人种面部特征以及更为繁复宽大的衣袍表明其铸造时代应在十六国晚期，内地审美在这一时期逐渐压过西域之风。

---

① 裴淑兰、冀艳坤：《河北省征集的部分十六国北朝佛教铜造像》，《文物》，1998 年第 7 期，第 68 页。

图 2-1-4　佛坐像，十六国至北魏，铜鎏金，高 18.1 厘米
1965 年满城县征集，河北博物院藏

　　佛坐像似乎丢失了台座，其头顶磨光肉髻，发丝刻画精密，从额前分开，容貌端庄清秀，神情平静温雅，宽额方颐，细眉长目，着通肩式佛衣，衣纹刻痕较深，在胸前呈 V 形，立体感较强。面部更具蒙古人种特质，衣纹洗练，袍袖宽广，其整体明显具有北魏初期受汉风影响的痕迹，同具有准确纪年的同类型作品后赵建武四年（338）佛坐像相比，面容的汉化特征更为明显。

第二节 ✤ 胡汉交融：南北朝金铜造像

南北朝时期（420—589）是中国佛教迅速发展成熟且本土化的一个重要时期。金铜造像在这一大背景下亦日渐本土化，雕塑家更倾向于迎合社会审美风潮。在两百余年间发展出品类众多、神态各异、既富西来美学风韵又存东方审美特质的诸多金铜造像。

相较战乱频繁的北方，南方诸政权保持了较为长久的和平时光，且由于海路之便利，诸多印度僧人自海路进入南朝，故而在南北朝初期，金铜造像艺术在南朝发展最为迅速，出现了许多大型金铜造像，涌现出一批名重一时的雕塑家。活跃于东晋至刘宋时期的戴逵、戴颙父子在其中堪称金铜造像艺匠的翘楚，梁思成称："安道（戴逵字）实为南朝佛像样式之创制者。而此种中国式佛像，在技术上形式上皆非出自印度蓝本，实中国之创作也。"[①]

戴氏父子同时为佛画高手、南朝士大夫，亦是金铜雕铸大师，《宋书》记载："自汉世始有佛像，形制未工，逵特善其事，颙亦参焉。"[②] 史料侧面记录了两位艺术家对佛教造像中国化的贡献："西方像制，流式中夏，虽依经镕铸，各务仿佛，名士奇匠，竞心展力，而精分密数，未有殊绝。"在戴逵的创作下，其造像"核准度于毫芒，审光色于浓淡，其和墨点彩刻形镂法……振代迄今，所未曾有"[③]。从记载来看，戴逵在铸造佛像时采用了复杂多变的技术，并且发现了光影对雕塑造成的影

---

① 梁思成：《中国雕塑史》，百花文艺出版社，2006 年，第 56 页。
② ［南朝］沈约等：《宋书·隐逸传》，中华书局，1973 年，第 2277 页。
③ ［唐］释道世：《法苑珠林》，《大正新修大藏经》，第 53 册，第 406 页。

响，融入了自己的独到见解。戴逵子戴颙继承其父艺术风格，更进一步推动佛教造像艺术的中国化，《尚书故实》记载："佛像本胡夷村陋，人不生敬，今之藻绘雕刻，自戴颙始也。"[①]可以看到，在南朝时期"胡夷村陋，人不生敬"的西来造像迫切需要进一步本土化以迎合中原信众的审美观，而在戴逵、戴颙父子两代人的努力创制下，方逐渐形成南朝"褒衣博带"、汉风浓郁的佛教诸尊像。

南朝刘宋时期曾于首都建康瓦官寺铸"丈六铜像"，尊像铸成后"恨面瘦"，在戴颙指导下调整造像肩胛比例最终使该尊像完美。[②]这是较早记录中国古代艺术家指导金铜造像创作的记录，侧面亦可看到南朝塑造金铜佛像时，金铜雕塑家对造像造型、比例及躯体之间关系的杰出理解力和观察力。二人对南北朝佛教造像美学影响深远，被后世誉为"二戴像制，历代独步"[③]。

南朝历代虽热衷熔铜以铸佛，但由于南朝中晚期铜料短缺，诸多金铜造像回炉用作他途，故而无论大小造像存世者较少，仅有部分出土造像传世。其中可突出代表其佛教美学特质且造像技艺精湛者，以1957年金华市万佛塔出土的数尊鎏金菩萨立像（见图2-2-1、图2-2-2），以及潍坊市寒亭区文物保管所藏的背光式造像（见图2-2-3）为其翘楚。

同一时期，中国北方在拓跋鲜卑统一北方后进入经济相对复苏的时期，伴随而来的便是自上而下对佛教事业的大规模支持。北魏文成帝曾在五级大寺内为前代拓跋诸帝王铸造金铜释迦佛立像，各高达一丈六尺，用赤金二万五千金[④]，可见北朝盛时铸造金铜佛像靡费之巨，体量之大。

相较南朝繁盛一时，已然本土化趋向的金铜造像艺术，北朝由于直接连通西域，把控东西方文化交流孔道，其造像在早期受到中亚及西北印度造像艺术风格的影响颇深。从贵霜时代的犍陀罗艺术到印度的笈多艺术，西北印度所流行的风格元素均在不久后出现于北朝的造像中。这也同无数西来僧人携佛像经卷由丝绸之路进入中原密切相关。此外，后赵时以中国传统美学为基础，兼容犍陀罗等西来元素的金铜造像及其在河北培养的金铜造像工匠，对北朝早期金铜造像的风格塑造亦影响颇大，北魏前期的造像仍延其余绪（见图2-2-4至2-2-6）。

到北魏中期，金铜造像更为成熟，对造像的认知逐渐开始有了独立的审美观。由于北魏自上而下的崇佛风潮，其金铜造像艺术在这一时期发展非常迅速，

① ［唐］李绰：《尚书故实》，中华书局，1985年，第4页。
② ［南朝］沈约等：《宋书·隐逸传》，中华书局，1973年，第2277页。
③ ［清］弘赞编：《兜率龟镜集》，《大正藏》第88册，第55页。
④ ［北齐］魏收：《魏书·释老志》，中华书局，1974年，第3036页。

其造像中既隐含着中原汉族典雅端庄的审美意蕴，又在风格上融入了鲜卑族的审美特色，造像面宽颊丰，挺鼻樱口，躯体健硕。北魏中期造像艺术的优秀作品多诞生于孝文帝太和年间（477—499），被称为"太和造像"（见图2-2-7至2-2-8）。当然太和年间造像也不全是那类精雕细琢之作，也有简略朴拙的造像（见图2-2-9至2-2-12）。

从孝文帝实行汉化改革南迁洛阳至北魏末期，北朝金铜造像开始大量吸收南朝美学特色。当然在太和之后的6世纪初及稍后一些的造像中也还有延续太和造像式样的情况，如河北河间市王士油村出土的北魏宣武帝正始二年（505）韩花造铜鎏金佛坐像（见图2-2-13），该像与太和年间王上造二佛并坐像（太和二年）等这类民间造像相同。随着南北文化融合逐步加速，造像从丰壮转向清癯，所谓"秀骨清像""褒衣博带"均在此时开始风行于世。尊像神态也由中期宁静庄肃转向潇洒清逸，不论是佛像还是菩萨像。那意味深长的微笑和洞悉世情的神情加之"褒衣博带"的服饰让人恍惚间看到魏晋士大夫的形貌，体现出北朝贵族所追求的美学境界（见图2-2-14至2-2-21）。在北魏的造像题材中，二佛并坐是孝文帝以来最为流行的造像题材（见图2-2-17），这与文明太后与孝文帝二圣并立的历史背景相关。

534年北魏分列为东魏（534—550）和西魏（535—556），东西两个政权最初都延续了北魏末期汉风浓郁的审美倾向，造像形式以背光式居多。尽管都源自北魏，但东魏金铜造像更为华美（见图2-2-22至2-2-24）。于郑州自来水厂出土的一件交脚弥勒菩萨像，不仅形象繁复，工艺也相当复杂，整尊造像是分体铸造最后再拼插组合而成的。尤其引人注目的是莲瓣背光外缘插接上去的数身飞天，锐利的裙带俨然成了背光新的火焰纹，它比刻在背光上的火焰纹更具视觉冲击力（见图2-2-25）。这种形式的弥勒造像在北齐依然延续（见图2-2-26）。其实这种背光外缘插接飞天的金铜造像早在北魏便已出现，最早有纪年者约在北魏太和七年（483）。这种造像时代跨北魏太和年间至北齐河清年间，发展的最高阶段在北魏正光年间。[1]其地域主要集中在北方，其影响远至海外的朝鲜半岛。[2]

相比东魏，西魏的造像相对比较简素（见图2-2-27），但也不乏华美精丽者，如陕西历史博物馆所藏的一佛二菩萨立像（见图2-2-28），造像铜质未鎏金，但工艺精湛。北齐（550—577）造像一改"褒衣博带"有意追摹印度笈多

---

① 张总：《北朝金铜佛像背光飞天分析》，《文物》，1993年第12期，第53页。
② 张总：《北朝金铜佛像背光飞天分析》，《文物》，1993年第12期，第52—53页。

艺术中萨尔纳特造像简约洗练、重躯体、轻服饰的做法，走出了另一条独特的风格之路。北齐佛像面庞圆润，身材健硕（见图2-2-29），菩萨像则秀美灵动（见图2-2-30至2-2-33）。造像的精湛有时往往会通过一些不起眼的细节或局部透露出来。山西寿阳县出土的一尊力士像，应是某尊造像的胁侍力士（见图2-2-34），此像不大，但却把力士的神勇和超凡的力量表现得淋漓尽致。北周（557—581）的金铜造像比较少见，西安未央区出土了一尊北周天和五年（570）马法先造释迦佛立像（见图2-2-35），此像有典型的北周佛像特征，与北齐佛像风格上略有相似但又不同。这是因为二者在接受南朝新风格的同时，各自又有各自的文化取向，北周更倾向南朝的汉文化特色，而北齐更趋向胡化。

在十六国雄朴与隋唐丰腴之间，南北朝造像以其极速中国化的特质承担着开启中国佛教美学新篇章的重任。此时南朝以保存较为完好的中原文化为基底，发展出以士大夫为主体，以汉族艺术美学为核心的佛教造型，它们融合了更多的魏晋玄学主意尚神的美学思路；而北朝则因其国体和民族特色，形成了以政治为导向，杂糅中西方美学元素的佛教美学。所谓"令如帝身"是北朝佛教美学的最好写照，即鲜卑贵族的政治倾向推动着其地佛教造像美学的进步。典型的例子便是造像服饰随着鲜卑族的逐步汉化以及反汉化而发生多次反复。种种冲突与矛盾的交织反映着此时传统秩序崩溃、新秩序尚未建立所独有的美学特质。

图2-2-1　菩萨立像，南朝，铜鎏金，高39厘米
1957年金华万佛塔地宫出土，浙江省博物馆藏

位于浙江金华市婺城区塔下寺山坡上的万佛塔始建于北宋嘉祐七年（1062），其地宫在1957为文物部门科学发掘，从中发现大量金铜造像。地宫出土的这尊南朝铜菩萨立像，体量较大，雕刻精美，是稀见的南朝造像珍品。

菩萨身姿壮硕，头插三朵簪花，有缯带自发侧平伸而后折下，顶饰插花宝瓶。面容丰腴，神情静谧。右手施无畏印，左手施与愿印，跣足立于覆莲圆台之上（出土时仅存榫头）。X形交叉穿璧式的璎珞、规整的连续波状起伏的衣纹、长裙下部燕尾状飘摇散开的衣摆，均极具时代特色。身后莲瓣形背光精细刻画出三层纹饰，最外层为阴线刻火焰纹背光，火焰状似流云卷缠上升，中层背光正中上部为宝瓶，从瓶口内向两侧生出缠枝莲花、忍冬、莲叶等图形，最内层洗练地刻出同心圆线条，身光与头光交叠。

相较北朝多顾长身姿的菩萨，南朝这尊面短而丰腴的菩萨让我们得以一窥彼时张僧繇"张家样"艺术的形貌，史载其"画女像面短而艳"，观此造像可领略其一二。

图 2-2-2　菩萨立像，南朝，铜鎏金，高
19.5 厘米

1957 年金华万佛塔地宫出土，浙江省博物馆藏

　　菩萨像头戴花冠，饰桃形火焰头
光。菩萨面容饱满，神情静谧。颈部
配项圈，下身着裙，缯带绕两臂披落至
手臂两侧，胸前挂交叉穿璧璎珞。双手
合十，跣足立于仰覆莲座之上。

　　此尊菩萨立像头部微微向前倾，
脸部刻画生动自然。微合的双眼，好
像在冥冥之中能感受到人间的疾苦。
隐含笑意的嘴角流露出慈悲之情，给
人一种和善亲切之感。流畅的衣纹和
璎珞极富视觉平衡感。中国古代中正
平和的审美观在南朝造像中体现得十
分突出，相较同期北朝造像，其呈现
出更多对表现欲的克制。就该尊像而
言，菩萨之衣裙于底部有一个微妙的
内收之势，让尊像在最后都没有外
露一丝动势，可谓是这种克制的最好
注脚。

图 2-2-3　魏僧达造菩萨像，南朝梁天监十八年（519），铜鎏金，高 11 厘米
潍坊市寒亭区文物保管所藏

　　魏僧达造菩萨像本为通体鎏金，但岁月的侵蚀已使造像显得斑驳，失去了昔日的光彩。主尊头戴三珠宝冠，面目已然不清。左手施与愿印，右手施无畏印。主尊两侧为胁侍弟子像，着僧衣双手合十。舟形背光与主尊、胁侍弟子为一体连铸，主尊圆形头光刻两层圆形弦纹。舟形火焰纹背光之后隐约刻"梁天监十八年八月一日魏僧达为亡新造观□□善□"等铭文。南北朝时期山东是双方反复争夺的一个区域，这尊出现于山东地区的一菩萨二弟子像是罕见的含准确纪年的南朝梁初期造像，虽下部残损且面部不清，但三尊像仍旧不失南朝造像醇厚内敛之风。

图 2-2-4　刘惠造弥勒佛坐像及局部，北魏泰常五年（420），铜，高 11 厘米
隆化民族博物馆藏

　　刘惠造弥勒佛坐像结跏趺坐于长方座上，座前一对卧狮，张口呲齿。佛上身前倾，双手拇指相触贴于腹部，结禅定印。高肉髻，面相方圆，额头较宽，大眼横长。身披圆领通肩佛衣，衣纹自两肩向胸前下垂，呈 U 形。此佛像刻画朴素，从侧面观之，两臂衣纹更为深刻，呈阶梯状，线条硬朗洗练。佛像后领部出一圆榫，插一圆形背光，正面为凸起放射纹，背面竖向阴刻铭文为："李翟平用同（铜）四斤泰常五年五月五日佛弟子刘惠造弥勒佛像。"

　　泰常五年（420）为北魏第二位皇帝明元帝拓跋嗣的年号，该尊像铸造于北魏立国 35 年后，作为少数有题记铭文的北魏初期金铜造像，成为断代分期一大依据。从该尊像洗练的刀工和简拙的细节上来看，其当是彼时民间颇为普及的一种弥勒造像模式。虽然朴素稚拙，但背光、双狮、高圆发髻、袍袖垂膝，以及背光存插口供插入华盖等 4 世纪中后期开始流行于世的弥勒造像特征全部具备。此外，亦可根据铭文中"用铜四斤"及同一地区共出土七尊同一模式弥勒尊像[1]可知，这是同一时期同一批模制加工而成的作品。这些高不足九厘米的尊像具有极大的简化色彩，十六国时期犍陀罗艺术的影子尚存，但大部分均呈现符号化特质。在北魏初期，异日规模宏大的北魏佛教艺术瑰宝如云冈、龙门者此时尚未出现，佛教造像艺术尚未有突破性发展，仍是以继承 4 世纪后赵所遗存的佛教美学遗风为主。

---

①　王为群：《北魏泰常五年金铜弥勒禅定坐像考略》，《文物春秋》，2013 年第 5 期，第 57 页。

图 2-2-5　张次戴造释迦佛立像，北魏延兴五年
（475），铜鎏金，高 35.2 厘米

1967 年满城县孟村出土，河北博物院藏

　　此张次戴造释迦佛立像，为通体鎏
金。背光、主尊、足床为一体连铸而成。
高肉髻，面相丰圆，长眉，高鼻，嘴角上
挑。舟形火焰背光刻画生动，仿佛一簇熊
熊烈火。着袒右肩式袈裟，左手下垂，右
手于胸前施无畏印，衣纹疏密有致，于腹
部呈 U 形。薄衣贴体，跣足立于莲座上。
座下设四足方床，方床正面及两侧为坐佛、
持莲供养人等，方床背面刻铭："延兴五
年（475）四月五日张次戴为佛造释迦门佛
壹躯。"

　　北魏明元帝神瑞二年（415），后赵沙
门法显自天竺携经像归来，取经僧携来了
印度佛教造像的新风，传统古拙、对躯体
表现较为质朴的十六国造像开始被兴盛于
印度的笈多艺术所影响。尽管 5 世纪后半
叶已进入笈多艺术的鼎盛时期，但在这尊
释迦佛立像上仍可见犍陀罗的余音，如波
浪状佛发的样式，便是犍陀罗的典型特征。
佛着袒右袈裟，轻柔贴体，突出了身体结
构，条状凸起的衣纹使得袈裟更为生动写
实，后世曹衣出水之态初露端倪。佛尊整
体体量虽不大，但粗颈细腰，宽肩壮硕，
塑造者意在表达释迦佛躯体雄健之用意展
现在方寸间。而燃烧汹涌的火焰背光与康
健有力的青年躯体有机地结合在了一起，
呈现出较 5 世纪造像更为激昂雄壮的审美
意趣。

图 2-2-6　佛坐像，北魏，铜鎏金，高 21 厘米

新乡市博物馆藏

　　此佛坐像肉髻低平，结跏趺坐，着覆肩袒右式佛衣，衣纹疏密有致。佛像背后插莲瓣形背光，外缘饰火焰纹，背光内部左右为一对胁侍菩萨，上身袒露，下身着裙。二菩萨身姿优美，刻意扭曲的腰肢、宽厚健硕的肩膀、裸袒的上身，均透露出其鲜明的印度特色。从整体磨光肉髻、袒右袈裟、燕尾状背光底部来看，应是北魏早期的一件作品。其两侧胁侍菩萨与主尊有着图像上的交流关系，从构图上看是这一时期所少见的模式，即以绘补塑，以相对平面的图像内容补充立体的造像，以进一步形成所要阐述的图像语言。日后金铜造像单塑一佛二菩萨之先声或由此出现。

图 2-2-7　释迦佛坐像，北魏太和八年（484），
铜鎏金，高 28.5 厘米

呼和浩特市托克托县古城出土，内蒙古博物院藏

　　通体鎏金，释迦佛结跏趺坐端坐于束
腰四足方座之上，左手持衣角，右手施无
畏印。面颊丰润，慈目修眉，高鼻深目，
两耳垂肩，嘴角微微上扬，着覆肩袒右式
佛衣。佛像下面为束腰四足两层座，上层
作长方形平台，其上的狮子造型生动，下
层足部饰供养人，足床上刻"大代太和八
年（484）岁次甲子十一月十二日，比丘僧
安，造释迦文佛像一区。上为七世父母、
皇帝陛下、陈□僧同学，愿宿乾铠，佰无
生忍，位登什地。前上□□，一切尘生，
普同□□，所愿从心，故记之"。

　　该尊像虽出土地点与延庆大代释迦佛
相隔数百公里，但风格内容均极其相似，
所不同者，托克托比丘僧安造像细节上更
为精美：刚健有力的裸袒胸肌，刻画精妙
的阴刻衣纹，僧祇支与袈裟间不同衣料质
地的不同刻画力度，生动活泼的回首双狮
等均让我们看到彼时顶级雕刻家的精良
技艺。

图 2-2-8　佛坐像及局部，北魏太和年间，铜鎏金，高 33 厘米

北京市延庆区出土，首都博物馆藏

　　此佛坐像通体鎏金，主尊与足床为一体连铸而成，结跏趺坐于方座上。水波纹高发髻，面相饱满，眼睛略小，高鼻，神情高冷。左手前伸，右手施无畏印，身背后有接口，原应存背光。着覆肩袒右式佛衣，衣纹疏密间错落有致又不拘一格，一举打破北魏呈 U 形或 V 形的模式。两层足床的上半部分为束腰台座，一对狮子回首相望。下半部分为四足方床，底部刻有"大代□□□□□日弟子□德□□为□……"等字样。床座正面两侧床足上有浅浮雕头戴风帽、手持莲花之供养人，座缘上雕刻四组收尾勾连的缠枝椭圆形纹样，圆内各有禽鸟神兽，整体颇为精美，与云冈开凿于孝文帝时的第九窟柱头雕饰的缠枝植物纹相类。

　　"大代"本为北魏拓跋氏初创时之国号，由诸多出土文物观之，北魏一朝时常出现"代""魏"混用的情况。在北魏孝文帝太和年间（477—499），中国北方诞生了一大批风格精美、形体健壮雄浑、雕刻细致的金铜造像，统一有着健壮的身躯、高肉髻、袒右袈裟、左手持袈裟一角、束腰方座、束腰叠涩处做二狮子等特征。该尊像便是这一时期艺术作品中的佼佼者，而这些特征均明显继承自犍陀罗地区的造像风格，甚至较 4 世纪出现汉风的金铜造像更为"原生"，这或许同太武帝灭佛后佛教造像技艺在中原重新发展有一定关系。太和年间这批多源自河北的尊像均严格继承了犍陀罗艺术的主要特质，并无太多独特发挥。

图 2-2-9 王上造二佛并坐像，北魏太和二年（478），铜鎏金，高 14.8 厘米

博兴龙华寺遗址窖藏出土，博兴县博物馆藏

王上造二佛并坐像中的二佛形象相同，高肉髻，着通肩式佛衣，衣纹呈 U 形分布。双手置于腹前，结跏趺坐于座上。身后是由粗壮线条刻画的椭圆形头光及莲瓣状身光。座上刻铭文："太和二年新台县人刘法之妻王上为亡父母造多宝佛一躯，佑愿□家大小常与善会所愿从心。"

二佛并坐像是具有经典依据的一种造像题材，典出《法华经》中多宝佛分半座与释迦佛，以供其宣讲《法华经》："尔时多宝佛于宝塔中，分半座与释迦牟尼佛，而作是言：'释迦牟尼佛，可就此座。'即时释迦牟尼佛入其塔中，坐其半座，结跏趺坐。"[1] 这一富有戏剧性的场景在鸠摩罗什译成《法华经》后就开始迅速为金铜匠师所吸收，王上造二佛并坐像便是该图像范式的早期形态，佛尊五官、衣纹及背光均仅刻画其大致，线条刻板，技艺粗放，以较为抽象的方式表达了传讲《法华》这一故事的形态。

----

① ［姚秦］鸠摩罗什译：《妙法莲华经·见宝塔品第十一》，《大正藏》第 9 册，第 32 页。

图 2-2-10 李思造二佛并坐像，北魏太和十一年（487），铜，高 14 厘米

　　李思造二佛并坐像中的佛像低平肉髻，面形消瘦，眼小唇薄，双肩下垂，大衣的密褶垂布于台座。莲瓣形火焰纹背光上有一供养人。这种较为粗陋的二佛并坐像在北魏控制的河北、山东、河南地区均有出土，虽其图像根源来自《法华经》故事，但亦不可忽视这一时期普通信众的审美需求和塑像需求的影响。根据现存二佛并坐佛像铭文内容可知，其普遍为平民信众为其往生之父母祈福所造，可见在5—6世纪，中国社会普遍有着男女亡故后皆可成佛的愿望，进而产生这种虽然形态简陋，却数量庞大的二佛并坐模式。从李思造铜二佛并坐像本身来看，已无法单从佛尊形貌上辨别何为释迦佛，何为多宝佛，但于顶部又刻画一供养人形态人物，让人不由联想这是否是古人朴素的家庭观念在这方寸间的投射。

图 2-2-11　阿行造观世音菩萨立像，北魏太和十三年（489），铜，高 22 厘米

河北博物院藏

菩萨跣足立于四足方床上，头戴高冠，长缯带高高扬起飘于两侧，短缯带呈三角形向下垂落。上身袒露，下身着裙，璎珞于身前 X 形交叉。右手上扬持一株莲蕾，左手下垂疑似握披巾，长裙贴体。背光后浮雕树下思惟像。四足方床上刻铭："维大代太和十三年，岁在己巳七月壬寅朔，东平郡□□□如罗太平息女阿行，仰惟能仁，慈怜穷子，俯……□□请师造观世音像，阿行舍此女形，生思□□。"

单体持莲观世音菩萨的形象在北魏初期出现较少。虽然 4 世纪开始观世音信仰就已然流行于中土，但实物稀见，该尊持莲观世音是这一时期难得的一件标准器。其飞扬飘摇如蝴蝶一般的缯带、立姿微屈的腰部是犍陀罗地区石刻莲花手观世音所常见的形态。4 世纪中叶始犍陀罗地区曾为萨珊王朝沙普尔二世入侵，5 世纪该地出现受萨珊文化影响的寄多罗贵霜王朝，这一四散缯带的形象便来自中亚一带萨珊波斯王冠的形象。由此可见，虽相隔万里，但南北朝时期中印之间的艺术文化交流十分频繁，西北印度流行的造像范式和审美风潮很快就能在中原有所回响。

图 2-2-12　左兴造观世音菩萨像，北魏太和十九年（495），铜，高 19 厘米

山西博物院藏

　　菩萨面方圆，发髻前饰摩尼宝，身披天衣，下垂至座面，璎珞交叉饰于胸前。右手施无畏印，左手施与愿印，跣足立于覆莲座上。其下为四足方床。床前自右向后侧阴刻造像题记："太和十九年七月戊辰朔廿三日，佛弟子左兴为身己造观世音像一区（躯），愿从。"

　　这尊持莲披帛观音基本摆脱了西域的影响，已然发展出属于中国特有的风格特质，飘浮的缯带被宝冠步摇取而代之，衣裙在下部如燕尾般分开，顿生临风飘摇之感。

图 2-2-13　韩花造佛坐像及局部，北魏正始二年（505），铜鎏金，高 26.8 厘米

河北河间市王士由村出土，河北省文物研究所藏

　　主尊磨光高肉髻，脸形长圆，小口，神情平静温雅。着通肩式佛衣，双手结禅定印置于腹前，结跏趺坐于长方形束腰台座之上。足床两侧及背面刻铭文："正始二年九月六日韩花为亡父母居家大安妻先世常使侍佛左右。"佛像背后有一插榫，与舟形火焰纹背光相连接。背光正面头光部位有三尊化佛，背面鎏金，上阴刻飞天、佛坐像、乐伎和莲花等纹样。

　　这是一尊堪称朴素的金铜造像，无论是背光中的化佛抑或是寥寥数笔刻画出的主尊，均呈现出符号性特质，佛尊本身在简要的制作中被抽象化了。这或许才是北魏时期社会底层所常见的一种佛教造像艺术模式。虽然简陋，但所有应有的造像元素均存，抽象取代了写实，似暗合着韵外之致的美学理念。

图 2-2-14　佛立像，北魏永平四年（511），铜，高 30.5
厘米

天津市滨海新区窦庄子村出土、天津博物馆藏

　　此尊佛像面相方圆，但略显清瘦，额头较宽，佛
衣双领下垂，右衣边搭于左臂之上，衣袖宽大飘
逸，佛衣下摆呈燕尾状散开。右手施无畏印，左
手施与愿印，跣足立于圆形平台上，下为四足方床。
足床侧面有"永平四年"纪年。

　　搭肘式佛衣，燕尾状裙角，厚重的衣褶均是北
魏中晚期造像的特征之一。这尊立姿佛像较为完整
地展示出在孝文帝太和改制后北魏整体造像风格日
渐汉化的一面，丰满圆润日渐被"秀骨清像"所取
代，贴体袈裟亦替换为"褒衣博带"。

图 2-2-15　铜佛立像，北魏，铜，高 20.5 厘米

青州博物馆藏

　　有着火焰纹背光的铜佛像跣足立于圆台之上，下为圆形覆莲座，着通肩式佛衣，衣纹舒朗刻画较深，左手置于胸前，右手下垂于体侧。整体尊像虽质朴粗简，但贴体佛衣仍清晰可见，为北魏中后期的典型式样。批量铸造小型金铜佛像在这一时期是南北朝所共存的一种现象，它们风格统一，大量模制成型，再组装而成。虽艺术成就不高，但于方寸间透露出 5—6 世纪中国平民阶层的普世审美观。

图 2-2-16　佛立像及局部，北魏，铜鎏金，高 15.3 厘米

河北省文物研究所藏

　　佛像磨光高肉髻，螺发，长眉细眼，双目微合，大耳，鼻梁挺直，颈部细长。袈裟双领下垂，右侧衣边搭于左肘，衣摆宽大飘逸，衣褶向左右飘垂。左手施与愿印，右手施无畏印。

　　"褒衣博带"，襟带摇曳，佛在这时宛若一位缓步前行的南朝士大夫。这尊北魏晚期造像体现出中原审美强大的表现力，它已然彻底覆盖消化了西域造像的因子。南北朝时期，政治上的割裂局面并未断绝文化交流的孔道，世俗世界对美的认知推动着艺术家对佛陀世界的改造，河北出土的这尊富有汉族特色的造像便是其表象之一。

图 2-2-17　胡市迁造二佛并坐像，北魏，铜鎏金，高 24 厘米

1975 年灵寿县三圣院村出土，河北省正定县文物保管所藏

　　此二佛像低平肉髻，脸形圆润，面相端庄慈祥，着双领下垂式佛衣，长裙下摆衣纹较深，双手分别施无畏印和与愿印，结跏趺坐于四足方座上。二佛身后为佛龛式舟形火焰纹背光。足床背面刻铭："胡市迁胡思邕兄二人为亡父母造像一区（躯）。"此尊二佛并坐像袈裟均为 U 形衣纹，衣褶刻画厚重，长袍垂落佛座前，是北魏中后期造像的一大特征。从构图观之，此时二佛并坐一改前期共用一背光的模式，将二佛背光镂空独立处理，犹如气眼使造像通透不滞塞，又于上部刻画宝帐伞盖，颇具巧思。

图 2-2-18　明敬武造观世音菩萨立像，
北魏永平四年（511），铜，高 17.3 厘米

博兴龙华寺遗址窖藏出土，博兴县博物馆藏

　　菩萨像头戴三叶宝冠，脸形方圆。上身裸露披天衣，下身着裙，天衣垂于身体两侧，胸前璎珞呈 X 状交叉，裙摆如燕尾向外飘散，右手施无畏印，左手施与愿印，跣足立于覆莲座上。身后为莲瓣形背光。覆莲座下有四足床座。座上刻铭文："永平四年正月六日佛弟子明敬武愿身无病患又为所生父母□姊妹寿命延长常无患痛敬造观世音像躯。"

　　山东博兴地区在南北朝时期为双方反复争夺的焦点区域，作为交战前线，山东相较河北、山西等地在审美上更易受到南朝影响，这种社会审美风气于金铜造像便有所直观体现，如缯带于帽间支起后螺旋下垂、交领汉服等较为明显的南朝造像元素。明敬武造观世音菩萨立像便是这一时期山东地区典型的立姿菩萨像。此外可以看到，在 6 世纪时，菩萨持莲的手换至左手，且莲茎逐渐缩短，这也是此时造像的一大特征。

图 2-2-19　张盖姬造观世音菩萨立像及局部，北魏延昌二年（513），铜鎏金，高 29.4 厘米

河北景县彭楼北出土，河北省文物研究所藏

　　这是一尊典型的北魏晚期观世音造像，其造型优美，刻画细腻，神态逼真，是这一时期观世音造像中的典范之作。尊像头戴宝冠，中间嵌珠，缯带向两侧伸出后翻转折下至肩膀，菩萨面庞略长，细眉挺鼻，二目微合，嘴角略带笑意。身姿颀长，削肩，身披天衣，璎珞于身前呈 X 形交叉，交叉处还垂下一个铃铛，十分别致，衣袍飞散于两侧，形如燕尾，似风浮动，展现出内地女子娴雅端庄、顾盼神飞的仪态。延昌年间北魏汉化日渐深入，朝野上下均追求、崇拜南朝审美，该尊像可谓是顺应时代审美需求之作。

　　背光后刻发愿文："大魏延昌二年七月十日冀州渤海条县吴郝利妻张盖姬为亡□（儿）造观音像一区（躯）愿□亡□（儿）宇□□王靖国□一妙佐有愿居大小见世住张□尼富□。"

图 2-2-20 梁庚佣夫妻造观世音菩萨立像，北魏正光三年（522），铜，高 19.5 厘米

河北博物馆藏

　　菩萨头戴宝冠，与阿行造铜观世音菩萨立像相似，上身袒露，下身着裙，右手持长茎莲蕾，左手握披巾，披帛自颈后绕肩臂经肘后外飘，跣足立于足床上。饰舟形火焰纹背光也与阿行造铜观世音菩萨立像相似。侧面及背面刻有铭文："正光三年十月廿六日新成县梁庚佣夫妻为亡父母皂（造）观世一区（躯）。"

　　与同期西北印度流行的持莲观世音不同，后者持莲时莲花为盛开状，而北魏流行的这批持莲观世音之莲花均为花蕾状。该尊像相较太和年间阿行造铜观世音菩萨立像更为汉化。飞扬的衣袍、冠带表明了在北魏中晚期汉化运动及应运而生的新审美风潮已深入普罗大众的心中。

图 2-2-21　张僧珍造观世音菩萨立像，北魏永熙三年（534），铜鎏金，高 17.3 厘米

1975 年灵寿县三圣院村出土，河北省正定县文物保管所藏

此尊观世音菩萨立像头戴花冠，脸形瘦长，左手施无畏印，右手施与愿印。披巾自身后绕至两臂左右两肘，下衣裙摆宽大飘逸，衣褶向左右飘垂。跣足立于圆台覆莲座上。足床背面刻铭文："永熙三年四月八日东北比村张僧珍为姊（姊）夫韩郎造像一区（躯）。"背光阴面刻画观世音像一尊。

永熙三年（534）七月北魏孝武帝亲总京师宗室股肱播迁长安，标志着北魏正式分裂。该尊像铸造的时间颇具时代意义，作为铸造于北魏最后一年的作品，风格上已然十分成熟。虽然为民间作品，但"秀骨清像""褒衣博带"的流行要素均为匠人所准确把握。

图 2-2-22　昧妙造佛立像，东魏，铜鎏金，高 21.5 厘米

博兴龙华寺遗址窖藏出土，博兴县博物馆藏

　　佛像面容清秀，细眉长目小口，面含微笑。身着双领下垂袈裟，袈裟一边搭在左臂上，右手施无畏印左手施与愿印，繁缛的衣纹均匀有序展开，衣摆如燕尾般伸向两侧，典型的"褒衣博带"式袈裟。佛跣足立于覆莲的莲蓬上，莲瓣下是圆形基座。佛背后为莲瓣形背光，背光外缘线刻火焰纹，但线条细腻，不似火焰，而更像行云流水。背光上部有三尊浮雕坐佛，背光中心是低平蔓草纹饰。背光上的图像虽不复杂，但却极富层次感。从造像上残存的一些卯榫痕迹来看，这不是一尊单体佛立像，而是有胁侍菩萨的造像组合。

　　背光后刻铭文："比丘尼昧妙自愿身□孙□保佛……"

图 2-2-23　一佛二菩萨立像，东魏，铜鎏金，高 33.5 厘米

诸城林家村镇青云村出土，诸城市博物馆藏

　　一佛二菩萨立像的主尊已锈蚀成红色，但形体轮廓清晰可见，着双领下垂袈裟，左手施与愿印，右手施无畏印。裙摆略微向外，跣足立于圆台之上。主尊背后挂饰舟形火焰纹背光，背光纹路刻画绵密细致，周围为三尊小化佛。背光下方左右两侧各刻一尊胁侍菩萨，戴花冠，脸形方圆，双手合十，跣足立于圆形莲台之上。

　　一佛二菩萨题材金铜造像于北魏太和晚期在山东地区出现，东魏时期已十分成熟。东魏国祚虽仅十六年，但其承上启下的独特美学特征于该造像中体现得十分明显，如身躯较为圆润饱满，菩萨头冠低平，衣纹细节较为程式化等。诸城地区曾出土了大量南北朝时期造像，表明该地在当时或为重要的佛教中心。

图 2-2-24　菩萨三尊立像，东魏，铜鎏金，高 32 厘米
诸城林家村镇青云村出土，诸城市博物馆藏

　　菩萨三尊像是山东地区在北魏晚期至北齐时期所流行的一种金铜造像组合形式。诸城出土的这尊菩萨三尊像主尊菩萨头戴宝冠，脸形方中带圆，眼大，高鼻，面相端庄慈祥。颈部较粗短，饰桃形项圈，天衣于身前 X 形交叉，绕两臂垂落身侧，璎珞也交叉于腹部，但位置略高，样式较为烦琐。左手施与愿印，右手施无畏印。跣足立于仰覆莲座之上。舟形火焰纹背光上刻化佛五尊，两侧为二胁侍菩萨。菩萨身材修长，面貌刻画简略，头戴花冠，但冠叶呈"品"字形排布，犹如蝴蝶结，冠带垂于肩侧，此种冠饰衬托得胁侍菩萨娇俏可爱。菩萨的天衣于身前呈两道 U 形排列，天衣的这种形式出现较晚，在北朝末期出现。胁侍菩萨脚下的莲台，是与主尊莲座两侧相连的一束莲花，透雕，线条刻画柔和细腻。

图 2-2-25　交脚弥勒菩萨像及局部，北魏晚期至东魏，铜鎏金，高
43 厘米

郑州自来水厂出土，郑州博物馆藏

　　由于同期于自来水厂出土的窖藏造像铭刻以北魏永安二
年（529）始至东魏兴和四年（542）终[1]，故而推测该造像亦
为这一时期所制。此造像由主尊交脚弥勒菩萨、胁侍菩萨、
金龙吐莲及背光等构成。背后的舟形或莲瓣形火焰纹背光内
为硕大的圆形头光，头光分两层，外层为缠枝莲叶纹，内层
为放射状的菊瓣式花纹。背光外缘的火焰纹，火焰呈小朵的
浪花状，铸造精良，跃动感极强；背光边缘有卯榫，原本镶
嵌六身飞天，现仅存五身。飞天形态优美，作势欲舞。主尊
为交脚弥勒菩萨，头戴宝冠，高发髻，容色清癯，长眉细目、
高鼻、薄唇，嘴角微微含笑，神态淡雅清新。上身细长，下
身着裙，胸前璎珞呈 X 形交叉，左手下垂，右手上扬施无畏
印。主尊左右，两侧对称布局，为胁侍菩萨和口中吐出一束
莲花的虬龙，其前方为一双手合十状弟子，藏于莲花之中。

　　交脚弥勒最初图像源自犍陀罗佛教美术中。郑州出土的
这尊是罕见的北魏晚期金铜群像，体现出此时金铜工艺的高
超水平，尊像各元素由多模分别翻砂再连接铸造，随后进一
步精细雕刻后再组合各配件。早在后赵时期造像中就出现的灵活
自由装卸造像组件技术在此时更为繁复，堪称结构奇、工艺精，
同时其整体所表露的玄秀俊奇、轻盈空灵，带给人强烈的汉式美
学气韵。

---

[1]　张秀清：《郑州出土的一批北朝铜造像》，《中原文物》，1985 年
　　　4 月，第 14 页。

图 2-2-26 孔昭俤造交脚弥勒菩萨像及局部，北齐河清三年（564），铜，高 27.8 厘米

博兴龙华寺遗址窖藏出土，博兴县博物馆藏

这尊孔昭俤造交脚弥勒菩萨像，头戴宝冠，身着菩萨装，交脚而坐，与前期此类弥勒像无大差别。而此像最先声夺人的便是莲瓣形背光边缘插接上去的飞天。飞天共有十身，逶迤身后的天衣犹如新的背光火焰外缘，比郑州自来水厂出土的东魏交脚弥勒菩萨造像更加气势撼人。背光正上方是一座单层小塔，这种小塔在东魏北齐石刻背光式造像上非常多见。参照东魏那件交脚弥勒，此北齐弥勒造像两侧及下部也还应有胁侍菩萨及莲花香炉类的形象。

背光后刻铭文："河清三年四月八日乐陵县孔昭俤……造弥勒像一躯……□世六事。"

图 2-2-27　一佛二菩萨像及局部，西魏，铜，高 14.4 厘米
甘肃省博物馆藏

　　此一铺三尊背光式造像主尊立于覆莲的莲蓬心上，身着"褒衣博带"式袈裟，右手施无畏印，左手施与愿印，是西魏时期佛立像的标准姿态。莲座两侧各生出一枝莲花，莲台上承托着二胁侍菩萨。莲台下是一方座，正面有两只造型简略的护法狮子。莲瓣形背光上部边缘有线刻的火焰纹，围绕佛像头光有五个莲花化生童子。这五个化生童子与胁侍菩萨的头部大小相似，二胁侍菩萨及化生童子形成环拱之势，将佛陀环卫于造像中心。尽管背光部分是实体，但下部燕尾形衣摆和胁侍菩萨的枝蔓莲台则是镂空的，虚实之间使整尊造像显得通透而不至沉闷，尤其是带有枝蔓的莲台雕造格外精致，与佛菩萨像的粗简形成对比。

图 2-2-28 一佛二菩萨立像及局部，西魏，铜，高 35.4 厘米

1999 年西安市未央宫乡大刘寨村出土，陕西历史博物馆藏

此尊佛像由一佛二菩萨构成，身后为舟形火焰纹背光。主尊高肉髻，长眉细目，眼角略上挑，口鼻小巧，略含微笑。着双领下垂式袈裟，袈裟一边搭于左肘，衣纹厚重，衣纹褶皱呈 U 形。左手施与愿印，右手施无畏印，跣足立于圆台之上。主尊两侧的胁侍菩萨戴三叶形宝冠，缯带披肩，天衣向左右两侧散开，似随风摆动。舟形火焰纹背光分内外两层，内层身光之上有宝珠和花朵，呈伞盖状，枝蔓向外舒卷，主尊两侧有一对莲蕾；外层为熊熊燃烧的火焰纹。主尊跣足所立的圆台下方是双层覆莲座，莲座下层正面铸一兽面，两侧各插一个龙吐莲花饰件，莲座后侧下方錾刻铭文："比丘惠津敬造供养。"

这是一尊铸造技艺精湛，构思设计华丽的北朝晚期金铜造像。主尊为面容清癯、体态潇洒的主佛，秀丽内敛的菩萨均呈现出彼时汉族士大夫的审美观。此尊造像在细节处理上巧思非凡，圆形基座两侧对称设计，各有一条虬龙吐出一束莲花，此束莲中有莲花、莲叶、莲苞以及水草，宛如荷塘小景，最上部托出一朵莲台，上立胁侍菩萨，菩萨衣襟随风而动，好似荷风拂过。胁侍菩萨在造像整体构图上仅占三分之一，硕大的火焰背光在其顶部身旁向上蒸腾着熊熊燃烧。在这极具动感的环境中，主尊沉稳立于中央，顶部华盖、身下衣袍岿然不动，仿佛表现出佛家"即万物之自虚，故物不能累其神明"的高妙境界。

图 2-2-29　倚坐佛像，北齐，铜鎏金，高 26 厘米

博兴龙华寺遗址窖藏出土，博兴县博物馆藏

　　此尊倚坐佛像着袒右半包式袈裟，腰间系带，袈裟右侧衣边搭于左臂，垂双足坐在台座上。佛像面部浑圆，满面笑意盈盈，头上肉髻呈馒头状，平素无纹饰。右手举起施无畏印，左手自然置于膝头。袈裟上衣纹简净，特别是右腿两道凸起的衣纹，完美诠释了袈裟的薄衣贴体，显示了肢体结构的准确性。而左腿由于衣物堆叠较多而遮盖住了腿的结构，两侧有微妙的差别，显示出匠师源于生活的精细观察。

图 2-2-30 吴萨和造观世音菩萨立像，北齐天保六年（555），铜，高 15.6 厘米

1966 年河北景县彭楼北出土，河北省文物研究所藏

　　吴萨和造观世音菩萨立像中的菩萨头戴宝冠，面庞丰满，内着僧祇支，外披天衣，天衣于身前呈 U 形，再绕过手臂垂于身体两侧，天衣的纹路流畅细腻，绵绵不绝如春蚕吐丝。菩萨右手施与愿印，左手内握一物，似为莲茎。跣足立于素面覆莲莲蓬之上。方床两侧及背面横梁、四足刻有发愿文："大齐天保六年九月十一日条县吴萨和为亡父母敬造观音像一区（躯）又愿七世父母亡兄见存眷属生生世世值佛闻法弥勒下生愿登先首□动之□普同斯愿。"

　　北齐时期菩萨造像的样式多样化。这尊吴萨和造观音像体量虽然不大，仍可展现出河北地区在北齐时期的造像风格，相较早期的西域之风浓郁的莲花手观音，此时在衣着和站姿上均已完全汉化。尊像继承自北魏盛时的燕尾状飞扬的裙摆大为收敛，天衣缠绕于腰间两臂，端容肃立，整体透露出娴静内敛之气。

图 2-2-31　观世音菩萨立像，北齐天保七年（556），铜鎏金，高 13.4 厘米

河北博物馆藏

　　从高足床座上的卯榫痕迹来看，这尊带莲瓣背光的菩萨立像应当还有胁侍等形象，只是已遗失。此菩萨端身正立，右手施无畏印，左手施与愿印，头戴宝冠，身披天衣，是北齐最常见的菩萨形象。但这尊菩萨立像的莲瓣背光，其形宛如一瓣真的飘落的莲花瓣，衬托着前面菩萨内敛静思的神态。菩萨脚前还有一个莲花状香炉，正面看去，仿佛承托着整个莲瓣，十分别致。整个造像尽管残缺不全，但却别具一番静谧出尘的意蕴。

　　方座背面及侧面题刻"大齐天保七年□□□□□□清敬造观音像一区（躯）为亡父见在母□□己身□为弟妹"等。

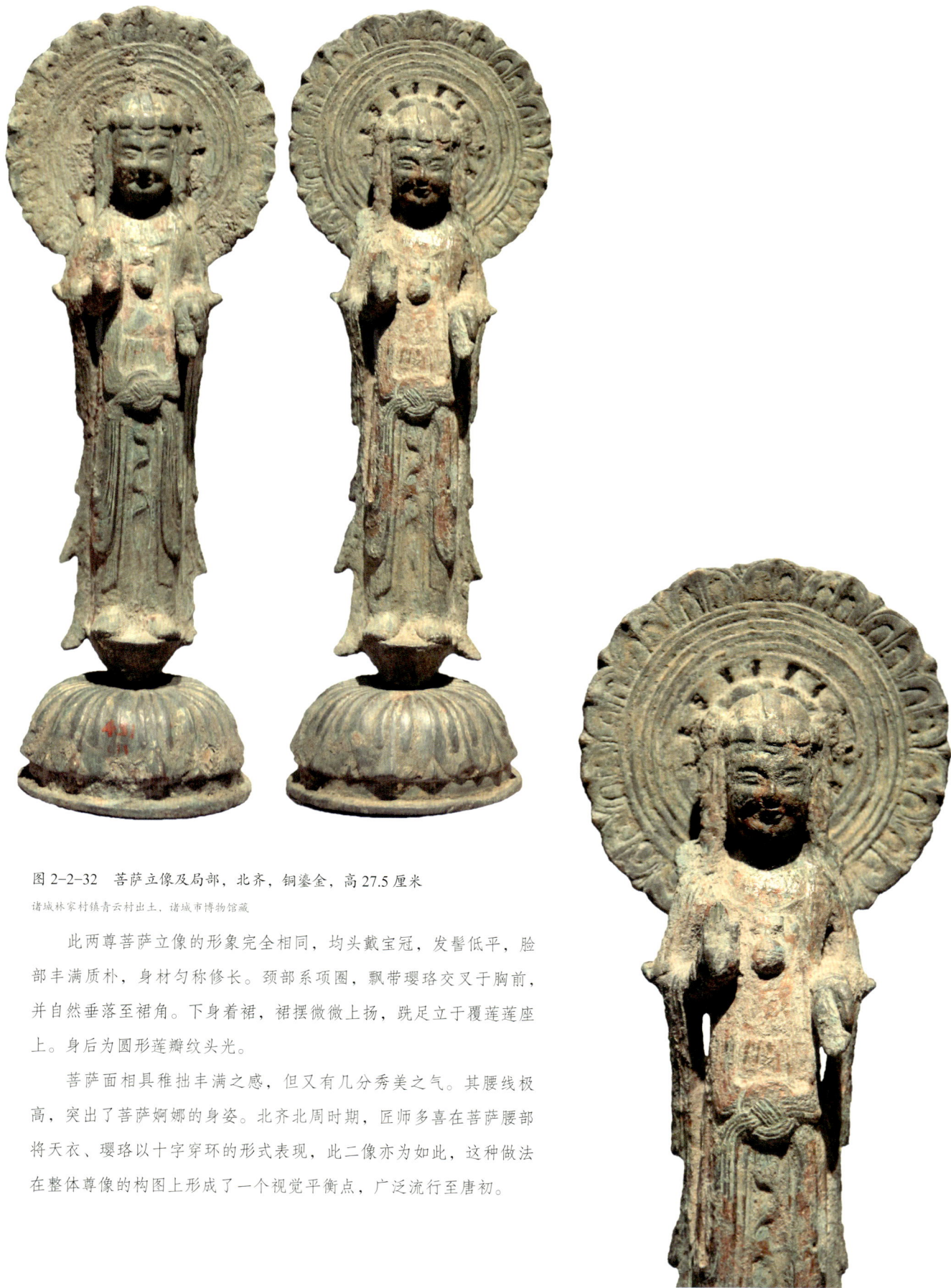

图 2-2-32　菩萨立像及局部，北齐，铜鎏金，高 27.5 厘米

诸城林家村镇青云村出土，诸城市博物馆藏

　　此两尊菩萨立像的形象完全相同，均头戴宝冠，发髻低平，脸部丰满质朴，身材匀称修长。颈部系项圈，飘带璎珞交叉于胸前，并自然垂落至裙角。下身着裙，裙摆微微上扬，跣足立于覆莲莲座上。身后为圆形莲瓣纹头光。

　　菩萨面相具稚拙丰满之感，但又有几分秀美之气。其腰线极高，突出了菩萨婀娜的身姿。北齐北周时期，匠师多喜在菩萨腰部将天衣、璎珞以十字穿环的形式表现，此二像亦为如此，这种做法在整体尊像的构图上形成了一个视觉平衡点，广泛流行至唐初。

图 2-2-33　薛明陵造菩萨立像，北齐天保
五年（554），铜鎏金，高 17.7 厘米

博兴龙华寺遗址窖藏出土，博兴县博物馆藏

　　此薛明陵造菩萨立像，虽为铜鎏
金，但金色多已剥落，露出深色铜质，
而这也恰恰显现出造像的线条轮廓。
观世音菩萨头戴宝冠，冠带垂于肩头，
右手施无畏印，左手施与愿印，跣足
立于覆莲座上，天衣和衣服下摆自然
下垂，层次清晰，分别伸展在莲座两
侧。莲座下为高足床座。菩萨身后是
莲瓣形背光，最外层为火焰纹，内层
的头光和身光皆是细线平行排列。从
衣纹到背光，整尊造像给人鲜明的印
象便是坚劲爽利的线条的运用，不禁
令人赞叹匠师刀工的严谨和洗练。

　　背光后铭刻："天保五年十二月十
五日孔雀妻薛明陵敬造。"

图 2-2-34　力士像，北齐，铜鎏金，高 11.8 厘米

山西寿阳县出土，山西博物院藏

此尊力士像头戴宝冠，冠带垂于肩头，方面大耳，面部神态刻画尤为生动，粗眉大眼，眼角上挑，狮鼻阔口，双唇紧闭，嘴唇抿起的力量感显示在颈部肌肉的凹凸起伏上，惟妙惟肖。力士身体壮硕，宽肩，细腰，裸上身，披天衣，赤足踏岩座，右手于身前托宝珠，左手似施无畏手印，完全是一副一切邪魔止步于此的架势。

图 2-2-35　马法先造释迦佛立像及局部，北周天和五年（570），铜鎏金，高 22 厘米

西安未央区出土，西安博物院藏

此尊马法先造释迦佛立像制作精致，鎏金的光彩至今不减。立佛跣足站在仰覆莲花上，但仰莲较小，与莲蓬相仿佛，只在外侧雕刻莲瓣。覆莲的前方雕对狮，其正中为夜叉顶举莲苞形香炉，夜叉两侧狮子虽小但根根鬣毛清晰，身体结构比例准确。覆莲下缘饰一圈连珠纹，莲台下为一方形壶门床座。立佛着通肩袈裟，螺发，肉髻虽大但却低缓，面庞丰圆，修眉细目，高鼻，嘴唇略厚，头后是桃形火焰头光。右手上扬施无畏印，左手提袈裟衣襟。此尊造像为典型的北周造像风格，周正雍容，无过多华丽装饰，是吸收南朝造像影响并结合本地特色而出现的造像风格，可与西安碑林博物馆所藏五尊石刻大像相互对看。

床座后侧刻发愿文："天和五年三月八日比丘尼马法先为七世父母法界众生敬造释迦牟尼像一区（躯）供养。"

第三节

金身妙像：隋唐金铜造像

六朝数百年的动乱和变迁孕育了一个思辨智慧、审美卓绝的时代——隋唐。不计其数的美学观念、宗教思想在此时崭露头角，印度、中亚美术与汉传佛教文化交融变化，这一时代艺术家的钻研和努力为隋唐佛教造像盛世奠定了稳固的根基。581年，杨坚建立隋朝，《隋书》论南、北文风曾说："江左宫商发越，贵于清绮，河朔词义贞刚，重乎气质。气质则理胜其词，清绮则文过其意……各去所短，合其两长，则文质斌斌，尽善尽美矣。"① 文学如此，佛教造像亦复如是，新朝的建立意味着南北之间壁垒的消解，统一王朝带来的和平与稳定亦成为艺术成长的肥沃土壤。有唐一代国运更为昌隆，富足强盛的国力、开放乐观的情绪和兼容并蓄的态度，使帝国开疆扩土的同时也吸引着周边诸国来朝，在宗教上历代帝王多佛道并重，这都为佛教造像艺术的稳定发展提供了更坚实基础，正如宋代文学家苏东坡言："君子之于学，百工之于艺，自三代历汉，至唐而备矣。"②

隋文帝杨坚建立隋朝，改变了北周武帝的灭佛政策，大力扶持和宣扬佛教。《法苑珠林》记载，隋文帝于："一百余州立舍利塔，度僧尼二十三万人，立寺三千七百九十二所，写经四十六藏、一十三万二千八十六卷，修故经三千八百五十三部，造像十万六千五百八十躯。"③ 炀帝延续崇佛政策："修故经六百一十二藏，二万九千一百七十二部，治故像十万一千躯，造新

① ［唐］魏征：《隋书》卷七十六《文学传》，中华书局，2008年，第1730—1731页。
② ［宋］苏轼：《苏东坡全集》第六卷，北京燕山出版社，2009年，第3232页。
③ ［唐］道世：《法苑珠林》，《大正藏》第53册，第1026页。

像三千八百五十躯，度僧六千二百人矣。"① 二帝主导建立经像，上行下效，佛教盛极一时。保存至今的三件隋代阿弥陀佛整铺造像，既是净土宗信仰流行的重要实物证据，也堪称隋代金铜佛像的顶峰之作。西安博物院所藏董钦造阿弥陀佛像，整体金碧辉煌、典雅端庄，是这个时期最为杰出的艺术佳作之一。此尊造像包括主尊阿弥陀佛及两侧胁侍菩萨、力士及座下蹲狮等形象，方寸之间塑造出完备的佛教净土世界（见图 2-3-1 至 2-3-3）。藏于美国波士顿美术博物馆的"范氏造像"是三件中人物数量最多、体量最大的一件，可惜早年流失海外。上海博物馆藏阿弥陀三尊像无题记，主尊与其他两件不同处为阿弥陀佛右手施无畏印，左手手心向上置膝作定印，莲座莲瓣略显单薄（见图 2-3-4、图 2-3-5）。隋代对于佛教造像的注重和提倡，为技艺的发展和完善提供了广阔的空间，但仅 38 年国祚，不足以消弭长期分裂导致的各地审美之差异。北齐造像继承北魏巨大的舟形背光、简洁的四足高床座和修长的躯干，相对平直的造像和简洁的衣纹富有时代特征，与印度笈多王朝的关系渊源甚深，北齐故地河北、山西、山东等地出土的隋代造像多可见前朝风貌（见图 2-3-6 至 2-3-8）。临潼区博物馆藏菩萨造像则展现了不一样的风格，菩萨虽仍存北周遗韵，但又融入了北齐风貌，穿戴富丽，华冠璎珞，彰显宝相庄严；腰肢轻扭，体态婉转，又展现了新时代的意趣（见图 2-3-9）。

　　唐代（618—907），这一空前繁盛的伟大时代更加具有非凡的美学意义。文学、艺术、绘画、雕塑、音乐等各种美学形态共同构成了一幅波澜壮阔的大唐盛景。现代美学理论家李泽厚将中国佛教雕塑分为三个阶段，即魏、唐、宋，其中"北魏以理想胜，宋以现实胜，唐则以两者结合胜"②。理想与现实交融的佛教造像艺术在此时发展至巅峰，虽历经法难浩劫，但仍有不少遗存值得称道。唐代造像继承隋代遗绪，有强健饱满的时代精神，加之在不断的中外交流中汲取养分，更为精妙成熟，形成了鲜明的时代特征。不同于隋代屈指可数的几尊精品，唐代造像无不雕刻细腻。这一时期佛像多面庞圆润，像身浑厚。坐佛其衣边如瀑悬垂于座上，不同于北朝造像衣袂飘飘的空灵质感，佛像身上的衣物皆符合现实，流畅的线条表现出质地的柔软华贵（见图 2-3-10、图 2-3-11）。而立佛则薄衣贴体，尽显佛陀比例匀称、壮硕健美的身躯（见图 2-3-12）。镇原县博物馆和美国旧金山亚洲艺术博物馆分别藏有一件一佛五尊群像，方座上呈立体分布的群像与隋代阿弥陀佛整铺造像进行对比，两个时代最显著的区别

---

① ［唐］道世：《法苑珠林》，《大正藏》第 53 册，第 1026 页。
② 李泽厚：《美的历程》，生活·读书·新知三联书店，2014 年 3 月，第 127 页。

在于唐代造像中主尊的位置和体量无不彰显出在群像中的至高地位。秩序是审美的重要形式，造像艺术作品中表现的明确秩序不仅赋予观者庄重高贵的美感，还与君权至上的王朝理念契合（见图 2-3-13）。

金铜佛像因空间和尺度的限制，题材远不如石窟丰富，主要以佛像和菩萨像为主。唐代金铜造像以菩萨像数量最丰，各式菩萨造像各有新意。甘肃省博物馆藏唐永徽五年（654）造像是隋至初唐的典型风格。魏晋至隋，在金铜佛像上铸造发愿文标明纪年屡见不鲜，皆为惯例。入唐以后，有发愿文者顿减，具纪年发愿文者更少，故而这尊具永徽铭的观音造像尤为珍贵（见图 2-3-14）。

唐代观世音菩萨造像的身姿和形象也更为多样。立姿观世音身姿多呈 S 形的"三段屈曲式"，即从胸部至腰际形成突出的弧线，显示出女性独有的柔美姿态，形态丰丽，气质端严，但又不失活泼灵动（见图 2-3-15 至 2-3-17）。坐姿观世音以自在坐姿居多，这类观世音像在各地都有发现，观世音一腿盘曲，一腿自然垂下落在莲台上。自由而舒展的坐姿使佛教神祇平易近人，厚重繁复的头光、璎珞、莲座和端正的上半身使菩萨依然典雅高贵（见图 2-3-18 至 2-3-20）。

十一面观世音像则是唐代密教盛行背景下产生的中土造像新题材，随着经典的普及，造像也以多种形式涌现。首都博物馆藏十一面观世音像和甘肃天水博物馆藏六臂十一面观世音展现了两种不同的样式：首都博物馆所藏十一面观世音只有两臂，与普通观世音像无异（见图 2-3-21）；甘肃天水博物馆藏十一面六臂观世音则更接近经典，身材饱满，更具唐代丰美的审美特色（见图 2-3-22、图 2-3-23）。

隋唐金铜造像以佛和菩萨为主，为单尊或三尊、五尊等的组合，多尺寸较小，但单尊的佛像偶也有见加大尺寸的，如西安博物院所藏的一件铁佛像，佛像为倚坐坐姿，高 1.8 米（见图 2-3-24、图 2-3-25）。大唐帝国的文化影响力亦波及朝鲜半岛及日本等周边国家，浙江宁波天封塔地宫出土了一件背光镶嵌珍珠的立佛像，此佛像为朝鲜半岛的统一新罗时期（668—901）所造（见图 2-3-26），约在 750 年前后，制作精美，其佛像风格与初盛唐时期造像如出一辙，可见唐之影响力。

隋代金铜造像多有题记，与北朝造像有诸多相似。唐代造像则以浓郁的大唐气象彰显时代特征。单体造像不同于石窟艺术，因容易移动，脱离原始的时空情境，难以复原其历史背景。相对单一的造像题材和造像内容也限制了对佛教思想文化方面的拓展，但将隋唐金铜造像与同期的石刻、泥塑相对比，则为造像的艺术风格、审美特征提供了全面的视角。

图 2-3-1　董钦造阿弥陀佛像及局部，隋开皇四年（584），铜鎏金，高41厘米，宽29厘米，厚24厘米

陕西省西安市南八里村出土，西安博物院藏

造像由高足床上的阿弥陀佛、二菩萨、二力士、一香炉、一张四足方床、两蹲狮组成。正中置一香炉，下有一侏儒用力托举香炉。床前一对蹲狮。高足方床的四角各有一曲尺形栏杆。此组造像一铺五尊，不再是处于同一个平面，而是有着远近距离的纵深空间，每一个人物形象都是一个立体的圆雕作品，细腻而生动。此外无论是足床中央的香炉，还是床前的蹲狮，都为此组佛像增添了几分华丽色彩。

四足方床的右侧及背面的边和足上还镌刻有启首为"开皇四年"的发愿文及赞词："开皇四年七月十五日，宁远将军武强县丞董钦敬造弥陀像一区，上为皇帝陛下，父母兄弟、姊妹妻子俱闻正法。赞曰：四相迭起，一生俄度，唯乘大车，能□平路。其一，真相□□，成形应身，忽生莲座，来救□轮。其二，上思因果，下念群生，求离火宅，先知化城。其三，树斯胜善，愍诸含识，共越阎浮，俱□香食。"①

---

① 卓新平、杨富学主编：《中国西北宗教文献·佛教·陕西》卷一，甘肃民族出版社，2012年7月，第402页。

图 2-3-2 董钦造阿弥陀佛像局部，隋开皇四年（584），
铜鎏金

西安博物院藏

主尊阿弥陀佛高肉髻，双目平视，大耳垂至双
肩，眼睛微合，神态慈祥静谧。上身着袒右袈裟，
下着长裙，右手施无畏印，左手施与愿印，结跏
趺坐于莲花座上。尊像面容清瘦，身材颀长，可
见北朝"秀骨清像"的遗风，然袈裟贴体，尽显
身材之劲健，已非"褒衣博带"。

图 2-3-3 董钦造阿弥陀佛像局部，隋开皇四年（584），
铜鎏金

西安博物院藏

胁侍菩萨头戴高宝冠，面容沉静，双目垂视。
体长腰细，上身裸露，颈饰项圈，身佩璎珞，手
挽天衣，下身着长裙，跣足立于莲花座上。尺度
虽小，但宝冠的华丽、头光的繁缛均刻画得一丝
不苟，足见技艺水准之高妙。

257

图 2-3-4　阿弥陀三尊，隋，铜鎏金，高 37.8 厘米
上海博物馆藏

传世的三件阿弥陀佛整铺造像中，这件上海博物馆收藏的最为简洁，但论工艺却毫不逊色。四足长方形床座上承一佛二菩萨、二供养人、二狮。佛尊身着袒右袈裟，结跏趺坐于莲台上。菩萨身体稍侧、向佛而立，左尊持宝珠，右尊拈宝花，皆低眉垂首，神态静穆，周身璎珞宝珠粒粒分明、天衣绕身丝丝如缕。供养人尺度不及主尊二分之一，为一男一女，皆虔诚恭敬。像前蹲狮张口吐舌，样貌恭顺。造像之奇绝精巧与前述隋代造像不相上下，最夺人眼目之处在于透雕的头光和莲座，玲珑剔透，叹为佳作。

图 2-3-5 阿弥陀三尊局部，隋，铜鎏金

隋代造像承自北周、北齐，但又有下启李唐的新颖样式。此尊菩萨像头后有镂空的缠枝纹圆形头光，头戴宝冠，宝冠饰有化佛，高挺华丽。头部较大，面相端严，五官刻画仔细，眉线弯曲细长，眼窝深，眼睑略鼓，竹叶形眼线阴刻表现。鼻翼厚，人中宽，唇线分明，脸颊丰润，神情平和。冠缯垂落双肩，通体遍饰璎珞及垂饰，身躯挺拔劲直，完整地展现出隋代造像的风格特点。

图 2-3-6 释迦多宝二佛并坐像，隋大业二年（606），铜鎏金，通高 37 厘米

河北唐县北伏城村出土，河北博物馆藏

此件释迦多宝二佛并坐像小巧玲珑、形制特别。二佛并坐在浮雕火焰纹的舟形大背光内，造型完全一致，均右手上举施无畏印，左手抚膝盖，结跏趺坐。两尊像后各有阴线刻的头光、身光。二佛并坐的四足高床又榫接在下方更大的另一四足高床底座上，底座边缘六个小孔再插入六尊立像，为胁侍双佛的菩萨、供养人及弟子。

如前文所述，释迦、多宝二佛并坐的造像原本是法华教义的图像表现，源于《妙法莲华经·见宝塔品》，在传播过程中也毫不例外地成了荐亡祈福的对象。此件造像题记："大业二年九月卅日，王罗侯、弟罗文为过往阿爷见在阿嬢敬造多宝像一躯。"表明功德主的造像目的。

图 2-3-7　李休造菩萨三尊像，隋开皇
七年（587），铜，高 14 厘米

藁城县东慈邑村出土，河北正定县文物保管所藏

　　主像菩萨戴宝冠，面相修长，
天衣绕身，双手分别施无畏印和
与愿印，立于覆盆座上，下设高
四足方床。覆盆两侧伸出莲花台
承托二弟子于其上，弟子面相修
长，合掌肃立。胁侍的桃形头光
与主尊的舟形大背光结为一体。
这种造像组合是东魏至北齐的流
行样式，隋代造像延续了前代风
格。造像线条简单，造型稚拙淳
朴，而背光上的线刻倒格外精神、
劲健有力。简洁明快的造像产生
端庄、大方和稳定的美感。

　　高足床上刻铭文："开皇七年
四月十七日佛弟子李休为父母造
像一区（躯）。"

图 2-3-8　张见造观世音菩萨三尊立像，隋仁寿元年（601），铜，高 21.2 厘米

博兴龙华寺遗址窖藏出土，博兴县博物馆藏

　　三尊菩萨像均铸于舟形背光上，主尊头戴高宝冠，脸形丰圆，柳叶弯眉，双目微微上挑，嘴角含笑。上着偏衫，披长巾，下着密褶长裙，腰间束带。右手施无畏印，左手施与愿印，跣足立于覆莲座上。头光上半部排列五尊化佛，均为坐式。化佛外围为透雕火焰纹。中尊菩萨覆莲座再设一圆形底座，两侧伸出莲叶与莲台，承托左、右胁侍。像有题记："仁寿元年九月八日张见为亡考敬造观世音像一躯一切众生咸同斯福。"中尊菩萨冠中并无观世音常见的图像学标志——化佛，在这件造像中，化佛被别出心裁地安置在背光顶部。用于安置三尊像的大型舟形背光也布局精巧，中尊观世音阴刻的圆形背光被六尊飞天环绕，沿背光边缘为一圈连珠纹，最上化佛两侧还装饰卷草纹。一铺三尊式造像自北魏晚期至北齐都有流行，这件造像无论形制还是菩萨样式都带有浓重的北朝印记。

图 2-3-9　观世音菩萨立像，隋，铜鎏金，高 18.5 厘米

1973 年临潼纸李乡通灵寺窖藏出土，西安临潼博物馆藏

　　此尊观世音菩萨像为发髻高束，头戴宝冠。上身
袒露，交叉形璎珞饰于胸前，下着长裙。跣足立于束
腰仰覆莲座之上。此尊造像面庞方正，穿戴富丽，形
躯挺拔，仍见北周风韵，但身量颀长，加之身下的高
台座，尤显高挑，隋代审美取向由此体现。披帛盘肩，
前后交结，扣于腹背，颈饰正中另悬珠穗，垂至纤腰。
手部形态承自早期造像，古朴厚实，身后头光如藤蔓
交织缠绕，并随菩萨下视的目光微微下覆，随身而动
的设计别有意趣。

图 2-3-10　佛坐像，唐，铜鎏金，高
21.5 厘米

临潼纸李乡通灵寺窖藏出土，西安临潼博物馆藏

　　《法华经·序品第一》有言：
"又见诸如来，自然成佛道。身色
如金山，端严甚微妙。如净琉璃
中，内现真金像。世尊在大众，敷
演深法义。"① 以"金山"表达佛陀
身相光明，如日光普照。鎏金即是
用黄金的色泽，诠释如来的金身妙
像，在唐代颇为常见。此佛结跏趺
坐，头顶肉髻高大，面容平静。纤
细的眉毛，高挺的鼻梁，使佛的脸
部轮廓更为明朗清晰。右手施无畏
印，左手抚于左膝膝头。身披双领
下垂袈裟，内着僧祇支，衣纹写
实，自然流畅地表现出织物轻薄柔
软的质地。佛像背后是一透雕缠枝
纹的葫芦形背光，但高大而雄壮的
火焰使整个背光看起来形似莲瓣。
佛像下是一个八角形覆莲莲台，莲
台下是一个高大的壸门床座。由于
年代久远，佛像身体微微前倾，似
在兀自谆谆阐说智慧慈悲之妙法。

① ［姚秦］鸠摩罗什译：《妙法莲华
　　经》，《大正藏》第 9 册，第 4 页。

图 2-3-11　佛坐像，唐，铜鎏金，高 11.5 厘米
1993 年长武镇昭仁村出土，长武县博物馆藏

　　此尊鎏金佛坐像有磨光肉髻，面部饱满圆润，
目光低垂，面带笑意。饰舟形火焰纹镂空背光，
头光部分中空。着双领下垂式袈裟，双手隐于袖
中，结跏趺坐于束腰仰覆莲座上。造像最为吸引
人处在于舟形火焰纹镂空背光，头光部分中空，
巧妙地衬托出佛的头部，突出了佛的形象。唐代
造像较之前代，渐趋饱满丰盈。佛尊依然合乎法
度的姿态和背光台座保留了出世的超然和神圣，
看似自然流露的微笑又增添了入世的亲和与情怀。

图 2-3-12　药师佛立像，唐，铜鎏金，高 17 厘米
陕西历史博物馆藏

　　此尊药师佛立像跣足立于有三层台基的覆莲
莲台上，着通肩袈裟，右手施无畏印，左手托药
钵。药师佛长方面形，高肉髻，表情静穆。袈裟
轻薄贴体，凸显出佛像匀称健硕的身材，其造像
风格仍见北周余韵。

-16 观世音菩萨立像，唐，铜鎏金，高 18 厘米

吉祥村出土，陕西历史博物馆藏。

萨头戴宝冠，正中饰化佛，缯带由两侧垂下及肩。菩萨左手持净瓶，
举持杨柳枝，上身袒露，戴项圈，下身着长裙，立于莲座上。此尊菩
上尊有舟形头光的菩萨，身体更见丰腴，更具唐代特色。此观世音身
空葫芦形大背光，卷草缠枝，雕刻繁复华美，其背光边缘并非常见的
而是卷草纹，足下莲座由从八角壸门台座上伸出的莲枝支撑。莲颈两
展的类似卷草的枝蔓，与背光遥相呼应。造像以桃形头光、发髻、双
茎为中轴呈对称布局，呈现端庄典雅之美。唯腰腹部轻扭，不仅彰显
态的悠扬柔美，还因对称之中的一丝变数，不至呆板，更显灵动。

图 2-3-17　观世音菩萨立像，唐，铜鎏金，
高 8.5 厘米

临潼纸李乡通灵寺窖藏出土，西安临潼博物馆藏

此尊观世音菩萨面庞圆润，小巧精
致秀美，头戴三叶宝冠，冠侧缯带垂落及
肩，头后桃形火焰头光。胸前佩戴项饰，
袒上身，一手举杨枝，一手提净瓶，下身
着裙，腰肢轻扭，天衣随身体自然散下沿
仰覆莲束腰台座下落。造型整体飘逸流
畅，具流动柔润之美。

图 2-3-18　观世音菩萨坐像，唐，铜鎏金，高 21 厘米

1973 年临潼纸李乡通灵寺窖藏出土，西安临潼博物馆藏

　　此尊观世音菩萨发髻高耸，上饰宝冠。面庞丰圆，双目轻合，用无限悲悯的神情注视着人间，面容典雅而含蓄。菩萨袒上身，璎珞一圈绕肩，一圈由右肩膀斜下环绕盘曲的左膝，左手上举持莲蕾，右手抚膝，结半跏趺坐于带莲茎的莲台之上，莲茎插于带有壸门的方形床座上。其身后插饰葫芦形镂空缠枝纹背光。造像体态端庄和谐，衣纹婆娑轻盈流动，整体颇富韵律感。

图 2-3-20　观世音菩萨坐像，唐，铜鎏金，高 22.8 厘米

长武镇昭仁村出土，长武县博物馆藏

　　此尊半跏趺坐观世音造像亦别具匠心。菩萨发髻高挽，头戴宝冠，面形丰圆，长眉入鬓，双目修长。菩萨体型丰腴健硕，坐于莲台之上，裙摆覆盖住整个莲座。菩萨身体右倾，似在向下探视，身后的莲瓣形背光大部分残缺。座下莲茎直插入下面一朵半开的莲花中，莲茎的两侧对称生出一束茎蔓，中有莲叶、莲花及莲蓬，尤其是莲蓬上各有一个化生童子。半开的莲座下是一阶梯状的四层基座，基座下是六边形高足壶门床座。整个造像自菩萨像以下设计烦琐精巧，层层堆垒，花样翻新，只为托出最上端的菩萨。

　　化生童子像与净土思想有关，如造像中童子从半开的莲苞中探身的图像，常见于唐代流行的西方净土变。莲花化生童子不经父精母血的爱染所著，造像中观世音菩萨、莲花以及化生童子皆为清净不染的表征，为世人展示了一个极乐清净的佛国净土。

图 2-3-13 一佛二菩萨像及局部，唐，铜鎏金，高 24.8 厘米

镇原县新集乡唐原村出土，镇原县博物馆藏

　　一佛二菩萨造像，中为阿弥陀佛，左为观世音菩萨，右为大势至菩萨，合称"西方三圣"。佛像头顶高磨光肉髻，面相方圆，眉眼细长，头后有镂空火焰纹背光。身着袒右式袈裟，右手上举，左手抚膝，结跏趺坐在莲台之上，柔软的衣摆将整个莲台覆盖。两侧胁侍菩萨头戴宝冠，上身袒露，下着长裙，也由台座伸出的莲枝承托。左侧观世音菩萨左手提净瓶，右手持杨枝，右侧菩萨同左侧像对称排布。

　　一佛二菩萨造像整体布局和谐自然，呈现出唐代常见的丰满华贵风貌。特别之处在于佛背光顶部直冲而下的飞天和佛座前的两个人物形象。由壶门床座上多个孔洞可知，原物上应该造像众多，留存至今的两位人物其一为迦陵频迦，其二为孔武有力的力士。人头鸟身的迦陵频迦在唐代石窟、壁画、建筑乃至墓葬中时常出现，这位歌声美妙的神祇，为净土世界增添了形色之外的全方位美的享受。

图 2-3-14　观世音菩萨立像，唐永徽五年（654），铜鎏金，高22厘米

　　此尊造像为菩萨三尊式组合造像，主尊观世音菩萨持杨枝提净瓶，身体呈S形立姿，身侧有二胁侍菩萨，但右侧菩萨已经遗失。胁侍菩萨为桃形头光。主尊的头光为一净素的圆环。有趣的是头光正上方还有一尊与主尊形式基本相同的菩萨立像，只不过为通身背光。整尊造像形式简单，没有过多的繁缛装饰，简洁凝练。

　　环形头光背后刻"永徽五年"等铭文。

图 2-3-15　观世音菩萨立像，唐，铜鎏金，高8.5厘米

　　此尊观世音菩萨立像为通体鎏金，身后设舟形火焰头光，头光正中为圆形，完全镂空无纹饰，外层火焰纹，线条繁复流畅。尊像头戴宝冠，正中饰化佛，其神情静穆，形貌略显清瘦，直立的身姿微微扭动呈S形，右手上扬持杨枝，左手下垂提净瓶。菩萨跣足踏仰覆莲花莲台。整尊造像给人以修长颀高之感，似柔柳随风轻摆，但又戛然而止，风格上较多延续了隋代单体菩萨造像的特征。

图 2-3-19 观世音菩萨坐像，
唐，铜鎏金，高 16.2 厘米

1974 年西安市新城区出土，西安博物院藏

此尊观世音菩萨像头戴
宝瓶形宝冠，脸庞圆润，颈
部粗短。上身袒露，左手提
净瓶搭于膝上，右手上扬持
杨柳。下身着长裙，半跏趺
坐于莲座上，莲座之下还有
三层基座承托。高大的台座
为展现菩萨的缯带、天衣和
衣边提供了充足的空间，缯
带束发之后从双耳沿躯干下
垂至膝处，环绕两臂的天
衣凌空落下，尾似树叶飘
浮。仔细观察还可发现，菩
萨纤细的腰部与壮实的身躯
不太协调，但与莲座的束腰
部分几乎等宽，菩萨和莲座
的"腰肢"将造像自上而下
分为三等分，这显然是精心
设计的结果。在美术发展史
上，比例是非常重要的因
素，古希腊的建筑及雕刻中
适当的比例等同于美，中国
古代工匠也深谙此道。

图 2-3-21　十一面观世音，唐，铜，高 27 厘米
北京新街口豁口西城墙元代遗址出土，首都博物馆藏

　　十一面观世音是密教思想出现后各种变化观世音像信仰中，最早开始流行的。此尊观世音像并无明确纪年，但武则天时期单尊十一面观世音造像才开始大量出现，此像也应不早于这个时间。十一面观世音立于仰覆莲台上，莲台下有八角底座。菩萨头上垒人头为冠，正中为一佛立像，颇精巧。除却头部外，与唐代常见的菩萨造像差别不大，尊像右手上举执物已失，左手自然下垂，袒上身，披天衣，戴项饰，身材略显修长，细腰，穿长裙，赤足，天衣轻盈。整体造型挺拔俊巧，高贵凝重，带有几分神秘感。

　　经典中对十一面观世音的形象已有规定，天竺三藏耶舍崛译《佛说十一面观世音神咒经》载："（观音）身长一尺三寸作十一头。当前三面作菩萨面。左厢三面作瞋面。右厢三面似菩萨面白牙上出。后有一面作大笑面。顶上一面作佛面。"[1] 此尊观世音的头顶上出现十面，由下而上共三层，各为五、四、一面，可大致辨识十面并未有不同，应皆为菩萨面，是 7—8 世纪十一面观世音像的普遍特征。

―――――――
① ［北周］天竺三藏耶舍崛多译：《佛说十一面观世音神咒经》，《大正藏》第 20 册，第 150 页。

269

图 2-3-22　十一面六臂观世音像，唐，铜鎏金，高 81
厘米

甘肃天水市博物馆藏

　　十一面六臂观世音铜像为甘肃天水水月寺旧
藏，在 20 世纪 70 年代由寺院大殿墙角挖出。这
件观世音的十一面遵循经典分布，现仅存十面，
最下正后方榫接菩萨面丢失。四层按照 4、4、2、
1 分布，慈悲相或嗔相因磨损辨识不清，但最顶端
佛面清晰。菩萨六臂从身体两侧对称排列，中二
手于胸前合十，其余各手均有持物。观世音主面
慈眉善目，身披天衣，挂璎珞，下身着裙。身躯
丰满平直，具有菩萨的庄严法相。

　　此尊造像对经典法度的严格遵循与唐代陇右
地区的十一面观世音信仰有着内在联系。十一面
观世音信仰作为唐代汉传佛教密宗观世音信仰的
内容之一，本就受到众人的欢迎和认可。而开元
三大士之一——不空的西行，可能对这一地区的
密宗观世音信仰再次深化。《高僧传》记载："（天
宝）十二载敕令赴河陇。节度使哥舒翰所请。十
三载至武威住开元寺。节度使泊宾从皆愿受灌
顶。士庶数千人咸登道场。"[1]不空旧时丝路古道
西行河陇，自东都洛阳至长安，沿关陇大道翻关
山，经天水至河湟地区。这尊法式完备、技艺精
湛的十一面观世音像便是不空密法浸润陇右土地
的果实。

————————————

[1] ［宋］赞宁：《宋高僧传》卷一，《大正藏》第 50 册，
第 712 页。

图 2-3-23 十一面六臂观世音像正面局部，唐，铜鎏金

甘肃天水市博物馆藏

该尊造像的头像共分四层排列。第一层中央为主面，其左右耳际各有一面，共三面。第二层共四面。在第二层和第三层之间是主面宝冠中的阿弥陀佛结跏趺坐像，此尊应不在十一面之列。第四层有二面。第五层有一面。前三面作慈悲相，左边三面作嗔怒相，右边三面作白牙上出相。

图 2-3-24　倚坐佛，唐，铁，佛高 180 厘米
西安博物院藏

图 2-3-25　倚坐佛局部，唐，铁
西安博物院藏

　　此尊铁佛为倚坐式，右手上举，左手抚膝，双腿下垂踩在两朵脚莲上。佛像头后是镂空的火焰纹头光。在佛像身上可以看到一道道铸痕，这是分体浇铸所留下的痕迹。虽为铁铸，但人体血肉之躯的质感很强，外披袈裟，铺散在佛座前，柔软轻薄的质地也表现得淋漓尽致。匀称的比例和沉稳端庄的仪态、雄浑的气魄，彰显出唐帝国特有的大气磅礴的精神风貌。

　　佛面方圆、饱满，螺发，肉髻较为高大，眉间有白毫相光。佛内着僧祇支，紧紧地贴在身上，腰间系带。佛像双目微睁，似是在凝视远方，目光深邃，神情淡远、庄肃。

图 2-3-26　佛立像，668—901 年，铜鎏金，高 28 厘米

宁波天封塔地宫出土，宁波博物馆藏

　　此佛像螺发，顶有髻珠，面庞丰腴，双目轻阖，神态静谧祥和。身着通肩袈裟，右手上举施无畏印，左手平端于腰际。其袈裟贴体，体现出佛像健硕的身躯。其身后背光略呈菱形，有两枚铆钉与佛像连接，制作采用镂空手法，外缘火焰纹，内为卷草纹，在背光的内缘还镶嵌珍珠，烘托出整尊造像的典雅华贵。此像具有初盛唐时期典型的造像特征，但铸造方式却与唐有别。此像为朝鲜半岛新罗统一时期造像，时间约在 750 年前后，其在宁波天封塔地宫出土，这与唐宋时期朝鲜半岛与中国佛教文化的频繁交往，以及明州港的兴盛相关。

第四节

空灵逸动·五代两宋辽金铜造像

安史之乱后，以慧能为代表的佛教禅宗迅速崛起，由于该宗派否定造像塑佛，且中原铜料日益紧缺，故自中唐至唐末，金铜造像日渐衰落。及至唐末五代时期，中原板荡，连年战乱几乎摧毁了中原地区佛教经济，此时金铜造像在艺术性上明显出现滑坡。如西安博物院藏唐末五代的一批金铜造像（见图2-4-1），其虽继承了唐代金铜造像的诸多元素，但身体比例、衣纹刻画等方面则呈现出拘谨、整肃的时代特征。

相较高烈度战争频发的中原地区，长江流域诸国较为和平稳定，导致大量北方匠人南逃至江南避祸，这使得五代时期南方金铜造像较好地继承了唐代的技艺（见图2-4-2）。其中尤其以统治吴越地区的钱氏政权对佛教最为尊崇，开国君主钱镠在其国境内广造寺塔僧院，第五位国主钱（弘）俶更是铸造"八万四千"金涂塔遍藏国中各寺院浮屠之中。贵族推动的礼佛活动诞生了一大批富有江南特色的吴越金铜造像，吴越国造像以表达净土信仰的西方三圣像为主体，湖州飞英塔出土的西方三圣像可为其代表（见图2-4-3、图2-4-4）。吴越国的佛尊造像具唐代的丰腴厚重、健壮雄浑之气，但在背光衣袍等细节的刻画上更为灵秀（见图2-4-5至2-4-6），对菩萨的塑造更加女性化、世俗化，也更为清丽柔婉（见图2-4-7至2-4-9）。吴越国制作的地藏菩萨像，借鉴了水月观世音的背光形式特征，使地藏像愈显空灵（见图2-4-10）。吴越国地处东南，东临大海，与周边国家的海上贸易和文化往来频繁，金华万佛寺出土的一件观世音立像颇具异域风情（见图2-4-11）。

北宋时期由于铜料缺乏，以至影响铸钱，故而大规模实行铜禁政策，金铜造像逐渐消弭。江南钱氏在纳土归宋后亦尊铜禁法停止铸造金铜佛像，以石刻、木雕、彩塑代替。现存的少数北宋金铜造像写实主义较为浓厚，多面形圆润，神态宁静祥和，身姿肌肉松弛，刻画线条柔软，气韵内敛，不再强调宗教的神圣气质（见图 2-4-12）。

相较北宋，同一时期北方契丹族建立的辽王朝在金铜造像艺术上发展出诸多符合其民族审美特征的金铜造像。该国自上而下皆崇敬释教，辽代塔寺的营建活动盛行，从通都大邑到穷乡僻壤，寺院星罗棋布，塔庙相望。大规模的礼佛活动促进了佛教艺术的发展。在辽塔的地宫和天宫中出土了不少辽代造像，如河北蔚县南安寺塔地宫出土造像（见图 2-4-13 至 2-4-15），辽宁朝阳北塔天宫出土舍利塔、经塔上錾刻的佛菩萨像（见图 2-4-16、图 2-4-17）等，可窥见辽代金铜造像之一斑。辽代金铜造像，受唐代造像美学影响之余，佛像整体肌肉身姿更显健美，菩萨所着璎珞珠宝繁复异常，具有明显的游牧民族尚武、喜金饰的审美特质。尽管此时中原金铜造像已然衰落，但此类材质的造像艺术在辽国仍旧具有一定活力，艺匠灵活地转变、取舍造像特质以迎合尊像受众的审美需求。

图 2-4-1　大势至菩萨立像，唐末至五代，高 19 厘米

1976 年西安市新城区出土，西安博物院藏

　　此尊大势至菩萨立像头戴宝冠，束高发髻，面部丰满，细眉长目，宽颈，颈部饰项圈。上身披天衣，衣袖呈尖角状外撇，腰间系带，飘带滑落至足部，下着长裙。左手下垂似施与愿印，右手施无畏印，跣足立于圆板之上，想来其下应有台座，惜已遗失。其身后设莲瓣状镂空缠枝纹背光。

　　这尊大势至菩萨的身姿敦厚，似乎两颊来自盛唐的丰腴之态尚未退去，但衣着已然趋于内敛，较气势雄浑、恣肆写意的唐代金铜造像已相去甚远。该尊像在身体线条的刻画上技法流畅，将菩萨恬淡温厚的神态把握得十分到位，这或许迎合了彼时饱经战乱的"乱离人"向往和平的内心需求。此时人们已不再关注飘摇欲仙的神明，仅仅祈祷和平稳定的现世，造像美学受世俗审美情趣的影响于此可见一斑。

图2-4-2　佛立像，五代十国，铜鎏金，高44厘米
武昌区小洪山无影塔出土，武汉博物馆藏

　　佛像肉髻低平，面相丰满，长眉，凤目，高鼻，小口，眉清目秀，慈祥和蔼。着双领下垂式佛衣，佛衣右边搭于左臂，衣袖宽大，衣纹呈U形下垂，跣足立于莲座上。佛像背后插饰镂空身光。

　　释迦佛身姿颀长，比例适宜，是五代十国时期优秀的金铜造像作品，其仅以寥寥数笔刻画出贴体衣袍的柔软观感，用刀圆润已臻化境。该尊像在风格上仍旧继承了唐代造像的遗风，整体流露出厚重豁达、健壮雄浑的力量感。

大势至菩萨

阿弥陀佛

观世音菩萨

图 2-4-3　西方三圣像，五代吴越国，铜，大势至菩萨高 32.4 厘米，阿弥陀佛高 28 厘米，观世音菩萨高 32.4 厘米

湖州飞英塔出土，湖州市博物馆藏

　　此西方三圣像是为一组，出土于湖州飞英塔。三像中主尊为阿弥陀佛，着袒右袈裟，双手持于身前，双跏趺坐端坐于莲台之上，莲台下的底座已失。旁边两侧大势至菩萨与观世音菩萨造像完全相同，只是二菩萨双手的姿态以镜像对称的方式呈现。二菩萨也是双跏趺坐于莲台上，莲台下为鼓形束腰，其下为八角形雕有覆莲图案的基座。此三像为一整体，故而在造像的整体设计上格外讲究，例如菩萨有宝冠璎珞严身，故而身上衣纹简净，而佛像的衣纹则相对稠密，刻画颇为细心，这在视觉上突出了佛的中心地位。三尊像面部丰润，五官小巧，细眉修目，面带愉悦之色，表情刻画细腻，望之亲切。

　　与此三像同时出土的还有吴越王钱（弘）俶生母吴汉月布施的一件装在螺钿漆函内的《妙法莲花经》，其外底题记："吴越国顺德王太后吴氏，谨拾（舍）宝装经函肆只，入天台山广福金文院转轮经藏永充供养，时辛亥广顺元年（951）十月日题记。"由此可知此西方三圣像与吴越国王太后的布施相关，可视为吴越国造像的代表之作。

图 2-4-4　大势至与观世音菩萨像局部，五代吴越国，铜

湖州飞英塔出土，湖州市博物馆藏

　　两尊菩萨俨然一个模子刻出，神情姿态均相同，唯一区别二者身份的便是头冠上的宝瓶和佛像。宝冠两侧为羽翅形象，这显然还带有波斯文化的印记，这种样式在隋代的菩萨头冠上亦可见到。这两尊菩萨像铸造得简洁而精致，手部表现灵活、精巧。面部浑圆，下巴微尖，双目微闭，口角含笑，神态怡然自得，十分可爱，见者身心愉悦，乐而忘忧。

图 2-4-5　佛坐像，五代吴越国，铜鎏金，高 19.5 厘米

1957 年金华万佛塔地宫出土，浙江省博物馆藏

　　佛像肉髻低平，螺发多呈网格形，面部丰圆且短。佛着袒右式佛衣，衣褶疏密得宜，折痕深而变化自然，双手结禅定印，结跏趺坐端坐于束腰仰覆莲台上，身后背光整体呈莲瓣形，以镂空手法制作，饰火焰纹。

　　唐末五代时期中国陷入了百余年的动荡，佛教造像艺术在此时大幅度衰颓，唯有钱镠于东南一隅建立的吴越国保持了长期的和平，其国境内佛法昌隆，钱氏一族更是几奉其为国教，于境内造经幢、佛像、寺院不计其数，可称东南佛国。这尊出土于该国境内万佛塔地宫的铜佛造像便是吴越造像较为标准的一件，佛像敦厚，胸肌隆起，上身长而下身短，面部呈"国"字形。可见由于经受战乱较少，吴越国佛像明显更完整地继承了中晚唐时期丰满圆润、衣纹简洁流畅的审美风尚。

图 2-4-6　龙柱佛坐像及局部，五代吴越国，铜鎏金，高 68 厘米

2001 年杭州雷峰塔地宫出土，浙江省博物馆藏

　　此龙柱佛坐像通体鎏金，头部微向前倾，高肉髻，螺发。面相方圆，眉目修长，双目微睁，眉间有白毫，双耳垂肩，颈部饰三道蚕节纹。身穿双领下垂式袈裟，下摆披覆莲座上，内着僧祇支，帛带于胸前横系打结。左手抚膝，右手结说法印，结跏趺坐于双层莲座包围的莲台上，莲瓣饱满宽阔。莲座下有盘龙柱及镂空壶门双层须弥座及壶门方床。盘龙绕柱而上，托举莲花座，柱嵌插在须弥座上。方床前部两端各有插孔，原插件已无。佛像背后是镂空火焰纹大背光，火焰纹造型犀利，极具立体感，头光为圆轮状，身两侧镂空。

　　这尊造像体量较大，是吴越国时期的顶级艺术作品，从雕刻细节上看，对火焰纹、衣褶的刻画清秀婉约，在继承唐风健壮雄浑的基础上已融入了很多江南审美。它最为唯美精妙的便是其下部三层结构灵巧、复杂至极的莲座形式。通过清理，可知其在下部大底座平面左右角均有榫孔。按唐代金铜群像的规制，该尊像新成之时应是佛尊高搭法台讲经于龙柱之上，金刚力士、弟子、诸菩萨自下环侍其间，一座小型立体化的佛国场景栩栩展现，可谓壮观。

图 2-4-7　十一面观世音菩萨立像，五代吴越国，铜鎏金，高 23.5 厘米

1956 年苏州虎丘云岩寺塔出土，苏州博物馆藏

此尊十一面观世音菩萨立像头戴宝冠，颈佩项圈，胸前饰璎珞，腕上佩腕钏。菩萨面相圆润，微微颔首。上身着僧祇支，披天衣，下身着贴体长裙，腰间系带，左手下垂持净瓶，右手上扬持杨柳枝，跣足立于束腰仰覆莲座之上。身体在腰部略弯曲，姿态呈 S 形，突出表现出女性妩媚柔美的特征。

该造像制作技艺工细，利用多种元素集中突出菩萨女性化的一面，其中上扬的右手和下垂的左手于略弯的腰部形成一个稳定的视觉中心，令人观之并无失重之感，反觉菩萨轻灵跳脱，有种少女般的活泼灵动。

图 2-4-8　观世音菩萨立像，五代吴越国，铜鎏金，高 28.5 厘米

1957 年金华万佛塔地宫出土，浙江省博物馆藏

　　此尊观世音菩萨立像头戴宝冠，脸形圆润，弯眉大眼，鼻梁高挺，小嘴，目光下视，眉眼细长。冠带于耳后下垂至双肩，上身袒露，下身着长裙，腰间饰璎珞，斜披腋络。左手持净瓶，右手持杨枝，赤足八字形站姿。身后为葫芦形背光，外缘饰火焰纹。

　　娇柔美丽、典雅庄严的上层女子形象在晚唐五代时期的菩萨造像中大量出现，世俗社会对女性美的理解在进一步影响着佛教美术的发展。这尊观世音立像遍身绫罗，珠翠环绕，细腰婀娜，如果不是身后火焰背光提醒世人其宗教地位，已与俗世宫娥相差无几。

图 2-4-9　菩萨立像，五代吴越国，铜鎏金，高 20 厘米

金华万佛寺地宫出土，浙江省博物馆藏

菩萨发髻高绾，面部丰圆，长眉细目，满面春风含笑，立姿呈 S 形，一手上扬，一手自然下垂提天衣，天衣随菩萨身体的动态而自然飘舞，整体姿态极为灵动优美。背后再衬以葫芦形镂空缠枝及牡丹花纹的火焰背光，更显得繁花似锦，生意盎然。

图 2-4-10 地藏菩萨坐像，五代吴越国，铜，高 45.2 厘米

金华万佛塔地宫出土，浙江省博物馆藏

　　此地藏菩萨所示现的形象为比丘相。地藏菩萨呈方面，双目低垂，表情略带几分严肃。右手抬起，手中原应持有锡杖，左手置于膝头托宝珠。菩萨正身端坐于高台座上，右腿盘于身前，左腿自然下垂，脚踏一朵莲花。其身后为一硕大的桃形背光，外饰火焰纹，内中空为一圆环。此背光形式借于水月观音之形式，使整尊造像更显空灵静谧。其身后圆形背光简约洗练，虽不饰过多纹饰，但仅凭上部向上蒸腾之火焰便将整体的宁静感打破，十分巧妙。这尊地藏菩萨像完美符合了佛教中对"圆融"的美学追求，无论是背后犀利锋锐之流动的火焰外圆，抑或是自在坐形成的静态之内圆，均带给观者视觉上极强的圆润之感，可谓同时兼顾了宗教和美学的双重需求。

图 2-4-11　菩萨立像，五代吴越国，铜鎏金，高 23.2 厘米
金华万佛寺地宫出土，浙江省博物馆藏

　　此尊菩萨立像造型格外别致，与吴越国其他造像风格明显不同。此菩萨身姿纤长窈窕，微微向左扭动，右手提净瓶，左手持物已失。身后的背光为镂空形式，但整个背光的造型与中原样式颇不相同，应是受到外来因素的影响，甚或就是一件域外之作，别有一番凌厉的气势，审美趣味迥异于中土的温厚敦和。

图 2-4-12　菩萨坐像，宋，铜鎏金，尺寸不详

　　宋代是佛教艺术进一步为世俗所影响
的时期。这尊菩萨像在继承了唐末佛像特
点的基础上，面容神色刻画多了几分朴拙
的长者之韵。相较唐代突出丰腴的特征，
此时在菩萨的面部更注意强调方正平和
感：额头变短，五官在面部占据的比例变
大，嘴角的笑意被掩盖至几乎消失。宋代
迥异于唐代，由外反内的社会美学趋向在
造像中亦开始有所体现。

图 2-4-13 金座金背光银佛坐像，辽，金、银，高 12 厘米
蔚县南安寺塔地宫出土，蔚县博物馆藏

佛像整体由于银质氧化缘故呈现出古铜色，螺发细密，微微颔首。着双领下垂式佛衣，结跏趺坐坐于仰莲收腰莲台上，莲瓣饱满，作盛开状。此尊佛像最为抢眼的是佛像身后的金质背光，背光内为葫芦形镂空身光和头光，外为镂空花纹，似云烟缭绕，刻画圆润、细腻、精湛。

"辽以释废"，用以说明契丹族统治北方时期对佛教崇信达到了一个新的高度。而其佛教造像艺术上承唐代遗韵，在融合了草原民族审美后形成了独特的造像美学体系。该尊佛像面部饱满，上身结构准确，胸肌宽厚壮硕，朔漠雄健之气在塑匠手中得以完美展现。

图 2-4-14　菩萨坐像，辽，铜鎏金，高 7.2 厘米
河北蔚县南安寺塔地宫出土，蔚县博物馆藏

此菩萨坐像姿态为半跏趺坐，身后为硕大的葫芦形火焰背光，背光与身体相重合的部分中空，亦呈葫芦形，勾勒出菩萨的外轮廓。菩萨广额丰颐，二目微张，神态肃穆，颈配珠饰，双手于胸前合十。此菩萨像体态健硕，宽阔的肩膀、饱满的双颊均体现出来自草原的契丹审美偏好。

图 2-4-15　七佛像，辽，铜，高 19.3 厘米
河北蔚县南安寺塔地宫出土，蔚县博物馆藏

此组佛像由上三下四七佛组成，且铸于镂空舟形背光中。七尊立佛造型各异，但都着双领下垂式佛衣，双手合十，腰部整体向右侧扭动，跣足立于莲座之上，颇具韵律感。七佛崇拜一度盛行于辽代，被认为持颂陀罗尼七佛经文即可见佛国世界。义县奉国寺、应县佛宫寺的辽代建筑中均主供七佛。皇室建设托体山阿之巨像，民间便有迎合社会需求产生的微观偶像。蔚县南安寺塔的这件七佛像极尽俭朴却不失民间活泼之气，比之庄肃大佛更具生动韵味。

图 2-4-16　舍利塔（容器），辽，金，高 11 厘米
辽宁朝阳北塔天宫出土，朝阳市北塔博物馆藏

　　舍利塔基座有三层，呈阶梯状层层收分，
侧面还刻有半叶花纹。基座上为莲瓣台座，上
面承托着带有勾栏栏板的四角攒尖式方形小
塔。在舍利塔的屋脊和屋檐上饰有成串的珍珠
流苏珠饰，四角从檐角垂下。在方形塔身的四
面，每面錾刻一尊坐佛，坐佛图像犹如一个适
合纹样正好填满小塔的壁面，其线条干净利
索，绝无冗滞之感，方寸之间，面部五官与
手的表现均非常准确、细腻。整座小塔造型别
致，精美、华丽。

图 2-4-17　金银经塔第一重，辽，金，残高 39 厘米

辽宁朝阳北塔天宫出土，朝阳市北塔博物馆藏

　　此金银经塔有四重，此为第一重，其上錾刻大日如来与八大灵塔。大日如来双跏趺坐，双手当胸结智拳印，面庞方圆，神情静穆，身光与头光为简净的同心圆，上下相叠。整尊像线条柔婉细腻，但不失劲利之势，犹如春蚕吐丝绵绵不绝，缯带飘舞满壁风动。佛头上的宝冠装饰繁缛华丽，且衣纹稠密，与素净的背光形成繁简对比。

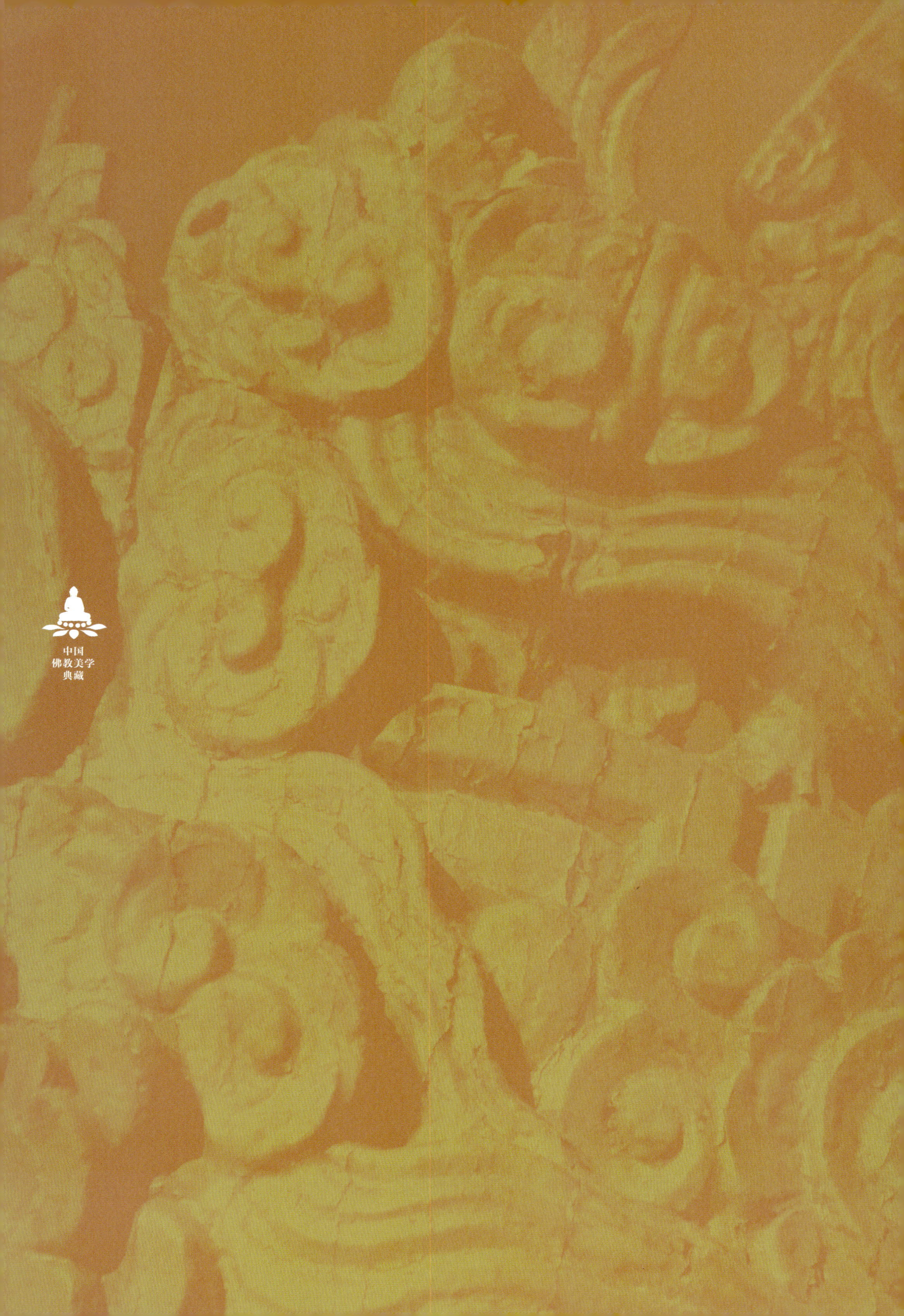
中国
佛教美学
典藏

第 三 章

漆木陶瓷等造像

引 言

中国佛教造像的材质多样，除了石刻、金铜造像外，还有木雕、泥塑、夹纻，以及陶瓷等材质的造像。石刻造像一般多见于石窟寺内，当然地面寺院也不乏石刻，如第一章所述及的西安出土的五尊北周大型石佛造像，以及曲阳修德寺、青州龙兴寺窖藏等地出土的石造像就多属于地面寺院。但隋以前除石窟寺外，地面寺院几乎荡然无存，唐以后地面寺院更多见的还是木雕、泥塑，以及一些属于漆器工艺的夹纻造像。由于中国古建多属木构建筑，再加上年代久远，很多地面寺庙坍塌、损毁，更兼有人为偷盗等种种原因，所以很多原本属于寺庙的造像不得不移入博物馆中保存。中国各大博物馆乃至民间和私人博物馆都保存有不少古代造像，就整体而言，博物馆中收藏的木雕造像总体数量要少于石、金铜等其他材质的造像。这可能是因为木质材料比较容易损坏、腐朽，其面临的人为和自然双重破坏的情势都比较严峻。中国的博物馆中所藏木雕造像的特点是比较零散，各个时代均有，其中有的造像仅存局部。国外的博物馆中也存有大量中国的佛教造像文物，且多精品，像唐代的木雕造像精品就多存于国外博物馆中。这些文物的大量流失与中国清末、民国时期动荡的社会历史背景密切相关。

中国的木雕技艺历史久远，至今已有七千多年的历史，"七千多年前的浙江余姚河姆渡已有木雕作品"[1]，约在先秦两汉时期木雕技艺已渐成熟，对于人物形象的雕刻而言，从汉代墓葬出土的木雕人俑上可见当时木雕技艺之一斑。魏晋南北朝时期

---

[1] 储凯锋：《传统木雕工艺中的技与艺》，《山东农业工程学院学报》，2019 年第 7 期，第 165 页。

随着佛教的广泛传播，佛像木雕也随之出现，但由于木质不易保存，中原地区的木雕佛教造像极少保存下来。但在新疆地区，由于干燥的气候条件，有些数百年前的木雕造像得以保存至今，如出土于克孜尔石窟孔雀洞、时间约为5—6世纪的木雕佛像。尽管新疆在自然环境等诸多方面与中原地域有异，但可以借此得见那个时代木雕佛教造像艺术的概貌。时至唐代，木雕佛教造像艺术已十分成熟。唐代的木雕佛像浑融大气，尽管也追求细节的高度写实还原，但不过多修饰，以简练概括为主。宋代的木雕工艺技巧臻于完美，是中国木雕佛教造像艺术的巅峰。在雕刻工艺方面，技艺更加娴熟，无论是人体形态还是衣饰的凹凸变化，都是造型比例精当，刻画婉转细腻、错落有致。宋代木雕佛教造像风格延续唐代，容貌圆润秀美，体态丰腴身体比例修长。与唐代严谨的宗教气质不同，宋代佛教造像更具人间烟火气息，尤其是菩萨造像，更具女性特征，气质温婉、秀丽可人，在宋代佛教造像艺术中独放异彩。两宋的木雕造像艺术也影响到同时期的辽金，但辽金造像更多了一份草原民族的粗犷。两宋木雕艺术的影响直至明清。

夹纻佛像就工艺而言属于漆器类，其工艺源头可追溯至两汉的漆器。夹纻佛像保存至今的数量并不多，其特点是质量轻便于移动，但外观看上去却与木雕泥塑无异，古时多用于佛教行像的宗教仪式中。唐、元、明、清均有夹纻佛像传世。至于陶瓷造像在地面寺院的殿堂内则更为少见，像辽代三彩大罗汉那类的形体较大的十分罕见。明清以后陶瓷造像渐多，但也不是置于大殿中的主尊或胁侍护法之类，更多属于小空间或私人信仰空间使用，有的则成为一种案玩清供，其艺术性远超宗教性。最典型的便是明清时期德化窑制作的佛教人物造像，其题材以各类观世音像及达摩像为主，著名的匠师有何朝宗等。在南北朝造像中，常有"玉像"之称，多指以汉白玉石所雕刻的佛像，这在河北曲阳修德寺出土的大量汉白玉造像的题记上常可以看到。玉在中国传统文化中占有重要地位，而德化窑制作的观世音等像质地白皙细腻，光洁莹润，温婉似玉，深受文人士大夫的青睐，而德化窑观世音造像审美趣味的形成也与文人蕴藉、典雅的审美风尚密切相关。

第一节 ❀

华藏宝相：国内博物馆藏木雕造像

博物馆中的木雕造像多数是单体形式，很少成组出现。脱离了寺院的木雕造像已无法得知其原本的位置状态、组合关系，从而损失了大量的信息，增加了研究难度，但作为一件独立的雕刻作品，仍有着很大的艺术价值。目前保存下来的木雕造像多是唐代以后的，除了流失海外的木雕造像，国内比较集中保存木雕造像的博物馆主要有中国国家博物馆、故宫博物院，以及各地方或公或私的博物馆中。博物馆给我们提供的木雕造像信息往往是碎片化的，由于缺乏造像的具体信息，我们也只能将博物馆中的木雕佛教造像放在大的时代背景中去观察。中国国内博物馆所藏木雕造像以宋辽及以后的居多，唐代相对较少，亦有一些唐代木雕精品流失海外。尽管唐代木雕造像也强调写实，但到了宋代，其造像的写实水平又达到了一个新的高度。中国国家博物馆佛造像展厅藏有一件宋代菩萨头像，此头像体量硕大，可以想见当年完整的造像应是气势撼人。菩萨头戴前高后低的桶状宝冠，雕刻十分精致，外层贴金，想来若是真实的宝冠，当为一顶金冠（见图 3-1-1 至 3-1-2）。故宫博物院藏有一尊木雕自在观世音菩萨像（见图 3-1-3、图 3-1-4），其坐姿与中国国家博物馆藏菩萨略有差异，自在观世音的双足处于同一平面上，一腿盘于身前，一腿竖起，右手自然搭于右膝之上，宛如席地而坐。西尊木雕菩萨不论哪种坐姿都不是中规中矩的跏趺坐，完全是一种身心自在的散淡状态，这类坐姿的菩萨在宋以后颇为流行。

约在五代两宋时期，在北方先后有辽、金两个游牧民族政权与中原政权并存。辽、金两个政权的统治者也都崇信佛教，国内佛教盛行，寺塔林立。辽、金两朝均刊刻大藏经，这便是著名的《契丹藏》和《赵城金藏》。就其佛教造像艺术而言，辽代造像受唐风影响更重，而金朝则来自宋代的影响更多。山西博物院和故宫博物院均藏有辽代木雕造像，一个为辽天庆二年（1112）观世音菩萨立像（见图3-1-5），一个为菩萨立像（见图3-1-6），二者虽均为辽代之作，但具体的处理手法和艺术表现不尽相同。山西博物院藏辽天庆二年的造像挺拔秀丽，线条均直，艺术风格已去唐渐远。而故宫博物院所藏辽像则珠圆玉润，依然可见唐代丰腴健硕的审美特色，其衣纹线条更加自然、柔和。1125年辽为金所灭，同是崇奉佛教，同为草原民族，金朝的佛教造像既有对辽的承继，更有来自宋的影响。上海博物馆藏大势至菩萨坐像（见图3-1-7、图3-1-8）、故宫博物院藏菩萨坐像（见图3-1-9），以及大势至菩萨立像（见图3-1-10、图3-1-11）是三尊保存完好的金代木雕造像，体量较大，气势雄浑，具有北方草原民族彪悍刚健的艺术特色。此外，故宫博物院所藏的两件金代菩萨头像，体量也相当巨大（见图3-1-12至3-1-14），可以推想完整的造像当是何等气势撼人，其精湛的雕刻技法、柔和细腻的表现形式乃至风格等都受宋代造像影响甚深。元代之后，藏传佛教金铜造像给予了汉传佛教造像不小的影响，山西省文水县马村征集、现藏于山西博物院的观世音菩萨像（见图3-1-15、图3-1-16），以及故宫博物院藏佛坐像（见图3-1-17、图3-1-18）即为此类造像。文水县马村征集的菩萨像为木雕，跏趺坐姿，衣裙、璎珞等的样式尚与普通汉传菩萨造像差别不大，但菩萨的头冠样式明显具有藏传佛教金铜造像的特征。这种五叶宝冠，中间一叶呈山字形的样式在藏传佛教金铜造像中十分常见。故宫博物院所藏佛坐像则是一件比较少见的夹纻佛像，其披于双肩的袈裟样式、腿部衣纹的处理方式等均与藏传佛教金铜像有着共同之处，但这尊佛像则是更多融入了汉传佛像的审美特征。佛像头部有一圈白色凹痕，说明此像曾戴有宝冠，很可能这是一尊大日如来像。就中国造像史整个历程来看，时至明、清佛教造像已日趋程式化，创造的活力日渐衰退，尽管如此，但这其中也不乏生动、精良的佳作。中国国家博物馆所藏的供养菩萨坐像（见图3-1-19、图3-1-20）和六挈具上的龙子像（见图3-1-21、图3-1-22）可为范例。供养菩萨以人物形象的神韵胜，而龙子像则以匠师精湛的技艺胜。

真正意义上的罗汉艺术肇始于晚唐五代，两宋发展至其高峰。由于罗汉信仰的盛行，在中国宋以后的寺院中多有罗汉塑像，有的专门设置罗汉堂。大约明清以后，十八罗汉几乎成为大雄宝殿的标配。罗汉像的材质多样，有常见的泥塑彩绘、木雕、石刻，也有罗汉艺术前期相对稀少的瓷制罗汉像。一些形体不大的木雕罗汉像，在寺院损毁后或因便于移动有幸得以保存。故宫博物院藏有几件宋代木雕罗汉像（见图 3-1-23、图 3-1-24）及明代木雕罗汉像（见图3-1-25），这些木雕罗汉像神态生动，造型准确，从中不难窥见由宋至明罗汉艺术传承之一斑。

清代的木雕佛像中有一种造像在有清一代非常有名，其影响流传至今，这就是著名的旃檀瑞像。清宫中最初的旃檀瑞像于康熙初年从北京城西的鹫峰寺移至北海边专为瑞像修建的弘仁寺，然在晚清庚子之乱时此像下落不明。但清宫有多尊对此像的仿刻存留，现于故宫雕塑馆展出的旃檀佛像便是其中的两件（见图 3-1-26、图 3-1-27）。旃檀瑞像的来历，据《增一阿含经》所载，是优填王因佛陀上升忉利天为母说法，久不见佛，忧思成疾，故用牛头旃檀雕刻佛陀形象，像高五尺。[①] 后来，当佛陀从三十三天重返人间时，此像还腾空迎接佛陀，佛陀为此像摩顶受记，并说自己灭度后芸芸众生还要劳其教化。玄奘大师的《大唐西域记》也记有此故事。不过在《大唐西域记》中优填王刻旃檀像，更增加了"乃请尊者没特伽罗子以神通力接工人上天宫，亲观妙相，雕刻旃檀"的情节，[②] 由此旃檀像的神瑞色彩也更加浓重。在中国汉传佛教中，旃檀瑞像受到古时历代帝王的推崇重视，并与皇权的合法性紧密相连，成为皇权正统的一个象征。关于旃檀瑞像在中国的流传情况，元代程钜夫专门撰有《敕建旃檀瑞像殿记》一文，叙述从旃檀瑞像出现一直到元代供奉于元大都（今北京）大圣寿万安寺（妙应寺，俗称白塔寺）的完整传记。程钜夫之后的明清两代，又对其流传状况做了续补，并刊刻于碑。康熙五年（1666）的御制《弘仁寺碑文》，便记录了旃檀瑞像从鹫峰寺移至弘仁寺的过程。而弘仁寺也成为清代蒙藏喇嘛来京时朝拜的佛教圣地，是清廷"耗资最多的寺院之一"。[③] 尽管弘仁寺原有的旃檀瑞像已不存，但清宫却保存了多尊仿制品，使后人得以了知旃檀瑞像的面貌。

① ［东晋］伽提婆译：《增壹阿含经》卷第二十八，《大正藏》，第 2 册，第 706 页。
② ［唐］玄奘、辩机原：《大唐西域记校注》，季羡林等校注，中华书局，2007 年，第 469 页。
③ ［法］沙怡然：《从北印度到布里亚特：蒙古人视野中的旃檀佛像》，《故宫博物院院刊》，2011 年第 2 期，第 83、84 页。

图 3-1-1　观世音菩萨头像正、侧面，宋，木雕，高 109 厘米
中国国家博物馆藏

　　此观世音头像体量较大，可以想见完整的木雕观世音造像当是几米高的大像，惜仅存头部。菩萨头戴前高后低的圆桶状宝冠，冠上雕满圆形花饰和如意云纹，冠正中圆光内雕一坐佛，坐佛下为一朵大小与圆光相似的高浮雕圆形花饰。宝冠下头发尚残存绀青色，头发为中分形式，两边有多股发绺向上梳起，其中最后一缕头发较长，绕过耳朵。菩萨面庞略呈长方形，两颊浑圆饱满，额头由于头发的掩盖显得较窄，鼻子挺拔修长，双眉形似弯月，眼睑下垂，目光下视，双唇圆厚饱满，嘴的宽度与鼻翼等宽。

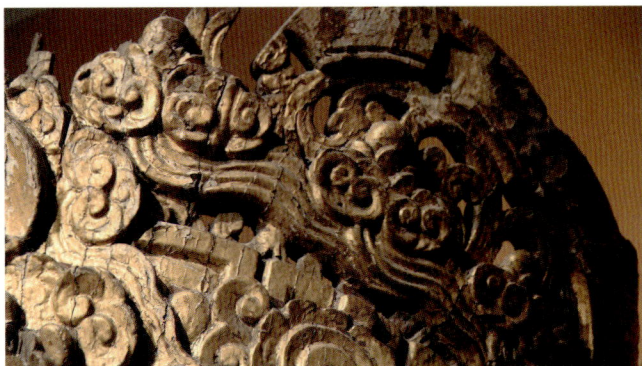

图 3-1-2　观世音菩萨头像宝冠局部，宋，木雕
中国国家博物馆藏

　　宝冠纹饰除正中间的坐佛外，主要由圆形花饰和如意云纹构成。宝冠以浮雕和透雕相结合的手法雕刻而成，花纹下部圆形花饰大而疏朗，上部如意流云小而密集，布局疏密得宜，最外层漆金，无其他彩饰，整顶宝冠显得富丽堂皇。

图 3-1-3　木雕彩绘贴金观世音像，北宋，木雕，高 127.5 厘米
故宫博物院藏

　　观世音像全身彩绘，由数块木头插合组成。观世音头戴
宝冠，冠上正中有一化佛，冠带及发绺下垂，眉间嵌白毫，
已失。细眉，秀目，面颊丰满，唇上绘胡须，上身袒露着披
帛，下着长裙，胸饰璎珞，臂有宝钏，衣饰塑造轻盈流动，
富有韵律感。自在坐姿，身体略前倾。佩戴的璎珞珠宝与菩
萨像身体一体雕刻而成，堪称北宋木雕中的佳作。

图 3-1-4　木雕彩绘贴金观世音像局部，北宋，木雕
故宫博物院藏

　　尽管造像的彩绘贴金已经斑驳，但从一些放大的细节中
依然不难想象这尊菩萨像当年华彩灿然时的美丽庄严。从菩
萨上身斜挂的腋络上可以看到花纹以沥粉贴金工艺制作，这
种工艺手法增加了织物的立体感和面料的华贵感。

图 3-1-5　观世音菩萨立像及局部，辽天庆二年（1112），木雕，尺寸不详

山西博物院藏

　　这是一尊稀有的辽代观世音菩萨立像，观世音菩萨头戴宝冠，头部微微仰起，面庞饱满，略露微笑，慈悲祥和。身佩璎珞项圈，双手持宝瓶，足立于莲花台座之上。披帛绕臂自然垂下。

图3-1-6 菩萨立像及局部，辽，木雕，尺寸不详

故宫博物院藏

此尊辽代菩萨立像木雕彩绘贴金，手臂部有残损。整尊造像自然古朴，宝髻高冠，面容丰满圆润，双唇微微张开，神态安详，但又若有所思。颈挂项圈，上身袒露披天衣，下着长裙，跣足立在一个硕大的莲台上。从菩萨整体比例看，头部略大，显得憨态可掬。

图 3-1-7 大势至菩萨坐像，金，木雕，尺寸不详
上海博物馆藏

　　金代造像基本延续了辽代风格。此尊木雕大势至菩萨形象饱满壮硕，具北方民族雄健的特色。菩萨双腿交叉散盘于台座上，其身下原配的台座已失。大势至菩萨头戴宝冠，面部似中年男子形象，裸上身，披天衣，下身着裙，身躯粗壮微胖。右手上举，手中似有持物，已失，左手掌心向上，平摊于腿上。由于尊像为木质，更便于雕刻，表现上也更加细腻。在匠师的手中，肌肤的肉质感、衣料的轻柔感，以及项饰的金属质感等，都被淋漓尽致地表现出来。例如菩萨肋下及腹部微微凸起的赘肉，肌肤柔软而富有弹性；肩上的天衣轻薄而又极具垂感。下身的裙褶表现生动，衣料质感的处理比天衣的质感略重；造型简约的项饰让人们丝毫不曾察觉那其实是木质的。

图 3-1-8 大势至菩萨坐像局部，金，木雕
上海博物馆藏

　　菩萨面部呈方形，眉如远山，双目下视，眼睑轮廓如弓形，两眉间的毫光原应是嵌有珠宝，但珠宝已失，徒留一个圆洞。菩萨的鼻子和嘴唇圆厚饱满，起伏转折更加柔和，肌肤的肉质感也更强。最精致的当属菩萨头上的宝冠，采用透雕和圆雕相结合的形式，冠的正中是莲花上托着一个宝瓶，宝瓶背后是火焰光，此为大势至菩萨的标志。宝冠戴在菩萨蓬松的头发上，虽然头发质感蓬松，但却棱角分明，最能反映出木雕的痕迹和味道。

图 3-1-9　菩萨坐像及局部，金，木雕，高 96 厘米
故宫博物院藏

　　此木雕菩萨坐像，面容庄严、慈祥，造型与神态都十分生动传神，雕刻衣纹流畅、逼真，显示出一种古朴沧桑之感。此木雕菩萨，刻画出生命的历史轨迹，散发着鲜活的艺术活力，宣扬着宗教的信仰精神，蕴含着深刻的教理内涵，传递着中国的传统文化、民族色彩与审美意识。

图 3-1-10 大势至菩萨立像，金，木雕，高165厘米
故宫博物院藏

菩萨发髻高绾，戴宝冠，冠中立宝瓶。面庞丰满，下颌内收，双目微睁俯视，神态娴静。裸露上身，佩项饰。披天衣，斜挎腋络，缠绕方法颇为复杂，其一端从左肩垂至右胯，从背后绕回左肩，再垂至胸前与前股披帛纽结后分开，垂至左胯上折，缠左臂下垂至足侧；另外一端覆右肩直接从体侧垂下。下着长裙，双脚一前一后跷足而立。整尊造像质朴简洁，形体健硕浑圆，流露出北方民族的强悍风格。

图 3-1-11 大势至菩萨立像局部，金，木雕
故宫博物院藏

此大势至菩萨像的雕工非常精致，材质本身虽为木质，但在匠师的手中，坚硬金属质感的冠饰、项饰，柔软纺织面料质感的披帛，富有弹性的肌肤质感等，都被他们淋漓尽致地表现出来，而观者却丝毫没有察觉其材料的木质本质。

图 3-1-12 观世音头像正、侧面，金，木雕，高 66 厘米

故宫博物院藏

观世音菩萨头戴花蔓冠，冠表面贴金，雕刻精美，面相方圆丰满，长眉细眼，双目嵌黑色琉璃来表现黑色的眼珠。观世音菩萨脸庞饱满但又棱角分明，五官舒展大气，双目微垂，神情悲悯，法相庄严。上唇绘有胡须，说明此观世音为男相。化佛阿弥陀佛全跏趺坐安住于精致华贵的宝冠中央的莲台上。南北朝时期，观世音信仰流行，但当时观世音菩萨冠上是否有化佛尚未形成定制。隋代以后，冠中化佛渐成观世音菩萨的重要身份标识。

图 3-1-13 观世音头像宝冠局部，金，木雕

故宫博物院藏

宝冠的图像设计非常精巧别致。中间莲台上为全跏趺坐、着袒右式袈裟的化佛，身后为莲瓣形背光，化佛及背光微微前倾。背光后为随形就势几近透雕形式的卷草纹，填满了宝冠的底面。宝冠的外缘饰有如意云头。由于宝冠是圆形，因此表面是具有弧度的，从化佛到背光再到卷草底纹，再到宝冠边缘的如意云头，此宝冠的雕刻层次至少有六七层之多，在这方寸之间，匠师对空间的驾驭能力可见一斑。

图 3-1-14 菩萨头像正、侧面，金，木雕，高 70 厘米
故宫博物院藏

　　金代统治者为了让佛教得到更规范的发展，因此在造像上仍上承辽代造像的传统，技法上与辽代无太大差异，但金代的佛造像更加突出胸部，体躯壮硕，体魄雄健，流露出北方民族的浑朴作风。就头部造型而言，面庞更加方圆丰满，从面部到躯体比辽代造像更为丰腴。

图 3-1-15　观世音菩萨像，元至明，木雕，尺寸不详

山西省文水县马村征集，山西博物院藏

　　观世音菩萨双跏趺坐于莲台上，裙裾呈对称式铺于莲台前，颇具垂感，衣纹流畅自然。观世音菩萨上身感觉略长，肩宽细腰胸腔饱满，给人挺拔、劲健之感。菩萨面部椭圆，五官小巧，头戴宝冠，神态安然。此菩萨的造像特征和比例特点与同期的金铜造像颇为相似。

图 3-1-16　观世音菩萨像局部，元至明，木雕

山西省文水县马村征集，山西博物院藏

　　菩萨的宝冠最具金铜造像的特色。宝冠实为五叶，每叶下部各嵌一朵宝花，但中间最高大的冠叶两侧各伸出一枝带有如意云头的枝蔓，乍一看去似有七叶，中间冠叶前雕有一尊坐佛。这种五叶宝冠在藏传佛教金铜造像上比较多见。此像虽为木雕，但雕刻精致、华美的宝冠颇有金铜质感。

图 3-1-17　佛坐像，明，夹纻漆金，尺寸不详

故宫博物院藏

此尊佛坐像为夹纻漆金工艺制作。其造像首先用泥塑成胎，后用漆把麻布贴在泥胎外面，待漆干后，反复再涂多次，最后把泥胎取空，因此又有"脱空像"之称。用这种方法塑像不但柔和逼真，而且质地很轻，便于浴佛节时抬像巡行，因此又习称为"行像"。此尊佛为双跏趺坐，双臂抬于胸前，手部已失。佛发为螺发，佛面部浑圆丰腴，神情静穆，双耳宽大垂肩。外披袈裟，双领下垂。佛像体态丰满，雍容高贵。其体量浑厚，体、面转折显现了结构规律，衣纹流畅，自然生动。

图 3-1-18　佛坐像头部正、侧面，明，夹纻漆金

故宫博物院藏

此佛坐像面部线条柔和，面形饱满圆润，表情隽永含蓄。佛像头部微微前倾，双目下视。前额正中一个硕大浑圆的凹陷红点，显然曾经是镶嵌白毫之处。佛的头部有一圈带状无螺发之处，很可能曾经戴有佛冠等。

图 3-1-19　供养菩萨坐像，明，木雕，高 84 厘米
中国国家博物馆藏

　　此菩萨像的手部残损做向上托举状，头部亦向上抬起。菩萨上身披天衣，斜挂腋络，下着红裙，盘膝而坐。其整尊造像的颜色保存较好，至今色泽依然艳丽，长裙与天衣红碧相间，显得格外华美。从其穿着及姿态上看，此菩萨像可能为一尊供养菩萨。

图 3-1-20　供养菩萨像坐像局部，明，木雕
中国国家博物馆藏

　　从侧面观之方见菩萨像的神态之妙。菩萨发髻高绾，簪戴鲜花，脸部圆润，肌肤丰盈，性情温柔敦厚。其整个头部轻微上仰，目光中流露的虔敬与渴慕之情，瞬间会将观者带入到她的情境之中。

图 3-1-21　龙子像，明至清，木雕漆金，高 77 厘米
中国国家博物馆藏

　　清同治十三年（1874）《造像量度经解》（金陵刻经处刻本）中对六拏具做了详细的说明：
"背光制有云六拏具者：一曰伽噌拏，华云大鹏，乃慈悲之相也；二曰布啰拏，华云鲸鱼，保护
之相也；三曰那啰拏，华云龙子，救度之相也；四曰婆啰拏，华云童男，福资之相也；五曰福
啰拏，华云兽王，自在之相也；六曰救啰拏，华云象王，善师之相也。是六件尾语俱是拏字，
故曰六拏具。又以合为六度之义。"明代以后，六拏具作为固定样式常出现在佛教造像背光中。
六拏具的排列呈圆拱形，大鹏金翅鸟居上部正中，两侧对称依次向下分别是龙子、鲸鱼（摩羯
鱼）、男童、狮子、白象。中国国家博物馆这两尊木雕龙子像原本位于金翅鸟下，金翅鸟的双足
分别抓住两个龙子的龙尾。

图 3-1-22　龙子像局部，明至清，木雕漆金
中国国家博物馆藏

　　此龙子像为一女子形象，发髻高绾，戴着雕有莲花纹样的头饰。整个人物形象雕刻非常细腻，如梳理顺滑的根根透风的发丝，精美细致、纹样复杂的臂钏、脚钏及璎珞配饰等。龙子身上的天衣凌空舞动，雕刻匠师充分发挥了木材的柔韧特性，将天衣刻画得婉转流畅，如真的丝绸般轻盈灵动。人物的形体微微偏胖，但形体结构比例准确。此一对龙子像曾被人误认为是飞天，其实只要注意观察裙底一段带有龙鳞的龙身，便可明确其身份。这种人形但带有龙尾的龙子形象在明清以后的六拏具上非常普遍，他们的龙尾往往是被抓在金翅鸟的利爪中。

图 3-1-23　郝璋造罗汉像，北宋庆历七年（1047），木雕，高 57 厘米

故宫博物院藏

图 3-1-24　吴世质造罗汉像及其铭文，北宋庆历七年（1047），木雕，高 54.5 厘米

故宫博物院藏

　　这尊罗汉像原存于广东韶关南华寺，用整块木坯雕成，是一尊极为生动写实、栩栩如生的北宋木雕罗汉像。罗汉双目平视，目光清澈明亮，宛若真人。面部丰润并显肃穆，给人庄重且又兼具柔和的慈善之感。外披袈裟，服饰的线条柔和而流畅，衣褶等转折也处理得相当自然，具有相当高的艺术研究价值，是十分珍贵的历史文物。

　　罗汉坐像原系南华寺罗汉阁五百罗汉像之一，座前刻："连州弟子吴世质，为男盘会保平安，丁亥。"为吴世质保其子平安供养所雕。此罗汉面部圆润饱满，双耳垂肩，表情悠远淡然，慈悲祥和而略含微笑。着右衽僧衣，内服长裙（下摆露出裙褶），衣皱边缘纹饰雕刻清晰、自然流畅，赋予韵律感和装饰性。罗汉跣足，右足翘搭于左腿，左手抚右足，右手支撑于座后，身体向右侧，坐于山石座上。此像带有浓郁的人间气息，是宋代佛教造像汉化的佳作。

图 3-1-25　罗汉像及局部，明，木雕，尺寸不详
故宫博物院藏

　　木雕罗汉像表情祥和，抿嘴浅笑，身着僧衣，双手合十于胸，倚坐在镂空山形座上，呈现出睿智安详的高僧德行。明代木雕以简洁、朴素、大方著称，该造像很好地体现了这一特点，以圆雕技法雕琢而成，整体线条朴质大方，局部细节又不失细腻，就连衣纹的一皱一折也清晰地表现出来，极为生动传神。此尊木雕罗汉造像为明代传世之物，历经数百年流传至今，实属不易，不失为一尊不可多得的艺术珍品。

图 3-1-26 旃檀佛瑞像，乾隆五十五年（1790），木雕，尺寸不详

故宫博物院藏

　　旃檀瑞像身着通肩袈裟，左手下垂，掌心向外施与愿印，右手上举施无畏印。瑞像长圆面庞，额部微宽，双耳垂肩，耳垂较大。两道弯眉，眉间有白毫相光。眉如远山，目光上视，直鼻小口。旃檀佛头顶正中有一颗髻珠。旃檀佛的佛发为波纹状，以髻珠为圆心，一圈圈呈放射状排布，远观是梳理整齐的根根发丝。佛像所穿通肩袈裟的领口贴近脖颈后部是半圈小立领，双肩上还有类似肩章般的双半环形纹饰。袈裟薄衣透体，显示出躯干的轮廓，此种风格有着源自笈多艺术的影响，亦有不少中国学者称此像为曹衣出水式造像。佛像双脚赤足，呈微八字形分开，立于覆莲莲台之上，莲瓣宽大肥厚，莲蓬上分布着一个个代表莲子的圆圈。

图 3-1-27　旃檀佛像正、侧面，清，木雕，高 37.5 厘米
故宫博物院藏

　　此尊旃檀佛造像双足并立于地面之上，佛头
束高髻，有圆形珠宝为饰，身着圆领通肩式肥大
袈裟，袈裟贴体，凸显出躯体轮廓，衣纹细棱凸
起，上身稠密，下身舒朗。两个衣袖及衣裙下摆
犹似水波浪。这种造像风格源自笈多艺术，而在
佛教故事里则还有着另外一种传说。据说，当时
工匠在观察佛陀的形象时，发现佛全身发出金色
光芒，无法正视，只好看着河里倒影进行雕刻。
水波粼粼，造成了工匠的错觉，于是旃檀佛身上
的袈裟满布波浪纹衣褶。

第二节 🪷

海外遗珍：流散海外的木雕及夹纻造像

　　中国流散海外的佛教艺术品数量令人叹为观止，其中有较多艺术精品，而木雕佛教造像艺术品是为其中的一大类。传世造像的材质多为金铜和石质，木雕因保存不易，故而留存数量与金铜像和石像相比要少很多。从塑造手段而言，木雕与彩塑正好相反，它做的是减法，此点与石刻造像相同，但相比而言木质更易于雕刻，细节之处比石刻更加细腻。木雕佛教造像在雕刻完成之后也会进行着色、沥粉贴金等装饰，称为装銮，与泥塑的最后工序相似。但很多木雕造像，经过时间的打磨，洗尽铅华，更显出木质的温厚。

　　中国木雕工艺历史悠久，现存年代较早的木雕造像可追溯至唐代。唐代木雕造像题材丰富，有佛像、菩萨像、弟子像、天王像等。就体量而言，有高不足半米的小像，亦有高大雄伟的大像。小像虽小，却在方寸之间展现出无穷的世界，即使是一道衣纹、一颗宝珠，工匠也雕琢得一丝不苟，细微之处的打磨令人赞叹，展现了典型的唐代风貌：菩萨端庄典雅（见图 3-2-1），天王刚劲威严（见图 3-2-2 至 3-2-3）。站立像前，仿佛穿越了古今。

　　佛教造像艺术中有一种较为特殊的工艺，名为夹纻，属于漆器工艺。夹纻，也称夹纾、挟纻，是中国传统的一种手工技艺，在魏晋时期成熟，隋唐时期广泛应用。匠人先用泥或木头制作内胎，再用浸漆的麻布贴在内胎之外，待漆干后反复多次，层层包裹，最后把内胎取空。夹纻佛像质地较轻，便于携带，广泛应用于佛教行像仪式之中。较为著名的夹纻佛像为美国纽约大都会美术馆和美国弗利尔美术馆所藏的两尊佛坐像（见图 3-2-4、图 3-2-5）。佛教自西来东土，又自东土传向外域，佛教艺术亦随之外传，如夹纻造像之法便随鉴真于唐天宝十三载（754）东渡传入日本，日本奈良唐招提寺所存鉴真像即是夹纻工艺在日本传播的重要证明。

唐以后，木雕造像技艺更加纯熟（见图3-2-6），人们常说"无宋木不成雕塑馆"中的宋木指的便是宋代的木雕作品。宋代木雕造像在表现方式上有了新的变化，尊像不是远离尘世的存在，而是来源于生活的艺术，婀娜多姿的胁侍菩萨仿如一位起舞的丽人，端坐的佛、菩萨在肃穆之余增加了几分平易近人的亲切（见图3-2-7、图3-2-8）。

舒相坐菩萨是宋代较为流行的菩萨像样式，舒展的姿态和灵动的手指展现出菩萨的秀美典雅，跨越千年依然鲜活，充满着无尽的韵味（见图3-2-9至3-2-11）。除典型样式外，匠师们也会进行大胆的创造，夸张与写实手法相结合，塑造出观世音艺术的佳品。

辽、金是与两宋并立的政权，两政权皆以崇佛著称，帝王也都大力提倡和扶植。辽金时期，寺院林立，僧尼众多，兴盛的佛教为世人留下了众多的文化遗存。经典方面，辽代《契丹藏》和金代《赵城藏》具有重大意义；艺术方面，一座座佛塔被营造，一尊尊造像被塑造，著名的应县木塔便是辽代的杰作，现存的辽金时期木雕造像更是艺术瑰宝。

现藏于美国纳尔逊-阿特金斯艺术博物馆的水月观世音菩萨像（见图3-2-12）是其中最为著名的作品。自然舒展的姿态，明艳华丽的色彩，细腻圆润的雕刻，一切都是那么和谐统一、浑然一体，是辽金造像的不二佳品。辽金两代虽是少数民族政权，但深受汉文化影响，故而其艺术风格存在硬朗坚毅一面的同时，又有着细腻考究的一面（见图3-2-13）。

元明清时期，藏传佛教迅速发展并广泛传播，同时汉传佛教依然有着深厚的基础和底蕴，在这种背景下产生了汉、藏相结合的艺术风格。经过千年的发展，佛教至元明清时期已深入民间社会，佛教艺术更是对于社会生活的外在表现，在承袭前代风格的基础上，晚期的佛教艺术表现出多元性的艺术创造：元至元十九年（1282）的观世音菩萨像（见图3-2-14）既可以看出宋代的风貌，又呈现出元代的雄伟气魄。世俗化的罗汉、面容迥殊的观世音菩萨（见图3-2-15），一尊尊造像背后都凝结着当时人们对于佛教的理解和对生活的愿景，时过境迁，美好依然。

不论造像所用是何种材料，同时期的造像均会表现出相近的艺术风格。美国纽约大都会美术馆所藏的一尊明永乐九年（1411）的木雕佛坐像（见图3-2-16），其样式风格与永乐年间的金铜造像可说是一般无二，但木质的温和使造像多了几分简淡、质朴，少了几分金铜的华贵和绚丽。可见相同类型的造像，不同的材质则给观者带来不同的视觉效果和审美感受。

图 3-2-1　十一面观世音菩萨立像及局部，唐，木雕，高 38 厘米

德国柏林东亚艺术博物馆藏

　　十一面观世音菩萨是观世音菩萨的化身之一，因其形象具有十一头面而得名。此尊十一面观世音，头冠上的十面整齐排列，底有六面，中有三面，上有一面。菩萨面庞方圆，颈部有三道深刻的蚕节纹。璎珞繁复，衣裙贴体，线条自然、流畅。菩萨为立姿，腰部微扭，重心在右脚，左脚微抬，扭动的姿态为造像平添了几分生气。观世音菩萨的头部雕刻得尤为细腻，五官清秀柔婉，发丝根根可见。头顶上的观世音的十个小头面，雕刻得也一丝不苟，五官面貌清晰。

图 3-2-2 天王像，唐，木雕，高 99 厘米
法国吉美博物馆藏

此尊天王像与图 3-2-3 天王像为
一对，均出自敦煌莫高窟。天王身躯
魁梧，身着典型的唐代武士装，右手
握拳，左手持武器，惜武器已不存。
右腿抬起，左腿直立，粗壮的腿部充
满着力量，给人不可侵犯之感。

图 3-2-3 天王像，唐，木雕，高 95 厘米

法国吉美博物馆藏

天王怒目圆睁，身穿厚重的铠甲，手中持物不存，左脚踩地，右脚抬起，或为脚踏夜叉，做战斗状，彰显着威猛与力量。雕刻精细，头部的发丝分明，整体线条流畅，表现出唐代匠人的高超技艺。

图 3-2-4　佛坐像正、侧面，唐，夹纻，高 97 厘米

美国大都会艺术博物馆藏

　　此尊佛坐像源自河北正定隆兴寺，是 7 世纪唐代干漆夹纻佛像的代表作品。1917 年，日本古董商山中定次郎购得四尊正定隆兴寺夹纻佛像，其中流落日本的一尊现已不知所踪，其余三尊皆在美国，分别藏于大都会艺术博物馆、弗利尔美术馆和沃尔特斯艺术博物馆。

　　此尊夹纻佛像面容丰圆，眉眼细弯，双耳垂肩，身着袒右肩袈裟，衣纹自然流畅，褶皱与垂坠之感十分写实。肌肤给人以光滑的质感，残存贴金痕迹。袈裟表现残存敷彩痕迹，虽然部分残损，但我们仍能遥想当年的绚烂之美。

图 3-2-5　佛坐像正、侧面，隋至唐，夹纻，高 99.5 厘米

美国弗利尔美术馆藏

　　佛像肉髻低平，面相长圆，双手残缺，结跏
趺坐。身着袒右肩袈裟，衣纹自然于腰腹前堆叠，
线条自然流畅，袈裟表面残存施彩痕迹。身体虽
显清瘦，但比例和谐，自有一番清俊风神，青年
佛陀的形象跃然而出。

图 3-2-6　观世音菩萨坐像，五代，木雕，高 151 厘米

美国克利夫兰美术馆藏

　　此尊观世音菩萨坐像左腿盘于身前，右腿支起，左手撑于体侧，右手搭于膝上，呈游戏坐，舒展的姿态给人以娴静之感。菩萨头戴宝冠，项链、璎珞等配饰雕刻精细。菩萨衣裙的线条与木料的纹理相适应，自然的材质与匠人的巧思相结合，朴实而又细致的质感令人赞叹。

图 3-2-7　佛坐像，宋，木雕，高 64 厘米
美国大都会艺术博物馆藏

　　这尊佛像结跏趺坐，双手已残
缺，其身下原应有佛座，已失。头
顶肉髻突出，顶心有髻珠，螺发密
布，微闭的双目展现着佛陀的宁静
与深邃。佛像上身衣纹线条清晰、
劲利，宛若刀裁，而下身衣纹则变
得柔和婉转，衣襟覆盖的左脚处微
微隆起，十分写实。

图 3-2-8　观世音菩萨坐像，宋，木雕，高94厘米
美国大都会艺术博物馆藏

　　此尊观世音菩萨像头戴精美的宝冠，冠正中有一小化佛，这是观世音的典型标志。眉间白毫和胸前项饰以宝珠为装饰，华美高贵。菩萨形象丰满，有一种劲力蕴含在身体中，而面部端庄安详，健美的身体与沉静的神情相结合，给人以动态和静态的双重美感，堪称宋代木雕造像的精品。

图 3-2-9　观世音菩萨坐像，宋，木雕，
高 141 厘米

美国波士顿美术馆藏

　　此尊观世音菩萨像左腿下垂，右腿
屈膝，左手撑于体侧，右手置于膝上，
呈典型的右舒坐姿。头冠和璎珞等配饰
精美，为典雅的菩萨增添了华贵之感。
难得的是，造像木胎之外的施彩尚存，
红色、绿色与身体上的贴金搭配和谐，
丰富的色彩历经时间的洗礼鲜艳依然。
造像的细节之处更显工匠的高超技艺，
手指纤纤，仿如一位丽人，娴静淡雅的
菩萨形象栩栩如生。

图 3-2-10　观世音菩萨坐像，宋，木雕，高 118 厘米

美国大都会艺术博物馆藏

　　此尊观世音菩萨像发髻高束，头戴宝冠，面相饱满，仔细观察可以感受到面部肌肤的质地。菩萨左腿盘曲于体前，右腿于体侧曲起，左臂撑在器座上，右臂自然搭于右膝上，呈现放松、悠然的体态。手部和脚部的刻画极为写实，手指微翘，脚趾微曲。虽为木质造像，但却给人以真实的肌肉质感，可见当时匠人对于生活的细致观察和艺术的精准塑造。

图 3-2-11　菩萨坐像，宋，木雕，
高 109 厘米

美国纽约大都会美术馆藏

　　此尊菩萨像呈舒相坐，左
腿自然下垂于台前，右腿于体侧
屈膝，左手撑于体侧，右手中有
一长柱状持物，或为经卷。菩萨
整体造型自然舒展，衣裙线条酣
畅。其腹部和腿部的塑造尤为成
功，将人体放松的状态表现得十
分传神，同时传达出肌肤的柔软
弹性。

图 3-2-12　水月观世音菩萨像，辽至金，木雕，高 241 厘米

美国纳尔逊 – 阿特金斯艺术博物馆藏

　　纳尔逊 – 阿特金斯艺术博物馆位于美国堪萨斯市，是美国著名博物馆之一，收藏有大量中国艺术品。此尊水月观世音菩萨像可谓其镇馆之宝。造像在清末民初由文物贩子从寺庙中偷出运至海外，最初由卢芹斋购得，后来纳尔逊 – 阿特金斯艺术博物馆又从卢芹斋手中买入。尊像现位于馆内"中国庙宇"展厅。

　　水月观世音是三十三观世音之一。此尊水月观世音右腿弯曲，左腿下垂，脚踏莲花，呈游戏坐坐于海中山石之上。据佛经记载，观世音的道场为普陀洛迦山，造像下部山石的细致雕刻营造出洛迦山的山水意象。菩萨面容姣好，面带微笑，左臂撑在石上，右臂搭在曲起的右腿膝上，一派自然舒展之态，华美的配饰和明艳的色彩使菩萨更加亮丽。造像体量庞大，然细节之处一丝不苟，比例和谐，雕刻精湛，被赞为"宗教和美学的胜利"。

图 3-2-13　菩萨立像，金，木雕，高 191 厘米

美国纳尔逊－阿特金斯艺术博物馆藏

　　此尊金代菩萨造像与辽代风格一脉相承，身躯饱满，健硕有力。头戴宝冠的菩萨立于莲台之上，腰肢微扭，身姿曼妙，为健壮的身体增添了灵动的柔美。菩萨上身袒露，下身着裙，飘逸的披帛随身体自然下垂，线条刻画十分写实，施彩用色明艳，质朴的风格中充满着细腻的讲究。

图 3-2-14　观世音菩萨立像，元，木雕，高 99.6 厘米
美国大都会艺术博物馆藏

　　此尊观世音菩萨立像上身后仰，重心偏左，立于单层仰莲之上。双手持物缺失。下身着裙，裙带在腰部作结，裙带和裙上的衣纹疏密有致，富有装饰性。头冠、璎珞刻画精美，衣纹简练流畅，繁简结合，优雅慈悲的观世音形象跃然眼前。造像背面有墨书题记："大元国至元十九年四月庚寅朔廿日。"

图 3-2-15 东安村人造观世音菩萨像,明
洪武十八年(1385),木雕,高78厘米

此尊观世音菩萨像头戴高冠,左
腿盘曲,右腿曲起,呈舒相坐坐于仿
自然山石的台座之上。左手残缺,右
手手握披帛尾端。整体形象丰满,体
魄健硕,威武有力,与宋辽时代同类
型的造像相比表现出不同的风格。

佛像背后装藏洞内有题记:"东安
村众人等与维那□仲□等,谨发虔心,
起盖镇路庙一座,请到本村刊木,将
认冯孝中并男冯备工细刊……天衣观
音三位一堂……为愿本村……吉祥合
家乐安,洪武十八年七月。"

图 3-2-16　佛坐像，明永乐九年（1411），木雕，高 21 厘米

美国大都会艺术博物馆藏

　　佛陀肉髻突出，螺发整齐排布，面相方正，双耳垂肩。双脚结跏趺坐，端正肃穆。佛像为木质，表层曾髹漆，经过岁月的变迁出现金属般的质感，与永乐时期金铜佛像的风格如出一辙。

第三节 ❀ 温润如玉：德化窑瓷塑造像

　　德化窑因位于今福建德化而得名，是中国古代重要的外销瓷生产窑址。"其制瓷业始于新石器时代，唐宋时期逐渐兴起，明清时期发展至顶峰阶段。特别是明中后期以来，随着窑炉技术的提高和胎釉配方的改良，德化窑陶瓷获得'中国白'美誉，是中国白瓷的代表，其中尤以观音瓷雕塑像发展最为突出。"[①] 明清时期是德化窑最为繁盛的时期，技术和艺术水平也最高，其将胎料和釉料完美地结合，烧成白皙的瓷质，质地细密坚硬而色泽温润如玉。在德化窑瓷塑题材中，观世音像最为流行，其中观世音头戴兜帽的白衣观世音形象比较多见。观世音菩萨的形象最早可追溯至贵霜时期犍陀罗地区的造像，其形象为男子像。进入中土后，直至隋唐，观世音菩萨像上唇边仍可见两撇髭须。但随着佛教中国化和世俗化的不断深入，大约至宋代，观世音菩萨完成了中国化及女性化的过程，观世音也最终成为中国人最为普遍信奉的神祇，当然在佛教艺术中也成为最受欢迎的题材。德化窑的瓷塑制作大师主要有何朝宗、林朝景、张寿山、林希宗、林孝宗、陈伟、苏学金等。其中以有"瓷圣"之誉的何朝宗最为著名，清代宫廷就收藏有多件"何朝宗"款的观世音菩萨瓷塑（见图 3-3-1 至 3-3-3），此外还有何朝水等何氏一派的其他观世音作品（见图 3-3-4）。从这几件作品中不难总结出明代德化窑观世音像的一般特征：观世音面庞圆润，细眉鼓目，眼缝狭长，口鼻均小巧精致；双手饱满纤细，十指尖尖，柔若无骨；身上衣纹褶皱处较深，但线条清晰

---

① 陈秋燕：《德化窑明清时期观音瓷雕塑像浅析》，《文物鉴定与鉴赏》，2019 年第 3 期（下），第 13 页。

流畅、自然。德化窑除观世音像外，菩提达摩像也是人们比较热衷的题材。菩提达摩为南天竺婆罗门种，《续高僧传》有传，他作为中国禅宗初祖，事迹和传说广为流传。禅宗在中国佛教发展史上占有重要地位，唐代武宗灭法后，佛教各派一蹶不振，但唯独禅宗一枝独秀，其"一花五叶"开遍中国大江南北，对中国的文化和艺术都产生了深刻影响。初祖达摩，在禅宗盛行的背景下也格外受到人们的尊崇。当然在明代，士大夫的生活和审美趣味也影响到德化窑的瓷塑创作。

德化窑达摩像在工艺技术等方面与观世音像无别，唯在人物面貌、个性的刻画上不同。达摩作为历史上真实存在的人物，不似观世音那样，在容貌上有比较程式化的表达。达摩的形象则个性突出，而且不同匠师塑造的达摩像有着不同的面貌特征（见图 3-3-5 至 3-3-6），这在明代德化窑的艺术中也是亮丽的一笔。清代德化窑的达摩像（见图 3-3-7 至 3-3-9）和观世音像（见图 3-3-10、图 3-3-11）基本延续明代的风格特征，只是我们注意到，观世音像的面庞似乎更加清瘦。除了观世音像与达摩像外，和合二仙像在德化窑烧制的佛教造像中也比较常见（见图 3-3-12）。和合二仙的原型可追溯到晚唐的禅僧寒山拾得。在佛教不断世俗化及民俗的影响下，和合二仙被人们赋予了更多和谐美满的寓意，在民间广受欢迎。

德化窑烧制的佛教造像瓷质洁白、温润如玉。在这些造像上既看不到激烈的矛盾冲突，也没有光华绚丽的色彩。祥和宁静、内敛含蓄、品质高洁的东方神韵，经过水与火的洗礼，深深嵌入德化窑佛教造像的神髓之中。

图 3-3-1　何朝宗制观世音菩萨像正、侧面，明，瓷，高 46.5 厘米

故宫博物院藏

此尊何朝宗所制的德化窑白釉观世音菩萨像整体而言胎质厚重，坚细洁白，釉面莹亮温润。观世音头顶发髻高盘，饰花箍，戴兜帽，容貌温婉娴雅，双目下视，鼻直口小，微露笑意，面貌庄重慈祥，神情自若。身穿长裙，外罩大衣，胸前佩戴形式简洁的单珠串璎珞，双手交于腹前，袖手侧身而立。脚下是半球形雕刻着海水的台座，海水波涛翻滚，形成的漩涡时不时激起一朵朵浪花。观世音菩萨凌波静立，衣袂轻举，和海水的动形成鲜明对比。

图 3-3-2　何朝宗制白釉观世音菩萨坐像，明，尺寸不详

故宫博物院藏

　　此尊何朝宗瓷塑观世音菩萨像为自在坐，右腿屈起，右手搭于右膝上，左腿盘掩，身体向左倾侧，头亦向左侧微倾，颔首。左臂支于凭几之上，左手横持如意。此形象不禁令人想起南北朝造像中经常出现的高士维摩诘，他常以身倚凭几的形象出现。明代德化窑观世音像更多受到来自文人的影响，此观世音姿态俨然一派散淡的士大夫形象，白釉凝澈晶莹，士大夫所具有的那种高洁自好的特质，通过材质自身的特点得以完美展现。

图 3-3-3　何朝宗制德化窑白釉观世音菩萨立像及局部，明，瓷，高 48 厘米

故宫博物院藏

　　此尊何朝宗瓷塑观世音菩萨像头戴兜帽，冠饰上雕有化佛，长圆面形，五官端庄恬静，眉眼口鼻均非常小巧。腕戴玉镯，双手交叠于腹前，跣足立于波涛之上。观世音釉色厚润，衣纹自然流畅，但褶皱更深，与何朝宗其他作品相比略显凝重，观世音神性的一面得以完美诠释。

图 3-3-4　何朝宗制德化窑白釉观世音菩萨坐像及局部，明，瓷，高 23 厘米

　　此尊何朝宗瓷塑观世音菩萨像面庞长圆，神态慈祥，头戴兜帽，发梳高髻，顶有化佛，身披广袖长衣，胸饰莲花缨珞，腕戴玉镯，赤足坐于镂空岩石之上。由于德化窑瓷土中氧化硅含量较高，因此胎体细密，透光度好，釉色纯净。该菩萨像瓷质光滑细腻，犹如凝脂。造像注重神情刻画，其出尘不染的气质，在明代众多佛教题材作品中，独具风韵。

图 3-3-5　德化窑白釉达摩像及局部，明，瓷，高 25 厘米
故宫博物院藏

　　达摩头戴兜帽，四方面形，高鼻深目，面庞清瘦，棱角分明，虬髯卷曲，拱抱双手于左肩处，似是牵着搭于肩头的什么东西。大衣下摆随风而起，脚下踩有一朵莲花，莲花下是细波水浪。达摩本身是南天竺人，是中土禅宗初祖，为弘传禅法，他一苇渡江而来的故事广为流传。达摩脚下的水浪即表现的是他渡江而来，而将芦苇改成莲花，是由于瓷塑艺术表达的需要。达摩祖师器宇轩昂，超凡绝俗，目光睿智深邃，表情深沉，令人仰之弥高。神之品相、人之魅力浑然天成，是一件形神兼备的上乘之作。

图 3-3-6　德化窑白釉达摩坐像及局部，明，瓷，高约 30 厘米

山西博物院藏

　　此尊德化窑达摩坐像为自在坐，与观世音菩萨的一种坐像相似，右腿竖起，左腿盘于身前，双手交叠搭在右膝之上。达摩头戴兜帽，披着大衣，衣褶深而圆转流畅，密集的衣纹主要集中在手臂之处。其面庞方圆，额骨突出，虽也是高鼻深目，但面部圆润，神情严肃，若有所思。达摩身下是太湖石般玲珑剔透的岩座，一段较高的岩石上放着达摩的一只履。这只履暗示的是达摩"只履西归"的神迹：达摩圆寂入葬后，东魏的西域使臣宋云返回时在葱岭遇见扛着一只鞋子的达摩。回到中土后，打开达摩的棺椁，发现里面不见尸身只有一只鞋子。

图 3-3-7　德化窑白釉达摩像及局部，清，瓷，高 26 厘米

此尊达摩像方面虬须，双目微睁，骨骼清奇，颧骨突出。此清代瓷像在须眉的表达手法上，与明代的须眉卷曲光滑的表现形式不同，其边沿锐利、棱角分明，表达出须眉毛发的坚硬和柔韧。达摩身体动态较大，身体从腰部以上向右倾斜，左胯外突，右手伸置左胸前，掌中托着一只鞋，跣足立于圆形的波涛之上。掌中托鞋表达的也是"只履西归"的主题，而脚下的波浪底座则并非是一苇渡江的含义，而是达摩造像中一种程式化的表现方式。

图 3-3-8　林学宗制德化窑白釉达摩像及局部，清，瓷，高 17 厘米

　　达摩身披袈裟，头发卷曲，双眉紧锁，二目平视，双手合抱于袖中，衣袂飘荡。通体施象牙白釉，釉质肥厚滋润。雕工深入锐利，衣纹飘逸流畅，头发翻卷自如，颇富动感。此像雕刻精湛细腻，线条流畅，更兼以洁白如玉的瓷质，表现出达摩的高僧形象，是清代德化窑之佳作。

图 3-3-9 罗汉像（菩提达摩像），清，瓷，高 26.5 厘米

英国大维德基金会藏

　　此尊大维德基金会所藏德化窑瓷像的解说牌上称其为菩提达摩，但从其相貌特征上看更像是一罗汉像。菩提达摩往往有着虬须和卷发，深鼻高目，有着天竺人的面貌特征。此尊罗汉像的面部圆润，双眉紧锁，眼目微闭，右手轻捻佛珠。肥大的袍袖临风而起，衣褶深但起伏圆转柔和，是德化窑瓷塑的典型特征。

图 3-3-10　筍江制德化窑白釉观世音像及局部，清，瓷，高 45.7 厘米

故宫博物院藏

　　观世音发髻高绾，头戴宝冠，外罩兜帽，面相圆润温婉，与明代观世音像相比更加清瘦。观世音眼睑低垂，鼻梁高挺，樱唇紧闭，耳垂丰满，胸佩璎珞，赤足立于祥云之上。下摆翻卷迎风舞动，衣纹线条简练，流畅自然。值得注意的是，观世音的底裙如哥窑般均匀地布有开裂的裂片纹路，它代表的是下裙与外披大衣不同质地或纹理的质料差别，局部的开裂需要特殊的温控把握，显示出高超的瓷器烧制水平。

图 3-3-11 德化窑白釉童子拜观世音及局部，清，瓷，高 26.5 厘米
故宫博物院藏

观世音呈跣足半跏趺坐坐姿，右手轻抚右膝，左手执长颈莲蕾，座下为海岛岩石。观世音长圆面庞，柔婉秀丽，眉弓微微凸起，形如弯月，头部转向左侧微微颔首，目光看向左下方。其左侧，有善财童子站立岩石上，天衣从童子头顶绕过飞扬于空中。童子双手合十，神态恭谨，头微侧向观世音，似在凝神谛听观音教诲。二者关系虽为观世音和童子，但观世音更像一位慈蔼而又不失威严的母亲，善财更像是一个顽童，二者的意态传达出一种慈母诫儿的情景，更具人间情味，使人倍感亲切。

图 3-3-12　和合二仙像，17 世纪，瓷，高 11.5 厘米

　　和合二仙也即寒山与拾得，著名的禅宗人物。此德化窑制作的和合二仙席地而坐像，身着宽大的僧衣，敞胸露怀，一个双手捧着一个封了口的罐子，另一个左手抚着他的肩头，右手半举空中，似正说着什么，但脸上都带着豁达的笑容。面部表情的刻画生动传神，飘扬的衣袖显示出二人的谈话是一个动态过程，手舞足蹈的瞬间被匠师成功捕捉。二人体形偏胖，满面笑容，更给人以心宽体胖的旷达。

第
四
章

藏传佛教出土及
传世金铜造像

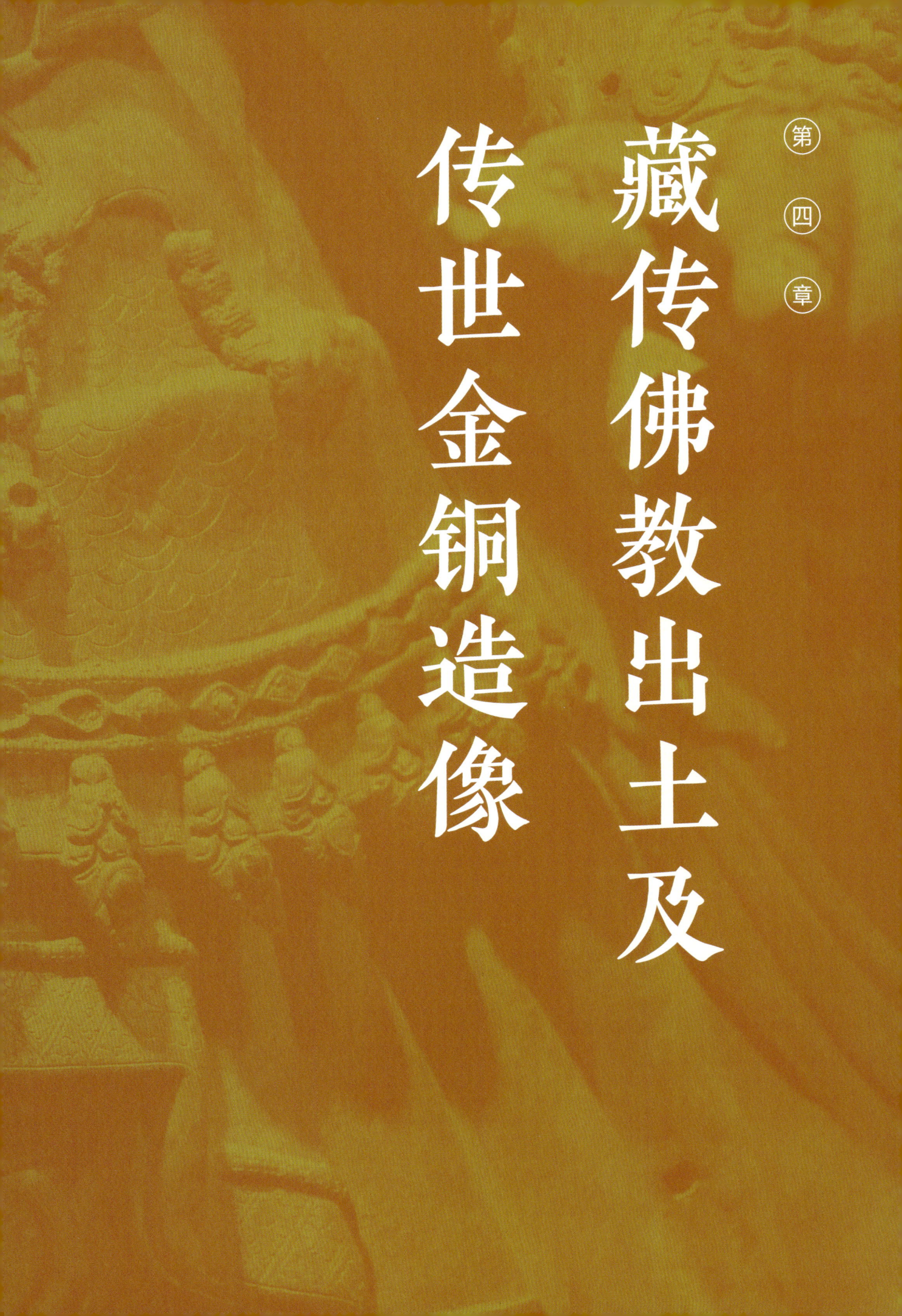

引　言

西藏虽然与印度、尼泊尔毗邻，但由于横在它们之间的喜马拉雅山脉高大险峻，无法轻易翻越，交通极不便利，所以佛教并没能较早传入西藏。在佛教传入西藏之前，西藏信奉的是自己的本土宗教"苯教"，又转写为"本教""笨波教""黑教"。苯教崇拜自然，即山川、湖泊、河流、风、雨、雷、电等自然万物之神灵，是泛神的宗教。

佛教传入西藏的时间，一般认为是在 7 世纪吐蕃王朝时期。松赞干布迎娶了尼泊尔的赤尊公主和唐朝的文成公主，她们带来了佛教信仰，二人分别携释迦牟尼的 8 岁和 12 岁等身像入藏，促使佛教及其艺术在西藏传播开来。

佛教传入初期，吐蕃赞普松赞干布、赤松德赞、赤热巴巾都致力于佛教在西藏的传播，兴建寺庙、佛塔，供养僧人，邀请印度高僧进藏讲经传法。佛教在藏区最高统治者赞普的支持下，得到快速发展。这段时期被称为前弘期，时间大致是 7—9 世纪。作为外来的宗教，佛教在西藏的传播势必会与当地的本土宗教发生碰撞。9 世纪初，吐蕃赞普朗达玛奉行灭佛政策，佛教在西藏遭受了严重打击，一度在西藏沉寂了百余年，佛教徒纷纷出走，或是改信苯教。直到 10 世纪末期，由于西康、青海上下两路的重新弘传，佛教在西藏才开始复苏，此为后弘期的开端。后弘期的藏传佛教，由于密教的不同传承形成了诸多的教派，兴修了许多的寺庙，在客观上推动了其造像艺术的发展。13 世纪以后，藏传佛教相继得到了元、明、清三代朝廷的重视与扶持，使藏传佛教艺术开始流传于内地。随着佛教在西藏的发展，上层喇嘛逐步掌握了地方政权，最后形成了独特的政教合一的藏传佛教。

　　藏传佛教神灵众多，形象奇异，既有源于印度晚期佛教的密教金刚乘、时轮乘诸神，也有西藏原始苯教神，还有内地及蒙古地区神祇，其造像内容丰富多彩。造像材料也种类繁多，有泥、石、木、铜，等，而其中最具代表性的当数金铜。藏传佛教金铜佛像的材料主要为各种铜合金，一般分为红铜、黄铜、青铜等，种类很多，藏语称之为"琍玛"，意思是各类响铜制品。在西藏的大寺院都有"琍玛拉康"，即响铜佛殿，收藏寺内的贵重佛像。金铜以其质地光洁、厚重成为佛教造像的主要材料，贯穿藏传佛教文化始终，同时又随着时代的变迁、地域的影响、审美的变化，由早期的简洁质朴、雄伟挺秀，到后期的精巧圆熟、庄严富丽，逐渐形成了流派纷呈、题材丰富的一门艺术。这些造像在体现藏传佛教经典丰富内涵的同时，以形传神，达到了神形兼备的高度，可以说金铜佛像是藏传佛教文化历史的活化石。

　　藏传佛教造像系统，是由西藏周边地区、西藏本土、内地三者相互影响、相互融合而形成的。西藏作为三者的枢纽，其金铜佛像的铸造，在不同时期受到不同地域文化风格影响，呈现出不同特点。

第一节 ✿

西天梵像：内地风格造像

据史料记载，早在唐朝时期，中原佛教造像就开始传入西藏，并随着西藏与中原地区文化交流的日趋频繁，佛教文化得到了更广泛的传播。现今西藏各大寺院珍藏着各个时期的中原造像，这些造像在遵从藏传佛教造像的度量标准上，融汇了内地造像的表现方法，深受藏区人的喜爱。

到 13 世纪以后，西藏与内地的联系更加紧密，元、明、清三代君主均奉行扶持藏传佛教的政策，并且在宫廷也均设有专事造像的机构，如元代的梵像提举司、明代御用监的佛作、清代的造办处，所作藏式金铜佛像精妙绝伦，为皇帝、皇室贵族等所敬奉和珍藏。

一、元朝时期内地造像

在中国历史上似乎没有哪个朝代像元朝那样更重视工匠，并在史书上为匠人立传。元朝统治者崇信藏传佛教，大兴佛事。庞大的工程、烦琐的事务，需有专事部门进行管理。至元十二年（1275），设诸色人匠总管府，专掌绘画佛像及土木刻削诸事，总管府下又设梵像局等 18 个司局，延祐三年（1316）梵像局改梵像提举司。时尼泊尔匠师阿尼哥（Anigo，1244—1306）任总管府总管。阿尼哥《元史》有传，他是一位杰出的建筑师、雕塑家及画家，为尼泊尔王室后裔，因其杰出的艺术才华被元朝帝师八思巴举荐给忽必烈，入京为官。元大都（今北京）及上都（今内蒙古自治区锡林郭勒盟正蓝旗境内）寺观造像多出自阿尼哥之手，现北京妙应寺（元时称大圣寿万安寺，俗称白塔寺）的白塔便是当年阿尼哥的建筑杰作。就金铜造像而言，阿尼哥将尼泊尔、西藏的造像风格传入内地，并与内地汉式造像的审美风尚相融合，他的西天梵像其实是具有浓郁的汉族特色的藏传佛教造像风格，对后来明清时期的宫廷和西藏本地的藏传佛教艺术都影响深远。阿尼哥的艺术传承人重要的有阿尼哥之子阿僧哥、弟子刘元、刘元的再传弟子张提举等，详细事迹可见于《元代画塑记》。

有元一代，北京的藏传佛教造像制作虽多，但绝大多数已湮灭在历史的长河中，目前仅有两尊造像有明确纪年，藏于故宫博物院中。

一尊为红铜文殊菩萨坐像，为大德九年（1305）所造，是目前所知最早有明确纪年的元代造像（见图4-1-1、图4-1-2）。此像或可视为西天梵像的范式。此文殊菩萨坐像为红铜鎏金，上嵌珠宝玉石，在金色的衬托下更显典雅华贵。另一尊造像是至元二年（1336）释迦牟尼佛坐像（见图4-1-3）。此像为合金铜材质，色泽上呈现出古朴的古铜色，据说这是因为"内地生产的合金铜加入了主要成分为碳酸锌的炉甘石，含锌较低"之故。[1] 释迦佛双跏趺坐坐于仰覆莲台上，身着袒右式袈裟，袈裟贴体。佛像面部上方下圆，两颊饱满圆润，眉间凸起白毫相光，大耳垂肩，颈部有三道蚕节纹，头顶肉髻格外高耸突出，上有顶珠。莲台上下边缘均饰有连珠纹，在袒右式袈裟的领口边缘亦有一道连珠纹，连珠的使用使得造像在装饰上和谐统一（见图4-1-4）。而从侧面看去，也更可见佛像胸腔的厚实、强健。

重庆中国三峡博物馆收藏的一件摩利支佛母造像亦为元代作品，摩利支佛母即摩利支天，三面八臂，中间一面为天女相，左侧头面为猪相（见图4-1-5）。摩利支天法力强大，据唐代天竺三藏阿地瞿多所译《摩利支天经》云："有天名摩利支，有大神通自在之法。常行日前，日不见彼，彼能见日。无人能见，无人能知，无人能害，无人能欺诳，无人能缚，无人能债其财物，无人能罚，不畏怨家，能得其便。"[2] 在汉传佛教中她成为佛寺殿堂中常设的二十四诸天之一。很多时候摩利支天的形象是坐在一辆由几头猪拉的车上，此尊造像摩利支天是坐在仰覆莲台上，右腿半伸，脚踩在一朵莲花上，左腿盘在身前。摩利支天两正臂当胸持金刚杵，另外六臂如轮辐状分列身后，惜手中持物已失（见图4-1-6）。

这三尊元代金铜造像的共同特点是沉稳、厚重，虽不拘泥于细节，但细节依然处理得十分精致。三个莲座几乎一模一样，均是仰覆莲花，花瓣饱满凸起，在莲座的上下边缘饰以连珠纹的同时，连珠纹也出现在佛菩萨诸天的身上，使造像更加和谐统一。元代宫廷所制金铜造像对明清两代影响深刻，但时间越是往后，元代造像沉稳厚重的特点逾减，代之而起的是一种纤巧华丽之风。

---

① 首都博物馆、西藏博物馆编：《天路文华·西藏历史文化展》，科学出版社，2018年，第127页。
② ［唐］阿地瞿多译：《佛说陀罗尼集经》卷第十（诸天卷上），《大正藏》第18册，第869页。

文殊菩萨双跏趺坐，端坐于仰覆莲花台座上，莲台上下边缘均有一圈连珠纹，双手当胸结转法论印，并牵两枝莲花的花茎，莲茎顺手臂而上，在左右肩头各盛开一朵莲花。文殊菩萨上身披挂璎珞，戴臂饰、腕饰。下身着裙，但裙装贴体，仅在脚腕处显示出嵌有两道连珠纹的裙边。裙子的下缘在盘着的两小腿之间铺作扇形。此尊造像肩宽，腰细，形体健美，比例和谐。文殊菩萨坐像整个外轮廓呈一高度大于底边长度的等腰三角形，虽然造像仅有 17 厘米高，但在视觉上这种三角形却把人的目光不断向上引导，在人的视觉心理上形成高耸之势，使菩萨的身姿显得更为挺拔。

莲座底部刻有铭文："奉佛高全信一家，舍财造文殊师利一尊，报答父母养育之恩，一切众生共成佛道，大德九年五月十五日记耳。"

侧面观之造像则另有一番情韵。文殊菩萨双目低垂，眼观鼻，鼻观口，口问心，完全进入了一种沉寂的状态，莲花在其肩头轻轻绽放，似乎在他的空间里时间已然凝固。

图 4-1-3　释迦牟尼坐像，元，合金铜，高 21.5 厘米
故宫博物院藏

此尊释迦牟尼佛像的袈裟若无领口、袖口等边缘的起伏变化，几乎不易被人察觉袈裟的存在，这是印度笈多艺术的典型特征。袈裟的下缘，呈扇面状轻轻铺展在莲座上，表面微微凸起，极其巧妙地表达出袈裟面料轻薄的质地。

莲座后部铭文题记："出家释子智威……丁男仲仁贵、仲仁智、仲仁谦，信眷杨氏单奇一家，善眷等，发心铸释迦佛。一家向……诸佛，加被星天护此世来生，福报无尽。岁次丙子至元二年八月望日谨题。"①

图 4-1-4　释迦牟尼坐像局部，元，合金铜
故宫博物院藏

佛像螺发，肉髻高大，上有顶珠，其面部圆润，如远山相连的眉宇间白毫相光格外突出，双目下视，直鼻小口，嘴角含笑。释迦佛肩头略方，正面看去手臂浑圆，但换个角度，从斜侧方观察，会发现佛像的手臂其实是一个扁圆柱体。从不同的角度观察造像，能使人们更多窥见其造像工艺及艺术特点。

① 中国藏传佛教雕塑全集编辑委员会编：《中国藏传佛教雕塑全集·金铜佛（上）》，北京美术摄影出版社，2002 年，图版 114，第 99 页。

图 4-1-5 摩利支佛母像，元，铜鎏金，高 25 厘米
重庆中国三峡博物馆藏

　　尽管此尊摩利支佛母像身上的鎏金经历年岁久而变得暗淡，但却使造像更显沉
稳。摩利支佛母像头微微低垂，似若有所思。整尊造像虽为金属浇铸，但肌肤充满
弹性的质感，柔若无骨的手指几欲令人忘记其所用的材质竟是金铜。

图 4-1-6　摩利支佛母像局部，元，铜鎏金

重庆中国三峡博物馆藏

　　摩利支佛母像的五叶宝冠及项饰、臂饰和耳饰上间错镶嵌着红珊瑚和绿松石，其中以绿松石为主，红珊瑚点缀其间。可见其在色彩美学上冷暖搭配的讲究，如果冷暖两种颜色势均力敌，势必会影响其色彩的和谐，从而显得纷乱。

二、明朝时期内地造像

继元朝之后，朱元璋于 1368 年建立大明王朝，初定都南京，后其子朱棣于永乐十九年（1421）迁都北京。明朝的藏传佛教造像艺术以京城最盛，这与明代统治者对藏政策有关。洪武五年（1372）乌思藏（西藏）归附明廷，明政府为加强对藏区的管理、与其保持密切的联系，政策上对藏传佛教尊崇有加，为藏区宗教领袖敕封名号，并留有住京喇嘛。"西番，古吐蕃地，元时为郡县。洪武初，因其旧职。于是乌斯藏（西藏）番僧有阐教王、阐化王、辅教王、赞善王，统化番民。又有护教王、大乘法王、大宝法王，凡七王，具赐银印，令比岁或间岁朝贡。成化十七年题准，每三年一供。"① 随着明政权的不断稳固，国力不断增强，留居京城的番僧（喇嘛）也越来越多，据《万历野获编》所载："宣宗末年入居京师各寺者最盛。至正统初，遣回本处者至六百九十一人。"② 又，宪宗成化年间，仅大慈恩、大能仁以及大隆善三处寺院就有留京僧人千人之多。③ 进京朝贡的喇嘛将藏区的金铜造像作为最宝贵的礼物进献皇帝，而皇帝亦回赐宫廷所造之像，如色拉寺寺主释迦益西由北京返藏时，明宣宗曾赐给他十六尊者佛像一套，这十六尊者像被放置在由当地著名雕塑家朱古来乌群巴塑制的大佛像内，而这尊大佛则被供奉在色拉寺主殿内。④ 为此，宫廷御用监专设有佛作，以满足皇家对佛像之需。与前朝元代相比，明代宫廷所造之像信仰的成分相对较少，在一尊尊熠熠生辉、堪称耀世之作的金铜造像背后，更多的是明廷的政治诉求。

明朝的藏传佛教金铜造像，以永乐、宣德年间的宫廷造像数量最多，工艺最精，影响最广，被后人称为"永宣造"。其特点是造像尺度标准，线条自然流畅，且工艺精细，面部方正，神情柔和，其庄严的形象、精良的制作工艺深深影响了汉藏两地的佛教造像样式。题材上以显宗神系为主，密宗神像较少，铸造材料以黄铜为主，整体鎏金，光泽纯正，且大多刻有年款。

首都博物馆藏有一件释迦牟尼佛坐像即为永乐年间（1403—1424）所造（见图 4-1-7）。佛像整体外轮廓为一个竖立的、顶角约为 30 度的等腰三角形。佛像莲台底边的宽度与整尊佛像高度（包括莲台）之比为 1：0.603，接近黄金比例。这种高耸的等腰三角形将人的视觉向上引导，给人以崇高感，几近黄金比例的和谐比例关系带给人的是视觉的舒适及内心的愉悦。此尊造像带有南亚造像风格影

① ［明］申时行：《明会典》，卷一〇八，中华书局，1989 年，第 581 页。
② 沈德符：《万历野获编》，中华书局，2004，第 684 页。
③ 杜常顺：《明代留住京师的藏传佛教僧人》，《中国藏学》，2005 年第 2 期，第 59—66 页。
④ 扎雅·诺丹西绕著：《西藏宗教艺术》，谢继胜译，西藏人民出版社，1997 年，第 85 页。

响的痕迹，如释迦佛左臂的衣袖，其宽大的袖口合拢一处呈拱形翘起，这种形式在中国
国家博物馆所藏的一件南亚造像上亦可见到。但在这件永乐年间的造像上，丝毫感觉不
到异域风情，它将翘起的衣袖完美地融合在衣饰的处理中，宛如被一阵风吹起，给静态
的造像平添了几许动感。动与静手法的结合使艺术效果更加感人。此像不论在艺术上还
是在宗教上都是一尊完美的造像。

　　明朝的中央政府与信奉藏传佛教地区的宗教领袖之间常有金铜佛像的互赠往来，但
因时代久远，不少此类金铜造像如今多藏于地方博物馆中。西藏博物馆藏有一件明永乐
年款的四臂文殊像，整尊造像虽经历几百年光阴，但依旧光彩灿然，是明代宫廷施与西
藏佛寺之物（见图 4-1-8、图 4-1-9）。文殊菩萨为智慧的化身，是藏传佛教艺术中常见
的造像题材。文殊菩萨面部方圆，修眉长目，面貌特征与前述释迦牟尼像相似。文殊菩
萨头戴宝冠，身披璎珞，尽管为四臂密宗神祇，但审美上具明显汉传佛教特色，从菩萨
腿部衣纹的处理上看与上面释迦佛造像衣纹如出一辙。由于造像背面基本不为人见，古
时工匠在制作时为了节省成本和时间，往往对佛菩萨像的背面处理比较简单，但永宣造
像之所以精美，是因为它对不为人常见的背面部分也与正面一视同仁，进行了一丝不苟
的制作（见图 4-1-10）。甘肃省博物馆收藏的一件无量寿佛坐像也是永乐款造像（见图
4-1-11），这尊造像身体中正，结双跏趺坐，结禅定印。无量寿佛头戴宝冠，身披璎珞，
着菩萨装。从局部细节，如宝冠、璎珞样式，以及面相特征等方面看，其与四臂文殊像
几无二致。青海博物馆藏永乐年间的观世音菩萨立像（见图 4-1-12、图 4-1-13）形体高
大，十分精美，观世音菩萨周身披挂璎珞，身躯微微扭动，裙裾衣摆轻轻向上翘起，使
人如闻环佩叮当，似觉菩萨款款而行。宣德造像秉承永乐造像的一贯作风，虽有小异但
不失大同。故宫博物院所藏的一件宣德造像，为一尊绿度母像，她右腿半伸，脚踏一朵
脚莲，左腿盘在身前，与永乐造像的一个明显不同是莲座上的莲瓣比较宽厚，不似永乐
造像莲座莲瓣那般细密，其人物形象似乎也更加柔和（见图 4-1-14）。在中国国家博物
馆藏有一件明代铜鎏金罗汉立像（见图 4-1-15、图 4-1-16），虽不明确是否为永宣时期
所造，但从其风格、工艺等角度来看，亦相去不远。此尊罗汉通体鎏金，最具特色的是
身上袈裟的纹饰竟然均是立体雕铸而成，显得格外绚烂奢华，不禁令人联想到《西游记》
故事中所说的镶嵌七宝的锦襕袈裟。当然此袈裟上并未有任何珠宝镶嵌，只是以立体形
式来表现袈裟上的纹样，这与"永宣造像"一脉相承。

　　综合观之，"永宣造像"面部方正，神情和婉，莲座一般是仰覆莲花，上下边缘饰细
密连珠纹。永宣造像一个明显特征是，在造像上基本不再另外镶嵌任何珍宝，其珠宝样式均
与造像一体铸出。其实对于富丽绚烂的永宣造像来说，任何额外的装饰都无异于画蛇添足。
就中国金铜造像整个的艺术历程而言，永宣造像堪称是最后的高峰。

图 4-1-7　释迦牟尼佛坐像，明永乐年间，铜鎏金，高 27.6 厘米

首都博物馆藏

此尊释迦佛像结双跏趺坐端坐于莲台上，左手结禅定印，右手结触地印，双眼低垂，嘴角略带微笑，神情和悦庄严。莲座为仰覆莲台，上下缘各饰一圈连珠纹，莲瓣细密饱满。佛发绀青色，肉髻高耸，上安顶珠，面部方圆，两颊丰颐。眉细而长，宛如新月，鼻梁窄细、挺拔笔直，与额平齐。此佛像那种已入"般若三昧"的精神状态被刻画得入木三分，不禁使人想起晋代人对"佛"的解释："佛者，觉也……如睡梦觉，如莲花开。"

图 4-1-8　四臂文殊菩萨像，明永乐年间，铜鎏金，高 22 厘米

西藏博物馆藏

　　此尊四臂文殊菩萨像整体造型相比正襟端坐的佛像要复杂。菩萨右正臂举剑，左正臂当胸，左下臂持弓，右下臂手中持物已失。菩萨宽肩细腰，头部微微向左倾侧，为菩萨像增加了几许妩媚的动感。莲座前錾刻铭文"大明永乐年施"。菩萨头戴五叶宝冠，发色绀青，发髻高绾，上安宝珠，下部的头发卷曲着披于两肩。宝冠两侧的缯带呈 U 形向上飞举。菩萨面貌祥和，眼角微微上挑，嘴角含笑。端严而又不失亲和力的形象令人目不暂舍。此外，一些造像细节往往最能显示一件作品是否精良。文殊菩萨手中所持智慧之剑的剑柄末端，被做成透空的金刚杵的样式，十分精巧，玲珑剔透，可见工艺之精。

图 4-1-9 四臂文殊菩萨像半侧面，明永乐年间，铜鎏金
西藏博物馆藏

　　整尊造像从设计到制作都非常精良，从任何一个角度观之都堪称完美。
且由于角度或光线的不同，同一尊造像所传递出的情感也会有微妙的差异。

图 4-1-10　四臂文殊菩萨像背面，明永乐年间，铜鎏金

西藏博物馆藏

　　文殊菩萨像的背面同样制作精致、一丝不苟，菩萨宝冠的冠叶、莲座及衣纹、璎珞装饰并未像有些金铜造像那样进行简省处理，例如有些造像莲台的莲瓣只做出正面的部分，而此尊造像则是不论前后，一律认真对待。从背面观之，文殊的四只手臂处理非常自然，左右各两只手臂上下排列，但无论将左右的任何一对手臂组合，都毫无违和或异样之感。

图 4-1-11　无量寿佛像，明永乐年间，铜鎏金，高 20.3 厘米
甘肃省博物馆藏

　　此尊无量寿佛像结双跏趺坐端坐于仰覆莲花座上，双手结禅定印。头梳高发髻，头戴五叶宝冠，耳侧的冠带呈 U 形，耳戴圆形大耳饰，身挂璎珞。绀青色的佛发披于肩头。佛像肩宽腰细，含胸拔背，整尊造像挺拔俊秀。宝冠、璎珞与造像一体铸出，沉稳厚重。莲座底部阴线刻"大明永乐年施"。

图 4-1-12　观世音立像，明永乐年间，铜鎏金，高 146 厘米

青海省博物馆藏（邢鹏 供图）

此尊观世音菩萨像跣足立于仰覆莲台上，莲瓣饱满，立体感强，莲座上下边缘各饰一圈连珠纹。菩萨身体微微扭动略呈 S 形，头戴五叶宝冠，两侧的冠带呈 U 形向上飞扬，耳戴硕大的耳饰。菩萨像披天衣，挂璎珞，下身系长裙，裙摆微微翘起，似是翩然而至刚刚站定脚步。双手各牵一枝莲花，左手自然下垂，右手轻轻抬起。整尊造像华美灿然，菩萨身上的璎珞珠宝配饰并非真正珠宝镶嵌，而是与造像主体一体铸出，精湛的工艺令人叹服。造像上铭文为"大明永乐年施"。

图 4-1-13　观世音立像局部，明永乐年间，铜鎏金

青海省博物馆藏（邢鹏 供图）

菩萨面庞圆润，下巴微尖，但整个下颌部分却又很饱满，整个面部的结构起伏转折，变化柔和而微妙。双目下垂，眉含远山，嘴角带有几分微微的笑意，神情恬淡静谧。额头发际线上精致地刻出卷曲的短发，发丝清晰。在璎珞珠宝的样式设计上，以类似柿蒂纹的形式为基本样式，即中间一颗圆形珠宝，其上下左右各一颗桃形珠宝组成。在菩萨周身的严饰上，这种图式随具体位置的不同而有所变化，四个桃形"花瓣"随之增减，或三瓣，或两瓣，或完整的四瓣。这体现出匠师在制作菩萨像时设计观念的整体性，在基本形上增减变化，使璎珞装饰繁而不乱，成一和谐的有机整体。

图 4-1-14 绿度母坐像，明宣德年间，高 25.7 厘米
故宫博物院藏

　　此尊绿度母像面形略方，头微微右倾，神态宁静祥和，细长的眉眼微闭，双目下视，嘴角挂有一丝淡淡笑意。她双手各牵一茎莲花，在肩头盛开，映衬着绿度母美丽的面庞。此时的绿度母看上去仿佛一朵刚刚从晨露中醒来的莲花。

图 4-1-15 罗汉立像，明，铜鎏金，高约 20 厘米
国家博物馆藏

图 4-1-16 罗汉立像局部，明，铜鎏金
国家博物馆藏

　　此尊罗汉立像为通体鎏金，脚踏仰覆莲花，但仰莲莲瓣较小，边缘饰连珠纹。罗汉身上所披袈裟分外引人注目，此造像不似多数金铜造像那样，衣服上的织物花纹不是用錾刻形式表现，而是浮雕形式。袈裟的福田格以突出的连珠纹分隔，袈裟边缘或福田格内的花纹亦然。特别是在袈裟的衣纹褶皱或交叠处，这些突出的纹饰亦随之起伏交叠或隐藏，表现得尤为细腻。由于纹饰的立体效果，使得此件袈裟显得格外豪华，与罗汉古拙的相貌、宁静淡然、心无染着的神态形成鲜明对比。所谓身处繁华，但却视富贵如浮云，大抵便是如此。

　　罗汉神态表情刻画非常成功。这是一位四方面形、略显消瘦、骨骼清奇的年长罗汉。额前皱纹堆垒，双眉微蹙，长且浓密，垂在眼角两侧。罗汉双手施最上菩提印，二目下垂，似闭非闭，嘴唇轻启，若念念有词。持念经咒一心不乱的专注境界，被表现得入木三分。

三、清朝内地藏传佛教金铜造像

江山鼎革，继明王朝之后清王朝入主中原，爱新觉罗氏成为紫禁城新的主人。由于满洲贵族与蒙古贵族的密切关系，藏传佛教也天然地成为满洲贵族重要的宗教信仰之一。当然，除了信仰因素之外，藏传佛教也是清王朝维系以及加强与蒙藏关系的重要手段。与明代一样，清代的内地藏传佛教金铜造像以京城为主，尤其是宫廷造像。清代的藏传佛教金铜造像以康熙和乾隆二朝为最，被称作"康熙造"和"乾隆造"，统称"康乾造"。

作为清朝入关后的第二位君主，康熙皇帝于康熙三十六年（1697）设立中正殿念经处，专事佛像造办。"康熙造"在风格样式上直接承袭"明代永宣造"的造像特征，但在细节上又有自己的时代特色，如宝冠、璎珞等嵌有珍宝，上身比例变短等。康熙时期正是清帝国入关统治的初期，由于政治、经济等尚不十分稳定，所以现在所能见到的康熙年所造藏传佛教金铜像数量有限。故宫博物院所藏的四臂观音金铜造像，是康熙皇帝为其祖母孝庄太后所造（见图4-1-17），观世音面貌慈祥端庄、雍容华贵，所戴璎珞饰物上嵌有各色珠宝，这已然改变了永宣造通体鎏金不会额外嵌饰珍宝的特点。衣纹的处理方式直承永宣造，但程式化特征明显。康熙年间制作的一件无量寿佛坐像亦是如此（见图4-1-18），但在衣纹等方面的处理更为简略。通过这两尊康熙年间的清宫造像，可以看出在造像的形体比例上，清代造像的上身明显缩短，肩部更加宽厚。

清代造像在技术上延续明代，基本为铸造，但内容题材上要丰富得多，尤其是密教神祇。故宫博物院所藏的一尊康熙年间造的绿度母，在人物形象上颇带有几分蒙古风情（见图4-1-19），其眉梢、眼角上挑，嘴唇小而厚，下巴圆润尖小，身姿挺拔。这种风格与漠北蒙古一世哲布尊丹巴所造无量寿佛[1]风格极为相似。一世哲布尊丹巴既是漠北蒙古的宗教领袖，也是一位艺术家。在多伦会盟（1691年）后，一世哲布尊丹巴居住北京近30年，与康熙皇帝关系密切，宫廷此类造像风格的出现当是由他所带来的。此外，雍和宫所藏的一尊康熙年制密迹金刚像，其多臂、多头的繁复造型，颇能显示出康熙造的技艺水平（见图4-1-20、4-1-21）。密迹金刚三面六臂，双跏趺坐坐于仰覆莲台上，怀拥明妃，明妃亦是三面六臂。两个人物均身披璎珞，头戴宝冠，手中均有持物。形象虽复杂但却处理得宜，鎏金颜色略有暗淡，然更显造像沉稳厚重。

---

[1] 王家鹏称其为"毗卢佛"，参见王家鹏：《藏传佛教金铜佛像图典》，文物出版社，1996年，第397页。

康熙年间的造像总体给人的感觉是典雅庄重，特别是镶嵌珍宝形式的出现，开启了内地宫廷造像新的审美特征。在之后的乾隆朝我们将会看到大量镶嵌着各式珍宝的华光璀璨的造像。就造像比例而言，人物的上身明显缩短，肩膀宽厚，从而使人物形象显得厚重而稳定。而明代造像上身修长，人物也更加灵秀。此外，垂于莲台前部两侧的帛带，基本上成为"康熙造"的普遍样式，这种特征在明代则极少出现。再有就是莲座上宽大饱满的莲瓣，也是康熙造的一个明显特征，永宣造像的莲座花瓣是纤细的，与造像一样娟秀灵动。清代康熙年间的藏传佛教金铜造像，向上承袭永宣造像遗风，并在此基础上形成了自己的造像特色和审美特征，向下开启了"乾隆造"的风格多元、题材丰富、工艺精湛的造像时代特征。

"乾隆造"是指清乾隆年间由宫廷制造的藏传佛教金铜造像。乾隆时期的清王朝国力鼎盛，国家的政治、经济、文化等方面都相对稳定，人口数量大幅度增加，有盛世之誉。出于国家安抚、联络蒙藏的政治需求，以及帝王个人信仰的双重原因，乾隆朝藏传佛教金铜造像的风格之多样、数量之庞大，都远胜前朝。

宫廷与藏区宗教领袖往来密切，乾隆皇帝宫中所藏金铜造像有很多是藏区大喇嘛进献给皇帝的，而这些造像既有藏区本地所造，也有来自尼泊尔、印度、斯瓦特等地的古老造像珍品，风格多样，情况亦十分复杂。在乾隆皇帝宫廷所造的佛像中不乏对这些古老造像的仿制品。此外，前朝（元、明）宫廷遗留下的金铜造像也是乾隆收藏的珍品。多样的风格对乾隆造产生深刻的影响，而乾隆造也对蒙藏地区造像影响深远。乾隆皇帝本人更是热衷于金铜造像。出自宫廷、由内务府造办处成造的佛像，绘制图样、翻制阴阳模和蜡模等几乎每一道工序都处于皇帝本人的监督之下，不满意处更是亲自动笔修改。清宫档案中此类记载不绝于笔。例如，"传旨将佛冠不周正处收拾好，其手内经挪在肩花上安供，肩花上经换下呈览"；又如，"乾隆三十八年……交出御笔画得发纸样一张，奉旨威积金刚发短，长高三分，照交出发样另改造"，[1] 等等。由此不难看出，乾隆时期宫廷所造藏传佛教金铜造像更多体现出的是乾隆皇帝的个人审美趣味。而参与到造像过程中的不仅有皇帝本人，还有其身后强大的顾问团队，这就是以三世章嘉呼图克图为首的藏传佛教高僧。三世章嘉不仅学识渊博，更是精通塑绘，清宫很多金铜造像多是经他本人鉴定。除此之外，宫廷的丹青妙手，亦

---

① 清宫档案《活计档》3420–3423 号及 3581–3584 号，转引自中国藏传佛教雕塑全集编辑委员会编：《中国藏传佛教雕塑全集·金铜佛（上）》，北京美术摄影出版社，2002 年，第 21 页。

参与到佛像的绘制过程中。而且内务府造办处成造佛像的工匠也有来自异域的匠人，据清宫档案"乾隆九年（1744）有尼泊尔与西藏工匠来北京为皇家造佛像"。① 所有这一切，注定"乾隆造"的风格不会是单一的，而是一种兼容并蓄、融会贯通的风格特征。此外，需要特别关注的一件事是，乾隆七年（1742 年）西番学总管工布查布翻译出《造像量度经》，这对乾隆时期的金铜佛像影响甚深。《造像量度经》的出现固然规范了造像，但也加深了造像的程式化程度，使得艺术水平逐渐减弱。

乾隆时期的藏传佛教金铜造像在题材上与前代以及康、雍两朝的一点不同，是上师题材造像明显增多。在藏传佛教的传统中，上师地位举足轻重，有时甚至与佛的地位等同。乾隆时期宫廷所造上师像很注重人物个性特征的表现，并非是一般的程式化或符号化的人物形象。故宫博物院收藏的黄教创始人宗喀巴与六世班禅等像可为此类造像的代表。宗喀巴大师（1357—1419）是藏传佛教格鲁派创始人，著名的佛教理论家，关于他的造像有很多。这尊宗喀巴像大师像成于乾隆四十六年（1781），原供奉于梵华楼二楼明间的供桌正中，整尊造像深青铜色，面部略黄，颜色古朴凝重（见图 4-1-22、图 4-1-23），人物面貌细眼，宽鼻，阔口，充满个性特征。细观之，会注意到大师像的宝座上雕有狮子形象，而狮子宝座一般为佛像的像座（见图 4-1-24）。但这尊宗喀巴像并非清宫原创，而是一件仿制品，在此造像背光后有汉满蒙藏四体文字题刻，汉文题记为："乾隆四十六年岁在辛丑冬十月吉日，奉旨照西藏扎什伦布式成造紫金琍玛宗喀巴，永兴黄教，普证圆成，吉祥如意。"从题记可知，此像是仿西藏扎什伦布寺所进献的一尊宗喀巴大师金像而制，宗喀巴金像由藏区扎什伦布寺的扎什吉彩作坊制作（见图 4-1-25、图 4-1-26），其背光后有铭文："乾隆四十五年七月二十日班禅额尔德尼瞻仰天颜恭进十二上乐王座，藏释迦牟尼佛舍利大利益宗喀巴佛。"二尊造像形制基本相同，其中清宫所造宗喀巴像图案纹饰略简。二像最大的差别在于色彩，清宫宗喀巴像紫金琍玛制造，色彩厚重古朴，扎什伦布寺宗喀巴像黄金制造，镶嵌各色珍宝，珠光宝气，光彩照人。当然，清宫所造宗喀巴像也镶嵌了各色宝石、珍珠，但体量较小，几乎全部淹没在繁花密蕊复杂的背光之中。从中不难看出二者在审美趣味上的差异。进献这尊金宗喀巴像的正是六世班禅。班禅是由清政府敕封，在黄教中与达赖并称的宗教领袖。六世班禅罗桑贝丹耶歇（1738—1780）生于后藏地区，乾隆三十一

① 王家鹏：《藏传佛教金铜佛像图典》，文物出版社，1996 年，第 24 页。原始资料参见清宫档案《各作成做活计清档》3430。

年（1766）被乾隆皇帝册封为六世班禅额尔德尼。故宫所藏这件六世班禅金铜造像，是六世班禅圆寂之后，乾隆皇帝为纪念他命人照其画像而制的，原供奉于雨花阁西配楼班禅影堂内。此六世班禅金铜造像呈方形面庞，宽鼻阔口，一双笑眼慈祥地注视着前方，人物面貌的个性特征被精心地表现出来（见图4-1-27、图4-1-28）。如果将之与绘画作品《六世班禅冠服像》相对照，可以看出二者的相似性，这说明此时清宫的人物肖像艺术具有相当高的水平。

清宫的金铜造像按地域、风格、制造地点、具体材质等，被称为各种"琍玛"，所谓"琍玛"即铜或响铜，也就是铜合金，如梵铜琍玛（印度琍玛）、番琍玛（西藏琍玛）、红琍玛（尼泊尔风格造像）、扎什琍玛（扎什伦布寺琍玛）、紫金琍玛（清宫府造），等等。在诸种琍玛中紫金琍玛是最为尊贵的一种，是由多种贵金属冶炼而成的一种非常珍贵的合金材料。清宫的紫金琍玛配方来自西藏，但与西藏又有所差别，是经内务府造办处多次试验而成。例如承德外八庙管理处收藏的一件无量寿佛即为紫金琍玛（见图4-1-29）。此尊无量寿佛像双跏趺坐于莲座之上，双手托宝瓶，结禅定印，像与莲座分开铸造。佛像舟形背光，蔓草纹如云气般舒卷。佛像头上的宝冠及身上的璎珞制作非常精致，耳朵两边的宝缯呈S状向上飞扬，为静穆的佛像增加了几许动感（见图4-1-30、图4-1-31）。这尊无量寿佛与扎什伦布寺扎什吉彩作坊所制的一尊无量寿佛非常相似，如无量寿佛的形象、背光的造型，以及圆润饱满的卷草纹饰等，但佛面却非藏人特点，而是更具汉传佛教特色，表情更加温和。莲台前垂下的两条帛带，延续了康熙造的特点。此尊无量寿佛面部起伏柔和，五官刻画细腻、逼真，面貌如生，好似某位真实人物的形象，可见制作者在形象表现上用功之深，是一件难得的金铜造像珍品。故宫博物院所藏的一尊释迦牟尼像以及一尊大持金刚像，也都是紫金琍玛的上乘之作。释迦牟尼佛（见图4-1-32）为一坐像，造型古朴，袒右式袈裟，袈裟紧贴显现出健硕的身体，当是一件仿古之作，原供奉于紫禁城雨花阁普明圆觉层前殿正龛正中。大持金刚头戴宝冠身，披璎珞，装饰华美异常（见图4-1-33），做工之细腻、精湛令人赞叹。这两尊紫金琍玛造像通体黑褐色而泛着微紫色光芒，显得悠远而神秘，不得不说乾隆造在色彩美学的造诣上达到了新的高峰。

藏传佛教中度母是非常重要的一类神祇，其中绿度母像是清宫造像颇多的一类题材，在康熙年间的宫廷造像中便已出现绿度母的造像。雍和宫与承德外八庙管理处各有一尊绿度母像，尽管均为绿度母，同是乾隆年间所造，图像学特征也基本相似，但二者风格却有很大差别。雍和宫所藏绿度母的形象更符合

《造像量度经》的范式，经中所谓"佛母芝麻面"：这尊绿度母的面庞较圆，下巴尖尖，正如芝麻之形。不过其纤细修长的腰肢又带有蒙古造像风格的特点。绿度母目光平视，似轻启朱唇与人欲语，给人一种性情直爽、外向之感。整尊像在铸造工艺及表现形式上也更纤巧华丽些（见图4-1-34）。承德外八庙管理处的绿度母像似乎更多是明代以来内地金铜造像的风格特点：方圆的面庞，内敛的精神气质，简净的纹饰处理及沉稳结实的工艺表现等（见图4-1-35、图4-1-36）。两种风格的造像各美其美，均为造像精品。

藏传佛教造像分显宗神系和密宗神系，承德外八庙管理处所藏的一尊阎摩天即为密宗神。阎摩天为藏传佛教的护法，具有拔除不祥、驱除修行过程中的障碍与诸邪魔的强大力量，能令修行者所愿所求遂意圆满。阎摩天为牛面，头戴有五颗骷髅的骷髅冠，面貌狰狞凶恶，头顶发髻上还有一尊化佛。身披璎珞，挂有一条长长的骷髅头饰串。双手当胸，一手持金刚杵。阎摩天脚下踩着一头卧伏于地的牛，牛身下是只有覆莲的莲台（见图4-1-37、图4-1-38）。这尊阎摩天造像整体造型气势威猛、庄严，具一种令人畏惧的狞厉之美。造像通体鎏金，金光灿然，工艺精湛，特别是在密宗神形象的刻画上格外用心。

乾隆造金铜佛像的风格形式多样，设计巧妙，或精致细密，或简率尚意，或雍容华贵，或典雅质朴，人物比例匀称，整体造型大方，但有时亦因追求精细而落于琐碎。中国的佛教造像艺术整体而言，进入清代已然衰落，但康乾两朝的藏传佛教金铜造像则凭借其皇家实力，铸就了中国古代佛造像艺术史上的最后辉煌。

图 4-1-17　四臂观世音菩萨坐像，清康熙二十五年（1686），铜鎏金，高 73 厘米

故宫博物院藏

　　四臂观世音头戴五叶宝冠，每一叶呈尖卵形，叶片中心嵌宝石，叶冠边缘嵌珍珠，耳旁的缯带呈 U 形向上扬起，端部嵌宝石。天衣披于两肩绕双臂婉转而下，自然流畅，边缘錾刻有精细的缠枝花纹样。四臂观世音两前臂当胸合掌，另两臂一手持莲花，另一手中持物已失，手臂造型柔美，肌肤丰润。观音下身着裙，双跏趺坐坐于莲花台上，衣裙轻柔地贴于腿部。其身下莲台上下边缘及束腰均饰有一圈连珠纹，莲瓣宽大饱满，两条帛带垂于台前。观世音所佩璎珞装饰有一奇特之处，即在左胸前的珠花上部有一个羊头形的"吞口"衔住珠花。这种形象最早出现在古印度佛教造像弥勒等菩萨的身上，于左肩搭一块连着羊头的兽皮（仁兽），但这尊四臂观世音是把兽头作为璎珞的"吞口"，这种装饰形式颇为少见，匠心独运。

图 4-1-18　无量寿佛坐像，清康熙年间，铜鎏金，高 22 厘米
故宫博物院藏

　　无量寿佛头戴五叶宝冠，双手结禅定印并托宝瓶，结双跏趺坐端坐于仰覆莲花座上。身上的璎珞装饰比较简洁，为珠串形式。宝冠及璎珞等装饰上镶嵌珠宝，莲台上沿有一圈连珠纹，莲瓣宽大饱满，两条帛带垂于莲台两侧。无量寿佛满月面，眉弓上挑，双目低垂，眉心间的白毫相光大而圆，格外醒目。其下身的衣裙的裙摆似流水般铺于莲座上，衣裙的边缘錾刻有精致的花纹，小腿部位的衣褶处比较简单，以较粗重的线刻表示，不似四臂观世音以浮雕手法表现腿部的衣褶。

图 4-1-19　绿度母坐像，清康熙年间，铜鎏金，高 16 厘米
故宫博物院藏

　　绿度母的莲台样式与前面几尊造像大不相同，其花瓣纹样与其说是莲瓣，不如
说是装饰手法处理后的牡丹花瓣，它的形状更像是一个牡丹花台。绿度母造像带有
明显的漠北蒙古特点，特别是面部特征，犹如一美丽的蒙古少女，面含腼腆的微笑。
她双手各牵一支莲花，左腿盘于身前，右腿前伸，踩着一朵脚莲。但台座侧面垂下
的天衣则说明这是康熙宫廷御造之物。

图 4-1-20　密迹金刚像背面，清康熙年间，铜鎏金，高约 30 厘米

雍和宫藏

　　密迹金刚及明妃的十二条手臂如轮辐般在身体两侧展开，多头多臂的形象令人充满敬畏。密迹金刚身上的璎珞、饰物与身体一同铸出，上面曾嵌有珠宝玉石，但多数已失。莲座原本上下边缘装饰连珠纹的情况，在这里则已经变成只在上缘饰有一圈连珠纹。

图 4-1-21 密迹金刚像侧面局部，清康熙年间，铜鎏金
雍和宫藏

侧面视角可以更全面地对造像进行观察。密迹金刚的发髻仿佛一个葫芦的形状，最上面安宝珠。造像设计一个有趣之处在于密迹金刚的三面共用两耳。从侧面可以清楚地看到，密集金刚正面头部的两个耳朵同时也是两个侧面头部的左耳或右耳。但不论耳朵的大小还是前后的方向，对于密集金刚的三个头来说都丝毫没有违和感，足见设计之巧妙。

图 4-1-22 宗喀巴大师像，乾隆四十六年（1781），紫金琍玛，高 58 厘米
故宫博物院藏

　　此尊宗喀巴大师像坐于仰莲莲台上，莲瓣宽大肥厚。莲台下为狮子金刚宝座，正中垂下的台布上嵌有一颗硕大的绿松石。大师双手转法轮印，并各牵一枝莲茎，莲茎末端在左右肩上分别化现出经书与宝剑，以表明宗喀巴大师是文殊菩萨化身。宗喀巴着藏式袈裟，衣纹处理简净，袈裟下部将双腿包住，三四条阴线刻以示衣纹。与宗喀巴像的简形成鲜明对比的是背光的繁。其背光由繁密的莲花、枝蔓组成，在枝叶上镶嵌有各色宝石，如珊瑚、水晶、珍珠等，但宝石较小且石色纯度较低，所以并不抢眼，被很好地统摄在背光的深色中。若细看则会时不时闪烁出珍宝的幽微光芒。背光最上端正中装饰一华丽的伞盖，伞盖下为上乐金刚，两侧的花叶丛中有伎乐人物，雕刻极为小巧精致。整尊造像深沉古雅，用色含蓄。

图 4-1-23 宗喀巴大师像局部，乾隆四十六年（1781），紫金琍玛
故宫博物院藏

　　宗喀巴大师面部丰圆，眉弓高挑，细眼低垂，上眼睑呈弧形下弯，形似弓背，额间镶嵌一颗硕大的东珠，是为白毫相光。其鼻翼较宽，口含微笑，微眯的笑眼，俨然一位温柔敦厚的慈祥长者。此尊上师像的塑造，意在真实表达所塑造之人的某些个性特征。

图 4-1-24 宗喀巴大师像基座，乾隆四十六年（1781），紫金琍玛
故宫博物院藏

　　基座正中镶嵌了一颗椭圆形松石，松石的颜色与整个紫金琍玛像的深青铜色同为冷色系，故二者色调和谐。从基座上下边缘残留的镶嵌痕迹可知这些地方曾经镶嵌珍宝，只是珍宝的颜色已不得而知。但硕大松石的冷色占主导地位，所以不管原来镶嵌的是否为暖色的珊瑚或红宝石，都不会改变基座基础色调，况且从背光珠宝的使用上看，即便是珊瑚或红宝石，也是颜色纯度较低、色彩偏冷的红色。故而整尊造像在颜色使用上的特点是含蓄内敛，淡雅古朴。

图 4-1-25　宗喀巴大师像，乾隆四十五年（1780），金、铜镀金，高50厘米
故宫博物院藏

　　此尊班禅所进的宗喀巴大师金像是清宫紫金琍玛宗喀巴大师像的原型，二者形制样式几乎完全相同，最显著的不同则非颜色莫属。此尊宗喀巴大师像通体金色，只莲台莲瓣边缘为黑色，背光和基座上镶嵌各色珍宝：珊瑚、绿松石、珍珠等，且珍宝的纯度较高，色彩明丽。尤其是基座正前方镶嵌的一颗颜色湛蓝的绿松石，格外显眼。金色属于无彩色，与其他任何颜色搭配均无违和感，但毕竟金色偏于黄色，其与松石的高纯度蓝色以及红珊瑚的红色形成强烈的三原色对比。强烈的撞色亦为造像营造了一种神秘感，但这种神秘是一种华丽浓艳、令人捉摸不定的神秘。在色彩的运用上虽然原色对比强烈，但整尊造像以金黄色为统领，故而对比虽强，但不失和谐，堂皇富丽却又不至于流于艳俗。

图 4-1-26 宗喀巴大师像背光局部，乾隆四十五年（1780），金、铜镀金 故宫博物院藏

　　这尊宗喀巴大师像繁密的背光出自扎什伦布寺的扎什吉彩作坊，其精工细作几乎到了无以复加的程度，清宫的此件仿制品与之相比确实简略。其背光中镶嵌的珠宝，并非只是简单的原石镶嵌，而是经过精心的设计。例如上乐金刚两侧的绿松石装饰，整个饰件呈水滴状，中心一颗较大的水滴状绿松石边缘围以细密金属连珠纹，外圈再饰一圈绿松石连珠纹，然后再饰一圈金属连珠纹。上乐金刚莲座的莲瓣上不仅镶嵌红蓝宝石，还挂有以珍珠穿成的璎珞。还有的花朵纯以绿松石雕刻成梭罗树花叶的样子。背光上的伎乐飞天虽然很小，但制作非常精细，不仅五官清晰，而且手中所持金刚杵也分毫不差地表现出来。

图 4-1-27　六世班禅像，清乾隆年间，银镀金，高 75 厘米
故宫博物院藏

　　此尊六世班禅像为双跏趺坐端坐于仰覆莲台上，只在莲台上部边缘饰一道连珠纹，束腰为带状，莲瓣较细且饱满，有明代遗风，但莲瓣尖部不再饰有卷云纹。班禅头戴尖顶通人冠，身穿藏式僧袍，露右臂，袈裟裹于最外层，右手上举结说法印，左手置于身前结禅定印。其僧帽、衣领及袈裟的边缘镀金并錾刻有精细的卷草花纹。衣纹来龙去脉表现得简洁而清晰，线刻与写实的凹凸表现手法并用，两者结合自然。

图 4-1-28　六世班禅像局部，清乾隆年间，银镀金
故宫博物院藏

　　班禅头戴通人冠，这种黄色尖帽为格鲁派的典型标志。六世班禅面部为方正的国字形脸，眉弓微挑，鼻翼和嘴都比较宽大，双眼眯起，注视前方，面含笑意。可以看出匠师在极力捕捉人物面貌的个性特征。造像在细节的表现上也极为精心，例如手指甲的写实刻画，细微之处无不用心。

图 4-1-29　乾隆款无量寿佛像，清，紫金琍玛，高 81.9 厘米
承德市外八庙管理处藏

　　此尊乾隆款无量寿佛造像制作非常考究，几无瑕疵，佛像上的天衣、各种饰物等与佛像一
体铸出，并未镶嵌任何珠宝玉石，此一特点与永宣造像十分相似。此外，莲台两侧垂下的天衣
又延续了康熙造的特点。

图 4-1-30　乾隆款无量寿佛像正、侧面局部，清，紫金琍玛

承德市外八庙管理处藏

　　无量寿佛面相方圆，五官非常精致、和谐。两道长眉以细线刻出，眼睑微微低垂。鼻梁挺拔，鼻翼圆润，整个鼻子看上去像一条俯视的金鱼，两条线刻长眉，似是鱼尾。佛像是菱角小口，嘴角上翘，微含笑意，端严慈爱，令人见之心生亲切之意。

　　从侧面看去，无量寿佛的面部随骨骼起伏，饱满而柔和。眼睛的后眼角比眉梢要长，虽然眼睛是整体铸造时铸成，但眼白和瞳仁则是后来绘制。瞳仁以黑线勾轮廓，深棕色染之，瞳孔最后以墨点之。眼白泛着淡淡的青色，眼神清澈而宁静。

图 4-1-31　乾隆款无量寿佛像五叶宝冠，清乾隆年间，紫金琍玛

承德市外八庙管理处藏

　　五叶宝冠制作非常精美，中间一叶最宽大，由三颗罗列的珠花及两侧对称的卷草构成，上面两颗珠花呈水滴状，整个冠叶的外轮廓亦像一颗水滴的形状。两侧的小冠叶则由上下罗列的圆形珠花和水滴状珠花组成。宝冠样式的各装饰因素并不复杂，但效果却让人有一种内敛的繁复与华丽之感。佛像的背光亦是如此。

图 4-1-32　释迦牟尼佛像，清乾隆年间，紫金琍玛，高58厘米
故宫博物院藏

　　佛陀头上为排列整齐的螺发，肉髻较高，面部方正，眉梢高挑，双目低垂，大耳垂肩，额间白毫以东珠镶嵌而成，其相貌特征显得十分年轻。佛陀双跏趺坐端坐莲台上，右手结触地印，左手置于身前结禅定印。袒右袈裟薄衣贴体，显现出健硕、匀称的身材。袈裟衣褶仅是身上数条柔和的曲线，衣摆均匀铺在两腿之间。此尊释迦牟尼佛造像为深古铜色，泛有微微的紫光，风格形制受古朴的古印度笈多艺术影响，给人以历史久远之感。

图 4-1-33　大持金刚像及局部，乾隆五十九年（1794），紫金琍玛，尺寸不详

故宫博物院藏

　　大持金刚双跏趺坐端坐于仰覆莲台上，莲台样式比较特殊，类似千叶莲台，但莲瓣扁平宽大，形似如意云纹。大持金刚头戴五叶宝冠，面部和颈部呈黄色，广额方颐，眼角上挑，满面含笑，望之令人心生欢喜。大持金刚双手分握金刚铃和金刚杵于胸前交叉，其身上衣着几乎光素无纹，而宝冠、项饰、耳饰、臂饰璎珞等珠饰繁密，形成繁简对比，视觉上形成舒缓与紧张的节奏感。此尊大持金刚造像由清宫内务府造办处成造，但其风格、金属配比、制作工艺均出自扎什伦布寺。尽管大持金刚的宝冠、璎珞上的珠宝与造像一体铸出，但仍给人营造出一种珠光璀璨的视觉感。

图 4-1-34　绿度母像，清乾隆年间，铜鎏金，高 70 厘米
雍和宫藏

　　绿度母双手各牵一支莲花，左手当胸，右手伸展置于膝头。右脚踏一朵脚莲。莲台为仰
覆莲花，覆莲下的台脚比较高，有三层收分。绿度母身体微微左倾，头则右倾，整个躯干形
成一道优美的弧线。天衣绕手臂而下分在身体两侧，末梢呈 S 状向上飞扬，无风自起。

图 4-1-35　绿度母像，清乾隆年间，铜鎏金，
高 17.5 厘米

承德市外八庙管理处藏

绿度母左手当胸牵一枝莲花，右臂轻舒，
右手置于膝头，右脚踩一朵脚莲。绿度母所坐
仰覆莲台的莲瓣比较舒朗，台脚较低，只有一
圈的高度。此尊绿度母像身向左而头向右倾
侧，但幅度不大，不似承德外八庙管理处所藏
的绿度母那样动态明显，人物情态更加含蓄。

图 4-1-36　绿度母像侧面，清乾隆年间，
铜鎏金

承德市外八庙管理处藏

绿度母面庞清秀，头部微微低垂，
长眉入鬓，眼角上挑。度母神情似若
有所思，意态极富感染力，会将观者
的情思瞬间带入她的清宁境界。五叶
宝冠及身上的璎珞饰物形制比较简单，
镶嵌珠宝玉石，但多数已失。

图 4-1-37　阎摩天像，清，铜鎏金，高 18.6 厘米
承德市外八庙管理处藏

　　此尊阎摩天造像虽为牛头，但气质神情完全是人的情态，眼神中流露的也是神的威严。相形之下，阎摩天脚下踩的那头牛，则完全显示出动物的本性，牛口大张似在嚎叫。所以阎摩天的头与伏卧在地的牛头，虽然都是牛相，但在匠师精湛的技艺下，则展示出完全不同的本性与精神气质，一个充满神性，一个则仅是普通的动物。

图 4-1-38　阎摩天像半侧面，清，铜鎏金
承德市外八庙管理处藏

　　整尊造像呈现出稳定的金字塔形，阎摩天双腿呈侧弓步，重心放于右腿之上，与挣扎着欲抬起的牛头形成一种力量的抗衡。匠师的高妙之处就在于，他不仅塑出了尊像的精美外形，更塑出其内在的生命张力。

第二节 ❁ 雪域圣莲：西藏本地风格造像

　　藏传佛教造像的主体是西藏本地作品，藏族艺人在学习、借鉴和模仿外来佛教造像的同时，创造了相对统一而又富有时代、地域特色的诸多造像流派。造像由简至繁，由陋至精，汇成洋洋大观。尤其是 13 世纪以后，随着藏传佛教文化的盛行，西藏的佛教造像基本完成民族化进程，形成自己独特的造像风格。

一、早期造像

　　藏传佛教早期造像主要在 7—14 世纪，在西藏先后出现了深受印度中部、尼泊尔、于阗艺术影响的吐蕃时期（618—842）法王琍玛，受克什米尔造像艺术影响的吞庭琍玛，受东印度造像艺术影响的噶当琍玛。这三大西藏本土造像风格揭示了外来佛教艺术与西藏本土艺术相互影响、水乳交融的历史。

　　在藏传佛教前弘期，即吐蕃时期，当时于阗、尼泊尔、印度等地工匠都曾在藏区工作，把各地的佛像式样和造像技术传播到西藏。其早期造像藏区本土特色尚不明显，主要是处于接纳吸收阶段，故而有些造像很难辨识是否产于藏区。9 世纪赞普朗达玛灭佛时，吐蕃时期的寺庙、佛像大肆遭到摧毁，因此，前弘期的造像作品遗留较少。故宫博物院藏有一批吐蕃时期造像，如具有克什米尔风格的毗卢佛坐像（见图 4-2-1）、斯瓦特风格的四臂弥勒菩萨坐像（见图 4-2-2）等，均是吐蕃时期佛像的遗珍。在藏传佛教后弘前期，这一时期的造像多模仿外来艺术风格，大体说来藏西地区受斯瓦特、克什米尔艺术影响；藏中、藏南地区更多受东北印度帕拉王朝、尼泊尔艺术影响；藏东地区受内地艺术影响。此时尽管依然有着强烈的外来艺术影响，但西藏本地的艺术特色也在逐渐形成。扎什伦布寺所藏的一件11世纪的文殊菩萨立像（见图4-2-3）出自藏西地区，其既有克什米尔的造像特征，也带有一定的尼泊尔造像特征。布达拉宫管理处藏有一件五方佛金铜造像，也是11世纪的作品，所谓五方佛即中央毗卢遮那佛、东方阿閦佛、西方阿弥陀佛、南方宝生佛以及北方不空成就佛。这五尊佛并非是按方位单独放置，而是一字排开连为一体，形成一组群像（见图4-2-4），其造像风格与文殊菩萨立像差别较大，五方佛的裂裳衣纹处理方式与上文毗卢佛坐像十分相似。罗布林卡管理处藏一尊12—13世纪的阿閦佛（见图4-2-5），即五方佛体系的东方如来，这是一尊单体造像，为典型的古格造像风格。藏于扎什伦布的13世纪的般若佛母像（见图4-2-6）出自藏中地区，与阿閦佛造像相比，其制作手法明显细腻柔和得多。这几件西藏不同地区的佛教造像风格特征各异，反映出西藏后弘前期各种风格兼而有之的地域差别和特色。

图4-2-1　毗卢佛坐像，吐蕃，黄铜，高19厘米
故宫博物院藏

　　毗卢佛双跏趺坐于"亚"字形的宝座上，束腰两侧各有一个供养人。毗卢佛双手结智拳印，头戴宝冠，宝冠两侧的冠带及绑束的花结格外显眼。佛面相方正饱满，一双大眼，目光平视，表情严肃而带有几分惊奇的神色，这是克什米尔造像的一个典型特征。佛上身赤裸，下身长裙贴于腿部，衣纹细密。手臂上挽着天衣，天衣的末端呈燕尾状向两端岔开，与冠带的造型和谐统一。造像形体结实、浑厚质朴，古铜的色泽更显得古韵盎然。

图 4-2-2　四臂弥勒菩萨坐像，吐蕃，铜，高 15.5 厘米

故宫博物院藏

　　菩萨四臂，双跏趺坐端坐于仰覆莲台上，覆莲的莲瓣上刻有藏文题记。菩萨面庞圆润，眉梢眼角微微向上挑起，上眼睑中部向下稍有弯曲，形似弓背。头顶发髻高绾呈扇形，戴着三叶宝冠，中间宽大的冠叶内有化佛。菩萨的四条手臂，两个置于膝头，左手提净瓶，右手握梵夹，另外两条手臂向上抬举，手中持物已失，故而此像亦可能为观世音菩萨像。手臂前后交错，富于变化，手指饱满圆润，柔若无骨。此造像具斯瓦特艺术风格，造像线条柔和，造型有夸张之处但又不失结构比例的准确与和谐，面貌具有典型的印度人细眉大眼的特色，颇具古韵之美。

图 4-2-3 文殊菩萨立像，11 世纪，黄铜，尺寸不详
扎什伦布寺藏

此尊文殊菩萨像出自西藏西部。菩萨头戴三叶宝冠，呈"山"字形，冠叶顶部有链条与发髻相连。菩萨绀青色长发披于肩头，面部泥金，上圆下尖，大眼突出，以丹青绘出五官细节。菩萨身形劲健，胸部、腹部肌肉丰隆，腰间系珠链式腰带，下身系裙，裙子上以线刻形式精细地刻画出纺织物的图案。右手下垂施与愿印，左手牵莲茎，莲茎上部有莲花。菩萨身挂长长的花鬘，呈 U 形绕于身前及手臂两侧。此尊文殊菩萨像造型略显粗犷，然腰裙花纹却很精致。宝冠及花鬘形式具明显克什米尔特征，当是藏西匠师模仿之作，但腰裙的表现形式却又有着尼泊尔的特色，这说明藏区工匠对不同的造像风格均有所吸收。

图 4-2-4　五方佛像，11 世纪，合金铜，高 14.8 厘米
布达拉宫管理处藏

　　五佛代表五智，分别是中央的毗卢遮那佛、东方阿閦佛、西方阿弥陀佛、南方宝生佛、北方不空成就佛。此五佛均双跏趺坐，毗卢遮那佛又称大日如来，居于五佛的正中，头戴宝冠，一部分发髻高绾，一部分披于肩头，裸上身，戴项饰，披天衣，双手结智拳印，身下覆莲莲台下有四只神兽承托。其余四佛则是佛装，或袒右，或通肩袈裟，头上均是螺发，高肉髻。五方佛基本造型相同，均结双跏趺坐，头后桃形火焰纹头光，身下覆莲座，承托莲座的是马、象等各象征其身份的神兽。此五方佛尽管体积不大，但制作得颇有气势，形制的重复带来一种力量感，但手印的不同及大日如来装束的明显差异则又为整体造像带来变化。

图 4-2-5　阿閦佛像及局部，12—13 世纪，合金，高 26 厘米
罗布林卡管理处藏

　　阿閦佛为五方佛之一，又称不动佛，为藏传佛教金刚界五智如来之一的东方如来，代表
大圆镜智，也称金刚智。其眼睛和胸饰嵌银，面部上宽下窄，眉宇相连，中间为一突出的白
毫相光。头戴高大的五叶宝冠，雕饰繁复华美，两侧各有一朵花，形似雏菊，宝冠两侧的冠
带垂于双肩并向两边飘起，似有微风吹过。尽管佛像为坐姿，但仍能看出其四肢修长，腰肢
纤细，手部圆润而饱满，颇具肌肤的柔软质感。此像为典型的古格造像。

图 4-2-6　般若佛母像，13 世纪，黄铜，尺寸不详

扎什伦布寺藏

　　此像出自西藏中部地区。佛母一面四臂，头戴宝冠，发色绀青，发辫披于肩头，身佩各类饰物。佛母面庞圆润，修眉大眼，高鼻，小口，目光看向右下方。其四臂，正臂右手当胸结说法印，左手置于腹前；后臂两臂上举，后右手持念珠，后左手托经书。佛母四肢修长，裸上身，胸部丰满，腰肢纤细且长。腰间系裙，长裙纤薄柔软轻贴于腿上，平行排列的弧形细线刻出裙褶。裙摆呈扇形均匀平铺在两腿之间。佛母身下莲台宽大，仰覆莲瓣亦宽大肥厚，平素无纹饰；身后背光及头光整体呈葫芦形，最上部正中为一小伞盖。此尊般若佛母造像线条柔和、舒展，佛母身姿挺拔，柔中有刚，莲台及背光形制具印度帕拉风格特征，反映出卫藏本地造像在风格形成过程中兼容并蓄的过渡性特征。在造像的整体造型上，颇具匠心。佛母像及宽大莲座，其外轮廓线构成一个高耸笔直的等边三角形，视觉上固然稳定，但也显得僵硬呆板，匠师巧妙运用帕拉风格的背光，其双重弧线打破了三角形所带来的僵直感，曲直之间，二者相得益彰。

二、中期造像

公元 14—16 世纪，即后弘中期阶段，大约相当于中原王朝的元、明两朝。这一时期西藏的造像逐渐成熟，约在 15 世纪达到鼎盛。元、明时期，西藏与内地联系日益紧密，汉藏艺术双向交流，成为西藏佛教造像艺术风格的主流。扎什伦布寺所藏的无量光佛（见图 4-2-7）和故宫博物院所藏无量寿佛（见图 4-2-8）均出自藏区，时间相若（扎什伦布寺略早），风格也相似，特别是二者在背光的处理手法上十分相似，这两件造像庄重古朴，带有高原艺术特有的浑厚与凝重。在西藏本土造像艺术中，约兴起于 13 世纪的丹萨梯寺造像风格颇具代表性。丹萨梯寺位于山南桑日县，是帕竹噶举派的主寺，帕竹噶举的创始人是多吉杰波（1110—1170），他也是丹萨梯寺的创立者。丹萨梯风格造像一般采用铸造工艺手段，鎏金色泽纯正光洁，胎体也较为厚实。丹萨梯造像最具特色的是喜爱在造像上镶嵌各类宝石，使造像显得异常华美。此外其造像的宝冠、璎珞及各种饰物的设计也以繁缛著称。丹萨梯寺藏有一尊天王像，天王形体庞大魁梧，铠甲的纹饰上镶嵌着各色宝石（见图 4-2-9）。又如首都博物馆所藏的一尊金刚持像，也是通身的饰物上镶嵌了绿松石（见图 4-2-10、图 4-2-10-1），另外两块东方四供养天女像（见图 4-2-11）和西方四供养天女像（见图 4-2-12）上也是镶嵌了各色宝石。这两块供养天女像本是藏传佛教佛塔上的嵌板。在佛塔塔身上雕铸各类佛教神祇形象，将造像镶嵌于佛塔周围也是丹萨梯寺造像中的一大特色。在藏传佛教造像中，除了各类神祇之外，佛教历史人物造像也非常精彩，如敏珠林寺的毗瓦巴像（见图 4-2-13、图 4-2-14）、阿瓦都帝巴像（见图 4-2-15、图 4-2-16、图 4-2-17）、扎巴坚赞像（见图 4-2-18、图 4-2-19）等。这些著名的佛教历史人物造像形象生动，人物个性化表现极强，细节刻画如发髻的盘绕方式等均是写实手法。此时的造像不论是在艺术方面还是工艺方面均已十分成熟。夏鲁寺的一尊时轮金刚像（见图 4-2-20 至 4-2-22）也颇能反应此时期藏传佛教造像的成就，其繁复的造型、精湛的技艺、高超的艺术水平令人赞叹。

图 4-2-7　无量光佛像，14世纪，黄铜、错红铜，尺寸不详

扎什伦布寺藏

　　无量光佛也称无量寿佛。此尊无量光佛像出自西藏中部地区。佛面形方正，头顶硕大的宝冠，发色绀青，头顶发髻高绾，发辫披于两肩。宝冠两侧的缯带格外显眼，呈 U 形向上扬起，末端如燕尾般分成两叉儿。无量光佛双手结禅定印（手中宝瓶已失），结双跏趺坐端坐于仰覆莲台上，宽肩细腰，四肢修长匀称，劲健的体魄中散发着一股年轻的生命活力。佛像身体两侧膝盖位置各有一枝 S 形弯曲的莲茎，在手肘部位与佛身相连接，上部莲苞部位又与佛冠缯带连接，将佛身含括其中，俨然背光的别样诠释，盖为藏区匠师别出新意之作。

　　无量光佛头部微微向左倾斜似仰还低，双目低垂，嘴角上翘，眉眼轮廓以石青色画就，饱满的双唇则是轻点朱砂，加之绀青发色的衬托，冷暖之间塑造出一种似藏区贵族般的高傲神情。

图 4-2-8　无量寿佛像及其题签，14—15世纪，黄铜，尺寸不详
故宫博物院藏

　　这尊无量寿佛像是乾隆五十八年（1793）由七世班禅进献乾隆皇帝的。它的题签上明确写着"大利益番铜旧琍玛无量寿佛"，所谓"番铜旧琍玛"指的就是藏区古时制造的金铜佛像。此无量寿佛与上尊无量寿（光）佛样式基本相同，结双跏趺坐于仰覆莲台上，双手结禅定印，上托宝瓶。无量寿佛头戴高宝冠，上嵌松石，宝冠两侧缯带呈扇形，样式夸张。佛面庞方正饱满，面部表情相较之上尊无量寿（光）佛要柔和很多。佛的手臂处绕有天衣，其末端顺手臂两侧飘动下垂，其上部则如马蹄形背光一样绕于身后，与14世纪无量光佛的莲茎背光异曲同工。

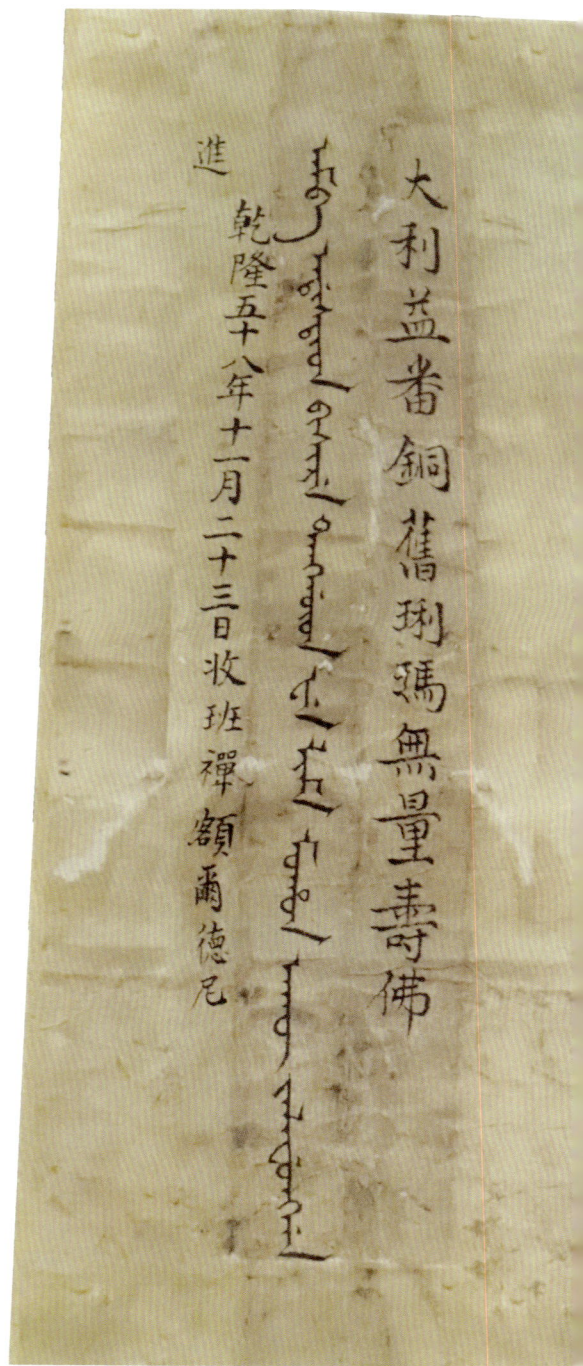

大利益番铜旧琍玛無量壽佛

乾隆五十八年十一月二十三日收班禅額爾德尼

進

图 4-2-9　多闻天王立像，明，铜鎏金，高 66 厘米

丹萨梯寺藏

　　此尊多闻天王立像出土于山南市桑日县丹萨梯寺。天王方形大脸，眉粗目圆，狮鼻阔口。头戴天王宝冠，宝冠正中有一尊坐佛，坐佛外缘以青金石、珊瑚、绿松石等各色宝石镶嵌。天王身躯胖硕，披铠甲，着战裙，足蹬战靴，战裙下摆向两侧扬起，为静止的天王像平添了几许动感。制作精细、装饰繁缛是丹萨梯寺造像的一个显著特征，这尊天王像的宝冠、铠甲及铠甲上的璎珞装饰等莫不如是。而且在制作手法上也是多种形式相结合，如以浮雕形式一体铸出铠甲边缘的璎珞流苏，上面以镶嵌手法嵌有青金石或珊瑚，以线刻手法表现穗子的柔软质感。这些技术手段使用的主次分明、虚实互现，使整尊造像层次得宜，华丽而不繁乱。法国吉美博物馆有一件造像与此像颇似。

图 4-2-10　金刚持像，明，铜鎏金，高 75 厘米

首都博物馆藏

　　金刚持又称金刚大持、秘密主，是释迦牟尼讲说密法时的形象，一般为菩萨像。此尊金刚持像双跏趺坐，头部微低，双手交叉于胸前，原本手中应持有金刚铃和金刚杵，但法器已失。金刚持面部刻画线条感较强，纤细而清晰的眉眼，鼻口轮廓分明，面庞清秀，浅含笑意。最惹人瞩目的是金刚持的宝冠及璎珞、臂钏、耳饰等严身之物，设计得非常考究而且花式繁复，以同心圆和十字形为基本构成形式，上面嵌满了绿松石。金色的造像上点缀绿松石，使得整尊造像华丽无比。此是丹萨梯寺造像风格的一种典型特征。

图 4-2-10-1　金刚持像手部特写，明，铜鎏金
首都博物馆藏

　　金刚持手部造型十分优美，不但结构非常准确，而且手指线条柔和，饱满丰盈的肌肤质感表现得十分到位。金刚持双手的食指和无名指上均戴有戒指，戒指与手指一体铸出，每一枚戒指上并排镶嵌三枚绿松石，戒指虽小但制作精致，一丝不苟。

图 4-2-11　东方四供养天女像，明，铜镀金，高 39 厘米
首都博物馆藏

　　此四供养天女像为十六供养天女之东方四尊，从右至左依次为腰鼓天女、遍鼓天女、横笛天女以及琵琶天女，她们手中的乐器是辨别其身份的标志。四天女为高浮雕形式，均为菩萨装，头戴宝冠，镶嵌松石等珍宝，圆盘形的大耳饰搭在肩头。天女四臂，二正臂持不同乐器，另外两臂持金刚铃、金刚杵等法器，裸上身、戴项饰，腰间系带，披天衣。身后扬起的天衣略呈葫芦状，以浅浮雕形式表现。四人均为 S 形立姿，重心位于右腿，左腿弯曲，脚掌立起叠于左腿之后。天女姿态柔和自然，宽肩细腰，丰腴妩媚。天女双目微闭，嘴角含笑，俨然沉醉于音乐之中。她们的肢体语言，营造出一种天乐袅袅和舒畅温婉的氛围。

图 4-2-13　毗瓦巴像，明，铜鎏金，高 100 厘米

敏珠林寺藏

　　毗瓦巴是 9 世纪的印度佛学大师，萨迦派道果法的创始人。其造像的莲座上铺着的兽皮代表的是在家修行。此尊毗瓦巴像身形胖大，双手于胸前转法轮印，双腿弯曲盘坐于铺有兽皮的覆莲台上。这尊毗瓦巴像在人物形象的刻画上非常成功。毗瓦巴大师头戴装饰华美的宝冠，耳饰十分特别，是柔软的缯带，呈 S 形向两侧飞扬。他面庞宽大，两颊肥厚，粗眉微皱，环眼大睁，双唇紧闭，或许是光影的影响，他的表情上似带有那么一分笑意，却又是严肃的。

图 4-2-14　毗瓦巴像局部细节，明，铜鎏金

敦珠林寺藏

　　毗瓦巴大师身上的一些装饰细节也格外精美。其所戴的头冠是一种镶嵌着红珊瑚或宝石的花鬘式头冠，制作精良。细观其发髻中还藏有一匣经书，颇带有几分神秘感。毗瓦巴大师身上佩戴的臂饰、腕饰以及项饰是一种带有精致法轮装饰的连珠配饰，工艺精湛，几无瑕疵。

图4-2-18 扎巴坚赞像，明，铜鎏金，高101厘米

敏珠林寺藏

　　扎巴坚赞（1147—1216）为萨迦派道果法传承人之一，此像为其在家修行时的样貌，也是一尊非常成功的人物肖像式作品。扎巴坚赞端坐莲台，衣袍将双腿很严实地裹住，外面仅见几道深深的衣褶，右手上举手形类似无畏印，左手置于身前，拇指与中指相捻。此像通体鎏金，衣上的刺绣纹饰一体而成，无其他珠宝镶嵌。扎巴坚赞像身体胖硕、四方脸形，绀青色的头发短而有规律地卷曲，目光下视，鼻观口，口问心，眉头微蹙，面貌端严深沉。

图 4-2-14　毗瓦巴像局部细节，明，铜鎏金
敏珠林寺藏

　　毗瓦巴大师身上的一些装饰细节也格外精美。其所戴的头冠是一种镶嵌着红珊瑚或宝石的花鬘式头冠，制作精良。细观其发髻中还藏有一匣经书，颇带有几分神秘感。毗瓦巴大师身上佩戴的臂饰、腕饰以及项饰是一种带有精致法轮装饰的连珠配饰，工艺精湛，几无瑕疵。

图 4-2-15　阿瓦都帝巴像，明，铜鎏金，高98厘米
敏珠林寺藏

阿瓦都帝巴为萨迦派道果法第三代传承人，是一位大成就者，他常见的形象多带有几分孩子的稚气，但此尊造像则是一位青年男子形象。阿瓦都帝巴坐于扁圆形莲台上，右腿盘，左腿舒，伸于莲座之下，脚下似乎曾经踩有脚莲之类，但已遗失。上身向左倾斜，右手抚于右腿，左手搭在左膝上，似在与人辩论着什么。阿瓦都帝巴赤上身，披圣带，下身系裙，肩宽细腰，四肢修长，身体劲健。头发梳成复杂的发髻，戴叶冠，两侧冠带呈S状向上扬起。此尊造像人物面部刻画精致生动，人物个性鲜明，显系人物肖像类的造像作品。

图 4-2-16　阿瓦都帝巴像局部，明，铜鎏金
敏珠林寺藏

阿瓦都帝巴四方面形，眉头紧蹙，薄而宽的嘴唇紧闭，双目大睁，目光看向右下方，正凝神思索，其须眉的表现均由细笔画出。头上戴五瓣骷髅叶冠，发髻的形式似是系了一个蝴蝶结一般，盘系方式复杂，但根根发丝刻画得非常清晰。此尊阿瓦都帝巴像以写实手法制作，造像关注人物神态和心理的刻画，显示出阿瓦都帝巴的沉稳与睿智。

图 4-2-17　阿瓦都帝巴像项饰和头部局部，明，铜鎏金

敏珠林寺藏

阿瓦都帝巴像的项饰单独造出，然后再与造像组合在一起。在项饰长长的珠链上装饰有法轮状的纹饰，花心镶嵌红珊瑚，周围花瓣以绿松石镶嵌，古雅别致。造像头上戴的骷髅五叶冠由类似珍珠的圆形宝珠雕成骷髅头，然后再在骷髅头上装饰水滴状花叶，上嵌珍珠和绿松石。骷髅叶冠虽不大，但雕琢精致。

图 4-2-18　扎巴坚赞像，明，铜鎏金，高101厘米

敏珠林寺藏

　　扎巴坚赞（1147—1216）为萨迦派道果法传承人之一，此像为其在家修行时的样貌，也是一尊非常成功的人物肖像式作品。扎巴坚赞端坐莲台，衣袍将双腿很严实地裹住，外面仅见几道深深的衣褶，右手上举手形类似无畏印，左手置于身前，拇指与中指相捻。此像通体鎏金，衣上的刺绣纹饰一体而成，无其他珠宝镶嵌。扎巴坚赞像身体胖硕，四方脸形，绀青色的头发短而有规律地卷曲，目光下视，鼻观口，口问心，眉头微蹙，面貌端严深沉。

图 4-2-19 扎巴坚赞像局部细节，明，铜鎏金

敏珠林寺藏

　　扎巴坚赞衣服的样式及上面的刺绣花纹高度写实。衣服为左衽，领口边的刺绣为金刚杵图案，肩头及胸前的纹饰为牡丹图案，錾刻得十分精致。扎巴坚赞像的手部结构也表现得十分准确，手指纤长，质感柔软，连指甲都表达得惟妙惟肖，几欲令人忘记其为金铜所制。

图 4-2-20 时轮金刚像，明，铜鎏金，高 59 厘米
夏鲁寺藏

　　时轮金刚为密宗无上瑜伽部高级本尊之名号，双身时轮金刚象征慈悲。此尊双身时轮金刚像材质精良，造型优美，如此复杂的形象采用分体铸造。时轮与明妃相拥而立。时轮金刚四头二十四臂，明妃四头八臂。多头多臂的时轮金刚，初看之下令人眼花缭乱，但其中却隐含着有条不紊的秩序。此尊时轮金刚之所以精彩，原因在于匠师对于如此复杂造像的各种细节均一丝不苟，如金刚和明妃多个头面上的宝冠及冠上镶嵌的各色珠宝、宝网装饰，手中所持的各种法器，无一不精。即使是明妃手上的一枚小小的戒指，上面的绿松石亦是精心镶嵌。

图4-2-21　时轮金刚像局部之一，明，铜鎏金

夏鲁寺藏

在光影的作用下，此双身时轮金刚像美轮美奂，似乎有着一种魔幻的魅力。色彩上，造像通体以鎏金为主色调，头发眉眼等处为绀青色，宝冠及璎珞配饰上珊瑚的红色和绿松石的青色有规律地分布其间，在清幽的灯光下别具一种神秘的华丽感。

图 4-2-22 时轮金刚像局部之二，明，铜鎏金

夏鲁寺藏

　　明妃有四面，每一面都是形容娇好的美丽女子，神情专注、恬淡。其宝冠的基本样式与时轮金刚相同，只是时轮的冠上有金翅鸟，明妃冠上镶嵌有各色宝石，在额前还垂有波浪形的珠串，更增加了明妃的妩媚。其设计精巧之处，还在于两个面庞之间圆盘形大耳饰的处理方式，紧邻的两耳共用一个耳饰。这样既节省了空间和工料，而且不论从哪个面庞看去，硕大的耳饰都恰到好处地属于此面的面相。时轮金刚及明妃脚下的妖魔形体虽小，但塑造得十分生动。他们或坐或卧，或两相依靠，没精打采，神情沮丧，俨然一组生动的人物群雕。

三、晚期造像

17世纪至19世纪，相当于后弘后期。随着佛教文化在西藏的弘扬和社会经济的发展，藏传佛教的造像艺术也进入了最后的高峰，其本土特色已然形成。这一时期，在清王朝的扶持下，格鲁派在西藏取得了统治地位。佛教的兴旺促进了佛教艺术的繁荣，这是西藏佛教艺术发展的最后一个高潮。

17世纪中叶，在日喀则和拉萨先后建立了扎什吉彩和雪堆白两大造像厂。扎什吉彩即班禅所在的扎什伦布寺的扎什吉彩作坊，其造像被称作扎什琍玛。造型端庄，简洁大方，胎体厚实，材质精良。故宫博物院所藏的无量寿佛（见图4-2-23、图4-2-24）、弥勒菩萨（见图4-2-25）、金刚萨埵（见图4-2-26、图4-2-27），以及扎什伦布寺所藏的一尊弥勒菩萨立像（见图4-2-28）等均是扎什吉彩的上乘之作。其中扎什伦布寺的弥勒菩萨立像堪称是镇寺之宝，此尊弥勒菩萨立像高1.8米，为真人的身高比例，通体鎏金，金色明亮纯净。在弥勒的宝冠及璎珞严饰上镶嵌有各色宝石，其宝冠、璎珞、臂饰等的样式花纹设计也相当繁复，此特征在扎什吉彩的其他造像上也同样存在。这不禁令人想到丹萨梯寺风格造像的特征，可见丹萨梯风格对后世的影响。只是扎什吉彩造像镶嵌的各色宝石不像丹萨梯风格那样繁密，而是有重点的镶嵌，一些细小的可镶嵌宝石的纹饰上多用一体铸出的方式。

雪堆白造场作为西藏地方政府的官办造像场，资金雄厚且云集了西藏各地的能工巧匠，于1754年由七世达赖喇嘛正式建立。因此，雪堆白造像材质丰富，工艺考究，擅长多种材质相互搭配，铸造、锻造工艺结合，冶金技术高度发达，艺术水准已臻炉火纯青。白上乐王佛（见图4-2-29、图4-2-30）是一尊故宫博物院所藏的雪堆白造像，此像未用鎏金，而是采用沉稳的青铜和古铜色，造像背光中空，纹饰为浮雕形式，精致、饱满不失古雅之气。罗布林卡管理处所藏的无量寿佛拥明妃像（见图4-2-31）、大威德金刚（见图4-2-32），以及松赞干布像（见图4-2-33），采用了鎏金及银错金等多种工艺手段，在装饰上不仅采用珠宝镶嵌，彩绘的手法也运用得得心应手，例如高纯度、高明度乃至对比色的运用却毫无违和感。雪堆白造像具有丰富性和多面性，或古朴典雅，或华美绚丽，或神秘诡谲。

图 4-2-23　无量寿佛像，18—19 世纪，铜鎏金，尺寸不详

故宫博物院藏

　　无量寿佛像为结双跏趺坐端坐于仰莲座上，莲台上缘饰一圈连珠纹，莲瓣细长饱满。莲台下为一基座，座正中垂下一巾帛，皱褶自然对称，中间镶嵌绿松石。其两侧镂空雕刻两只回首相顾，似是相互和鸣的孔雀，雕刻生动，羽翅轻舒，翩翩欲飞，孔雀两侧为祥云。其下为覆莲莲瓣。无量寿佛双手结禅定印，托宝瓶坐于莲台上，身后背光和头光相叠加，外轮廓呈葫芦状，上面繁密的卷草以饱满的浮雕形式表现。背光中空，恰到好处地以佛像简净的身躯填补。匠师将颈饰设计得比较简单且尺寸也不大，意在让颈饰与背光形成一种繁简有序的节奏感，且佛像简净的身体在繁密背光的衬托下也更凸显了无量寿佛的形象。一层层高大的台座将人的目光向上引导，华美的背光烘托出佛像清净不染的身躯。此尊无量寿佛造像体量虽小，却成功塑造出了佛的崇高之美。

图 4-2-24　无量寿佛像局部，18—19世纪，铜鎏金

故宫博物院藏

　　局部细观，这尊无量寿佛造像制作工艺几无瑕疵。五叶宝冠上嵌满绿松石，其间点缀红珊瑚。中间冠叶正中的红珊瑚最大，周边上下左右间错镶嵌绿松石，在金色冠叶的衬托下，显得光华璀璨。无量寿佛长方面庞，双眉高挑，直鼻方口，双目狭长，五官俊朗，神态庄严沉静。佛像身上的线条，不论是五官轮廓、衣饰上錾刻的纹饰，还是天衣的皱褶，都均匀利落，绝无滞碍。

图 4-2-25　弥勒菩萨像及局部，18—19 世纪，铜鎏金，高 64 厘米
故宫博物院藏

　　此尊弥勒菩萨像的形象与无量寿佛相似，头戴五叶宝冠，上嵌松石，结双跏趺坐端坐于仰覆莲台上。不同之处主要在于手印，弥勒菩萨双手转法轮印，还牵有莲枝。天衣在身体两侧向上如祥云般卷起，背光呈葫芦形，上面繁密的卷草立体而饱满，与无量寿佛如出一辙。莲座下莲瓣细长，顶部尖细，这些都是扎什吉彩造像的典型特征。

图 4-2-26　金刚萨埵像正、背面，18 世纪，银、局部鎏金，高 82 厘米

故宫博物院藏

　　金刚萨埵代表"坚固不坏之菩提心"和"烦恼即菩提之妙理"。此尊金刚萨埵像为银制，全身呈古铜色，只在局部如项饰、臂饰、耳饰及莲台鎏金。金刚萨埵结双跏趺坐坐于莲座上，身体微微向右倾斜，右肩微高，右手当胸托金刚杵，左手置于身前持金刚铃。整尊造像产生轻微的动感，而非正身危坐那般严正，造像线条细腻流畅、庄严典雅，但又不乏灵秀。

图 4-2-27 金刚萨埵像正、侧面，18世纪，银、局部鎏金
故宫博物院藏

　　金刚萨埵像有方额角、圆下颌，面庞清秀，发辫披散于肩。双眉斜插入鬓，双目低垂，直鼻，小口，似有两分未脱的稚气。其五叶宝冠尤为华美，花饰由珠宝攒成，若群星璀璨。硕大的耳饰与颈饰基本纹样为统一设计，上面镶嵌松石和红珊瑚等珍宝。金刚萨埵的面部原应涂以金色，但现在已基本脱落，只有颈部及面部的少量残存，使得整尊造像的肤色都呈现一种古铜色。在金色装饰及华冠的映衬下，颇具几分神秘感。

图 4–2–28　弥勒菩萨立像及局部，18 世纪，红铜鎏金，高 180 厘米

扎什伦布寺藏

此尊弥勒菩萨像为红铜铸造，通体鎏金，金色纯正光亮，弥勒面貌端正姣好，眉眼丹青俨然新画，一缕缕卷曲的绀青长发披于肩头。弥勒立姿，身材修长、比例匀称，重心位于右腿，左腿放松略微弯曲，右手平端于腰际，左手自然下垂提军持（净瓶）。弥勒菩萨头戴雕饰华美的五叶宝冠，佩戴耳饰、项饰、臂饰等严身饰物，上嵌松石、珍珠、琉璃、绿宝石、红珊瑚等珍宝，在诸多珍宝中最特别的是项饰正中镶嵌的一颗长圆形天珠。菩萨袒上身，腰下挎带，下身系裙但薄衣贴体，裙面精心地雕刻出纺织品的花纹图案，裙摆底边一长一短，保留了尼泊尔造像的元素。整尊造像明媚璀璨、雍容华贵，既有佛的庄严，又散发着一种青春健康的气息，是扎什吉彩作坊的代表之作。

图 4-2-29　白上乐王佛像，18世纪，银、黄铜，高20厘米
故宫博物院藏

上乐王佛也称上乐金刚，又译胜乐金刚，为长寿尊之一种。此尊白上乐王佛像为结双跏趺坐，怀内拥明妃，双手托宝瓶交叉于明妃身后，明妃盘坐于上乐王佛身前，双腿勾于其腰间，双手一屈一伸，托嘎布拉碗。上乐王佛头戴五叶骷髅宝冠，发髻高绾，上戴莲花，其面部表情严肃凝重。身后是雕刻繁缛的背光，最上端正中为大鹏金翅鸟，即迦楼罗。佛身下铺一块圆形锦垫，边缘有模仿织物的精致的水波纹或卷草文。其下为方形须弥座，座的上下边缘及折角处均饰有如意云纹。此尊造像做工精细，天衣缯带及衣裙等部位线条柔婉细腻，生动再现纺织品的柔软质地。背光的繁密，人物形象的复杂，使整尊造像布局显得密不透风，但背光恰当地运用了透雕手法，故而并无拥堵的窒息感，是西藏拉萨官方作坊雪堆白的一件佳作。

图 4-2-30　白上乐王佛像局部，18 世纪，银、黄铜

故宫博物院藏

　　白上乐王佛像身后的这件背光十分独特。初看上去与藏传佛教中常见的六拏具颇为相似，但仔细甄别二者又有差别。此背光最上正中为大鹏金翅鸟，双翼展开，半蹲姿态。其身下两侧对称的人物为龙女，裸上身，戴珠饰、圆形大耳环，仍保留几分印度人物的特色。再下为摩羯鱼，头部、翻卷的长鼻及前爪上麟甲覆盖，头部以后的身躯变为图案化的卷草纹，充满了想象与奇幻色彩。以上三事均与六拏具相同，然摩羯鱼再下则为呈 S 形的身躯矫健的对龙，而六拏具则是童子、狮子（狮羊）与白象。从龙的造型来看与清代内地或者说宫廷的龙十分相似，尤其是龙的一只前爪中托举着一枚宝珠，与宫廷的龙尤为相似。此尊造像尚存一字迹残损的黄条，上写"……阴体本生上乐佛……年五月十一日班禅额尔德尼……"。由于雪堆白是藏区官方作坊，而这件造像又很可能是班禅进献给皇帝的，所以将六拏具下面的三拏具特意替换为龙，很可能是专为皇帝特制。

图 4-2-31　无量寿佛拥明妃像，清，银错金，高 19.5 厘米

罗布林卡管理处藏

　　此尊无量寿佛结双跏趺坐，怀中拥明妃，均戴金色五叶宝冠，上嵌绿松石及红珊瑚（或南红玛瑙），面部涂金，身体均为银质浅褐色。无量寿佛的衣裙则有银错金的卷云纹饰，似在表现一种带有织金的织物，显得柔软而厚重，衣摆自然而有序地铺在莲座上。莲座为仰覆莲座，亦为浅褐色，莲瓣边缘错金。无量寿佛的葫芦形背光鎏金，上有浮雕形式的卷草纹，立体而饱满，红绿珍宝间错镶嵌，与佛和明妃的宝冠一致。红蓝珍宝在金色的映衬下格外耀眼，令人眼前为之一亮。此尊无量寿佛眉如新画，面庞姣好宛若女子，绀青色发髻高绾于头顶，巧妙地用金簪别住，其上装饰有镶嵌红色珍宝的火焰珠。整尊造像，以背光衬托的上半部分金色粲然、珠光华美，而下部的主体颜色，即从无量寿佛腿部到莲台，为沉稳的浅褐色，对整尊造像起到了稳定作用。与此同时，佛像衣裙及莲瓣边缘的错金与背光颜色一致，上下颜色互通，整体造像色彩和谐。

图 4-2-32　大威德金刚像，清，红铜，
高 28 厘米

罗布林卡管理处藏

　　大威德金刚为藏传佛教格鲁派
重要的密宗修行本尊之一。此尊大威
德金刚像有五面三十四臂，右腿弯
曲，左腿绷直，以侧弓步的姿势立于
覆莲莲台上，脚下有鸟、兽、人物等
形象。此大威德金刚头部正面为蓝色
赤眉的牛头面，两侧各有一面，均
面目狰狞。其上一面为赤面，粗眉
环眼，面相狰厉，在上为慈悲的菩
萨面，各面均戴五叶宝冠，镶嵌绿
松石。在大威德金刚三十四臂的腕
饰、臂饰，以及佩戴的璎珞上，也均
嵌有松石。每只手臂的手中均持有法
器，两只正臂当胸，一手持钺刀，一
手托嘎布拉碗。如此众多手臂以及
掌中所持的器物均精心做出，无一敷
衍。其颈部及腰部挂有人头璎珞串。
大威德金刚的轮状手臂背后是金色火
焰背光，火焰纹密集，映衬于手臂之
后，密集的造型几乎风雨不透。但仔
细观察会发现，在大威德金刚牛头面
的两侧以及两腿之间和右侧大腿的上
部，均留有空隙，这犹如绘画中的气
眼，尽管构图密集也不会令画面沉闷
窒息。

图 4-2-33 松赞干布像，清，铜流金，高 15 厘米
罗布林卡管理处藏

松赞干布（约 617—650），吐蕃第三十三代赞普，吐蕃王朝的缔造者。松赞干布先后迎娶尼泊尔尺（赤）尊公主、唐文成公主，先后修建拉萨大昭寺和小昭寺等重要寺庙。此尊松赞干布像所缠的头巾顶部有一个佛头，代表松赞干布是观世音菩萨的化身，为雪堆白生产的造像。松赞干布坐在双层垫子上，上面铺有兽皮，暗示了他在家修行的身份。

此松赞干布像面部清秀，直鼻小口，长目修眉，卷曲的长发披于肩头，发色与佛发一样为绀青色，但肩头的发色已磨损殆尽。耳饰和项饰上镶嵌绿松石。造像通体鎏金，包括肌肤亦为金色，其上点缀青绿色，清雅但不失华贵。

松赞干布身下为双层坐垫，上面以线刻的形式精细地刻画出垫子上织物的菱形花纹。铺在垫子上的是一张兽皮，此兽有蹄，但从头部看又非牛羊之属，或为鹿皮。赞普足下蹬尖头靴，衣边绣有花纹。一个细微的写实之处是其右手无名指上戴着的一枚红宝石戒指，戒指虽小但刻画得惟妙惟肖。

第 三 节 🙏 佛地梵天：南亚风格造像

雍布拉康（位于西藏山南市乃东区）宫殿供奉的佛经、石质佛塔等圣物拉开了佛教文化在西藏传播的历史序幕。由此印度等南亚地区的佛教造像开始传入西藏，成为西藏造像艺术的重要组成部分。

南亚风格的造像是将佛教的内容与希腊、罗马的雕刻艺术结合而产生的诸多经典作品，作品的特点表现为佛陀多着通肩式袈裟，衣服褶纹起伏较大，立体感强，眼大有神，身材曲线流畅圆润，造型生动，工艺绝美。

印度佛教艺术史一般分为四个时期：古代期、贵霜期、笈多期、密教期。就金铜造像而言现今传世的造像中，多数是密教期的作品，有原产域外后流入西藏的，也有外国工匠在西藏制作的，以及西藏工匠的仿作，以梵铜琍玛的形式成为藏传金铜佛像大系的一部分。梵铜琍玛，即印度琍玛，是指包括东北印度、克什米尔、尼泊尔、斯瓦特和西藏早期仿印度样式的印度风格造像作品。

一、印度风格金铜造像

印度作为佛教文化的发祥地，在漫长的佛教历史进程中，出现过诸多既统一而又具时代、地域、文化特色的不同造像风格。东北印度风格造像，主要指东印度帕拉王朝及相关地区的造像。帕拉王朝在 8 世纪中期崛起，主要统治区域在今天印度比哈尔邦、孟加拉国一带，延续了约 400 年之久。后弘期的藏传佛教直接传承了帕拉王朝盛行的无上瑜伽密教，其造像艺术对西藏影响深远。后弘期最有影响的高僧阿底峡（982—1054）就是东印度人，为摩揭陀超戒寺上座，后来他在阿里、卫藏地区传播佛教，被尊为噶当派祖师。清宫标明的"嘎克达穆琍玛"即"噶当琍玛"，就是噶当派寺庙所属作坊制作的铜像。

印度帕拉风格造像的总体特点是采用铸造工艺，造像胎体厚重，比例适度，上眼睑突出，眼睛大而有神，嘴唇丰厚，体型健壮，身材曲线流畅优美，薄衣贴体。在中国藏区的寺院、西藏博物馆、国家博物馆、故宫博物院等处均藏有东北印度风格的造像。例如西藏博物馆的大日如来像（见图4-3-1），中国国家博物馆的毗卢佛坐像（见图4-3-2）和释迦牟尼像（见图4-3-3），此为帕拉风格的三尊佛像，其中大日如来也即毗卢佛，是密教五方佛体系中的中央佛，为释迦牟尼的法身像。西藏博物馆和中国国家博物馆所藏的这两尊毗卢佛像，造像样式不尽相同，一个端坐于长颈莲花台上，一个坐双层莲台且身后有复杂的背光，此外冠饰、发型也不同，但二者手印均为智拳印，这一标志性特征足证造像之身份。帕拉风格的释迦牟尼像，面庞圆润，大眼圆睁，螺发，袈裟薄衣贴体，可见笈多艺术影响。特别是佛像左手的衣袖呈弧形，似被风扬起，这一形式也影响了明代宫廷金铜造像。前文述及明代的永宣造像中的一尊永乐年间的释迦牟尼像的袖口与其形式一致。

除了佛像，菩萨像是造像的另一大类。中国国家博物馆所藏的观世音菩萨坐像（见图4-3-4）、金刚萨埵菩萨像（见图4-3-5），以及西藏博物馆的莲花手观世音菩萨立像（见图4-3-6）等均堪称代表之作。其共同的艺术特征是菩萨的身躯凸显，造型饱满，姿态生动，造像手法简练，注重远观效果，立体感很强，细部刻画恰到好处，雕塑感强。

图 4-3-1　大日如来像，10—11 世纪，铜，高 25 厘米

西藏博物馆藏

　　大日如来属于五方佛之一，据佛经，其所处位置在须弥山正中。此尊大日如来像设计独特，双手结智拳印，结双跏趺坐端坐于一朵盛开的象征着获得佛位的莲花上。莲花下是长长的莲茎及两侧对称的茎蔓，其下的底座为一半球形，纹饰似为翻卷的海水。造像简洁古朴。

图 4-3-2　毗卢佛坐像，11 世纪，铜，高 12 厘米

中国国家博物馆藏

　　毗卢佛即毗卢遮那佛的略称，为释迦牟尼的法身佛。此尊毗卢佛双手当胸结智拳印，结双跏趺坐坐于莲座上。毗卢佛戴的三叶宝冠形制粗简，发髻与宝冠几融为一体，面部刻画轮廓分明，双眉由细线刻出，眉宇相连。项饰和臂饰为简洁的连珠形式，下裙薄衣贴体，阴刻双线刻出纹路或衣褶。身下莲台为双层覆莲，上层莲瓣尚雕铸出凹凸起伏的形体，下层则直接线刻出叶脉纹路。毗卢佛及莲台的制作均比较简略，形象本身也以简素为主，但相形之下身后的背光则显得比较繁杂。背光正上方为金翅鸟，制作颇为立体，两侧向下是以卷草纹作为身体的摩羯鱼，卷草与金翅鸟相接，形成拱门状，再下为身躯扬起的骏马，二马脊背相对头朝外。在背光底部的前方还有两座有多层塔身的覆钵小塔，制作颇为精细。虽二小塔大体形制相似，但塔身细节却不相同，使得造像内涵更加丰富。整尊造像形制古朴，繁简相宜，其色泽显得古老而陈旧，带有悠远的历史感。

图 4-3-3　释迦牟尼像，12 世纪，铜，高 16.5 厘米

中国国家博物馆藏

　　此尊释迦牟尼佛像结双跏趺坐端坐于仰覆莲台上，莲台上缘饰一圈连珠纹，仰覆莲瓣扁平宽大，下面是阶梯状基座，显得莲台格外高大。释迦佛面部浑圆，大眼突出，目视前方。发为螺发，肉髻较高呈葫芦状，大耳垂肩。佛像右手结触地印，左手结禅定印，着袒右袈裟，薄衣贴体，完美展现出身体的结构，只在袖口领口等处显示出袈裟的边缘。左手衣袖处袈裟边缘扬起，似被风吹起，这一特征也影响到明初的永乐造像。这种造像特征是在继承了笈多艺术的基础上又融入了新的时代特色，形成了印度帕拉艺术风格。释迦佛身姿挺拔健硕，身体曲线柔和似带有肌肤的弹性。

图 4-3-4　观世音菩萨坐像，12 世纪，铜，高 18 厘米

中国国家博物馆藏

　　观世音菩萨像的面庞圆润，修眉杏目，鼻梁挺拔，双唇温厚，相貌具明显的印度人特征。菩萨发髻高绾，头戴三叶宝冠，但冠叶简洁，两侧的冠带向上扬起。身上有项饰、璎珞、臂饰等严身，特别之处是左肩头搭着的一个形似羊头的仁兽。故宫博物院所藏清康熙二十五年（1686）的四臂观世音菩萨坐像的左肩头，也有一个同样的仁兽。菩萨意态慵懒，双腿散盘于仰覆莲台上，身体向左扭动，头却向右，形成一道优美的弧线。右手轻搭右膝，左手支撑于莲台之上，似是一枝池塘里晨露中刚刚盛开的莲花，而肩畔一茎真实形态的莲花则与菩萨交相辉映。此尊造像比例和谐，身体结构把握准确，整体造型线条舒缓柔和，体现了菩萨心无染着、出尘绝俗的意态。

图 4-3-5　金刚萨埵菩萨像，12世纪，铜，高9.8厘米

中国国家博物馆藏

　　金刚萨埵菩萨像为双跏趺坐坐于莲台上，头戴三叶宝冠，冠叶为简洁的三角形，宝冠两侧硕大的蝴蝶结是这一时期印度帕拉造像艺术中的一个形象特征。金刚萨埵一手持金刚铃一手持金刚杵，双臂于身前形成环抱之势，腰肢微微向右扭动，头向左侧倾斜，使画面呈现出一种动感，其身下是仰覆莲台。天衣绕于金刚萨埵臂间，而这其中饶有趣味的是天衣的处理方式，右臂的天衣顺手臂自然下垂，末端微微翘起，左臂天衣则是沿手臂向上飞扬，与向左倾侧的头部形成一种呼应。这一细节的处理，表现出制作者对造像不重复板滞、重视自然动感的艺术追求。

图 4-3-6 莲花手观世音菩萨立像，元，合金，高28厘米

西藏博物馆藏

　　莲花手观世音菩萨为立姿，左手牵一茎莲花，右手平端于身前。菩萨头戴宝冠但造型简略，宝冠两边的花结及向上飞扬的冠带尤为显眼，衬托着菩萨圆润的面庞。菩萨眉宇相连，大眼突出注视下方。身上挂项饰，披天衣，身后是莲瓣形火焰背光，脚下仰覆莲台，莲瓣厚实且棱角分明，雕刻感极强。菩萨的身姿稍微向左扭动，四肢粗壮，动态有些僵滞，菩萨五官等的刻画亦不算精致，但形制古朴中带有几分天真之气，造像特征是比较晚期的印度帕拉艺术风格。

二、克什米尔风格金铜造像

克什米尔位于喜马拉雅山脉，古称迦湿弥罗，在佛教史上占有重要地位，佛教著名的第四次集结便是在此地。10世纪末，佛教在西藏复兴，阿里古格王益西沃即派仁钦桑布等人到克什米尔学习佛教，仁钦桑布学成返藏，并迎请佛教大师到藏传法，同时还邀请克什米尔建筑家到古格从事寺庙修建工作。随着佛教在阿里的复兴，克什米尔的造像艺术也传入藏西地区。古代克什米尔地区不仅是受人敬仰的佛教圣地，更是重要的佛教艺术中心。存世克什米尔造像多为7—12世纪的黄铜铸像，除犍陀罗后期造像风格的影响外，克什米尔造像也曾汲取了笈多时代马土拉、萨尔纳特两地造像的艺术营养。"由于犍陀罗艺术影响力日益减弱，克什米尔工匠本土审美意识的觉醒，以及工艺水平的日趋成熟，实际上，大约从6世纪开始，克什米尔工匠已经开始了独立创作，一直持续到13世纪。"[①]

克什米尔风格造像面部丰满，眼睑大开，身躯饱满，佛像多着袒右肩袈裟，材质多以黄铜为主，红铜、白银为辅，采用铸造工艺，质感圆润光亮。因部派佛教在此处影响甚大，其传统的释迦牟尼像颇为简素质朴，一般为袒右袈裟，薄衣贴体几无衣纹，显系受笈多艺术影响，例如中国国家博物馆所藏的释迦牟尼佛坐像（见图4-3-7）。当然此非绝对，西藏博物馆所藏的一尊释迦牟尼佛立像，其袈裟的衣纹则是细密的有规律排列的平行线纹饰（见图4-3-8、图4-3-9）。扎什伦布寺的一尊释迦牟尼佛立像（见图4-3-10）也是这种袈裟样式，所不同的是此释迦佛头戴宝冠，袈裟肩部还多了一件带流苏的云肩似的装饰。在印度教的影响下，佛教密宗开始盛行，密教题材造像大量涌现，这种衣着华丽、头戴尖锐宝冠的佛像便是体现之一。中国国家博物馆藏的一尊释迦牟尼佛坐像（见图4-3-11、图4-3-12）也是头戴宝冠，肩部有带流苏的云肩类装饰，项链粒粒可数，装饰华丽非常。带有背光的造像，其头光、身光常见连作一体呈葫芦状，且边缘刻有火焰纹，中国国家博物馆这尊宝冠释迦牟尼坐像便是如此。此外，克什米尔造像台座形式虽多，但方形台座最具特色，特别是台座正前方有一人物作托举状，两侧再配以蹲狮，这一形式为克什米尔所独创。就整体而言，克什米尔造像身材健壮，肌肉突出，菩萨或戴宝冠的佛像耳边饰莲花，菩萨像则胸前垂挂花蔓。

---

① 罗文华：《故宫藏克什米尔风格铜造像研究》，《故宫博物院院刊》，2001年第5期，第69页。

图 4-3-7　释迦牟尼佛坐像，8 世纪，铜，高 16.5 厘米

中国国家博物馆藏

　　此尊释迦牟尼佛坐像为身着袒右式袈裟，袈裟轻薄贴体，佛像面部浑圆，大眼目视前方，螺发，高肉髻，右手上举施无畏印，左手牵袈裟衣角，置于结双跏趺坐的左膝上。佛身下为一坐垫，垫子下是一镂空的狮子宝座。宝座正面的正中一人盘膝而坐，双手上举托住宝座的上缘，身体两侧各有一蹲狮正面蹲坐，此狮子宝座形式为克什米尔的创制。造像造型简洁、古朴，无多余装饰。

图 4-3-8　释迦牟尼佛立像，8 世纪，合金，高 63 厘米

西藏博物馆藏

　　此释迦牟尼立像为克什米尔类型造像，螺发，高鼻梁，通体鎏金，通肩袈裟衣纹呈 U 形排列，呈现出湿衣贴体的效果，凸显出强健的身体，显示着犍陀罗艺术的影响。释迦像稠密的衣纹具有一种强烈的秩序感。佛教初传入西藏时，除中原造像艺术之外，东印度帕拉造像、尼泊尔造像、斯瓦特造像、克什米尔造像乃至于阗造像都对西藏佛教造像艺术产生过影响。

图 4-3-9　释迦牟尼佛立像局部，8 世纪，合金

西藏博物馆藏

　　释迦像面庞较圆，额头略窄，长长的新月形弯眉用深深的阴刻线表达，眼睛为狭长的竹叶形，眉根与鼻根相连，侧面观之，鼻梁与前额相平，此一造像特征受古希腊雕刻影响。佛像身材修长健美，柔软轻薄的袈裟贴于身体，显出身体的轮廓，造像极具写实的一面正体现在衣纹与身体之间的关系上。身体凡凸起之处几乎平素无纹，如胸部、肩头、腿部等，衣纹的消失也用变细变尖的刀法进行过渡，显得生动自然。

图 4-3-10 释迦牟尼佛立像，8—9 世纪、黄铜、错红铜、高 22 厘米

扎什伦布寺藏

　　此尊克什米尔地区所造的释迦牟尼像为一尊立像，但并非正中直立，而是重心左移，身体微微出现扭动之姿。佛的脚下踩仰覆莲花，莲瓣略窄而长，形状更接近自然的莲花形态。头戴三叶宝冠，但冠叶细密犹如一个整体，宝冠两侧缯带结有花结，余下部分垂于肩头。佛的两鬓带花，耳饰亦为花形，此为一时风尚。佛的面部似被重新泥金彩绘，已非原始面貌。释迦牟尼佛着通肩袈裟，细密的衣纹在身前呈 U 形排列，薄衣贴体，躯干突出，体魄强健，双腿越是高的部位衣纹越浅，甚至完全消失，其风格有着犍陀罗艺术的痕迹。然最具特色的是，佛的肩头装饰有一件类似中国服饰云肩的 M 形带流苏的衣饰，颇为引人注目。佛像右手上举施无畏印，左手自然下垂牵袈裟衣角。

图 4-3-11　宝冠释迦牟尼佛坐像，11 世纪，铜，高 15 厘米

中国国家博物馆藏

　　此尊释迦牟尼佛像头戴五叶宝冠，双手当胸转法轮印，结双跏趺坐端坐于狮子宝座上。佛的面部略显消瘦，细眉大眼，目光下视。身上的袈裟轻柔地贴在身上，上身均匀排列的衣褶以微微隆起的细棱表现，而下身贴于腿上的衣褶则以阴线刻的形式表现，如此方可显示出主次，将观者的目光聚焦于佛的上身，在佛的肩部还装饰有类似云肩的带有流苏的饰物。佛像身后的背光，制作精美，身光和头光相叠加构成葫芦形的身光。身光中空，外缘火焰纹和内缘的花朵均是透雕手法。整个造像虚实相生，实占主体，灵动而不沉闷。此造像具典型的克什米尔风格特色。

图 4-3-12　宝冠释迦牟尼佛坐像宝座局部，11 世纪，铜

中国国家博物馆藏

　　狮子座中空，正面雕有一人二蹲狮，中间以立柱隔开。中间的人物盘坐于地，双手向上托举宝座，面部浑圆，一头卷发，大眼突出，带有明显的克什米尔人的特点。宝座上缘饰有一道连珠纹。人物与狮子形象制作并不算精致，但神态表情却生动可爱。

三、尼泊尔风格造像

尼泊尔与中国西藏自治区西南相邻，自古与西藏在经济、文化等方面关系紧密。尼泊尔工匠长期在藏工作，其造像工艺技术对西藏影响深远。特别是 13 世纪后印度佛教灭寂，尼泊尔佛教影响更为深广，不仅在西藏，而且扩大到中原。尼泊尔佛像造型源于印度，主要吸收东北印度帕拉造像的因素，独立发展，自成体系。西藏寺庙中的许多精美佛像就是尼泊尔工匠的作品。

尼泊尔造像艺术从 7 世纪开始影响中国西藏，12 世纪末随着东印度王朝及其佛教、佛教艺术的终结，更成为中国西藏造像艺术的主流。尼泊尔造像多以密教题材为主，造型复杂，装饰繁缛，其中女性特征明显。尼泊尔人对铜有一种特殊的喜爱，他们所铸造的金铜佛像在鎏上黄金后，金光闪闪，超凡脱俗。公元 10—13 世纪，是尼泊尔造像艺术发展的鼎盛时期和艺术风格臻于成熟的重要时期。此期造像艺术立足于尼泊尔民族自身的文化土壤和时代审美观念，艺术风格清新、朴实，富于生活气息和世俗情趣。其艺术特征表现为，造像头大肩宽腰细，肢体造型浑圆；姿态优美，装饰华美精致，从体型到装饰无不体现了一种反映现实、贴近生活的艺术倾向，给人以既庄严神圣而又不失人间烟火气息的艺术感受。西藏博物馆所藏的一尊观世音菩萨像、罗布林卡管理处所藏的一尊地藏菩萨像，以及首都博物馆所藏的几尊菩萨像堪称是尼泊尔造像的上乘之作，是了解尼泊尔造像风格的范例。观世音菩萨像（见图 4-3-13、图 4-3-14）和地藏菩萨像（见图4-3-15）的宝冠样式一致，均是高大的三叶宝冠，三面围合像一顶高帽，冠叶的图案类似莨苕叶，但更加图案化和规范化。观世音造像更加精致些，细眉大眼，眼睑低垂，直鼻小口，面庞清秀。和罗布林卡管理处的地藏王菩萨一样，首都博物馆的两尊金刚手菩萨像（见图 4-3-16 至 4-3-18）和一尊莲花手菩萨像（见图4-3-19、图 4-3-20）均为立姿，身体呈优美的 S 形，除了手部的姿势略有不同外，身体的着装、装饰均大同小异。这几尊菩萨像的衣着表现手法为萨尔纳特式，仅在胸部、袖口和袈裟下摆处施以衣纹。衣质薄如蝉翼，身躯起伏明显。饰璎珞、臂钏，其上还镶嵌有各种宝石，装饰繁复，工艺精湛。受佛教教义所限，同一类菩萨造像的形式不可能是千变万化的，它有着一定的范式，但尼泊尔工匠却在这种限制之下尽可能寻求着艺术变化与多样性。注意观察两尊金刚手菩萨的宝冠会发现，其宝冠样式相同，即冠形呈"山"字形，看上去颇似由短条拼合而成，但冠上的花盘装饰却不同，一个纯为花盘，一个则是在花盘内装饰上了"荣耀之面"这种兽面纹饰。而莲花手菩萨的宝冠则与地藏和金刚手菩萨又有不同，是一种由中间宽大的桃形冠叶及两侧自然态的莨苕叶冠叶构成的三叶宝冠。可见匠师们在可能的范围内尽己所能发挥着艺术的创造力。若论及尼泊尔造像世俗性的一面，其度母造像可为代表。首都博物馆所藏的一尊度母像（见图 4-3-21、图 4-3-22）若非头后有头光，俨然就是一位人间的窈窕少女，乌云高绾，嘴角含笑，半带羞涩，身上散发出一种青春的活力。而中国国家博物馆所藏的一尊绿度母像（见图 4-3-23）则意态慵懒，体态丰腴而微胖，颇似贵族少妇，自有一番雍容华贵之美。

图 4-3-13　观世音菩萨像及局部，9—10 世纪，铜鎏金，高 37 厘米
西藏博物馆藏

　　此观世音造像形象颇为独特，高大的三叶宝冠形似一顶高塔形帽子。冠叶纹饰形似植物的花叶，边缘卷曲，花叶的中轴线上装饰椭圆形珠宝，但这些珠宝和身上佩戴的项饰、臂饰等上面的珠宝并非宝石镶嵌，而是与造像一体铸出，而且胎体厚重，具早期尼泊尔造像艺术的特征。菩萨身姿挺拔，肩宽腰细，双手抬于身前，原本可能手中有持物，双腿散盘，左腿翘起。上身斜挂胸络，下身着裙，但衣饰均紧贴于身体，凸显出健美的身躯。

图 4-3-14　观世音菩萨像头部正、侧面，9—10 世纪，铜鎏金

西藏博物馆藏

　　菩萨像面庞圆润，下巴微尖，眉眼修长，口鼻小巧精致。从侧面看，菩萨的鼻梁与额头基本是在一个平面上，此种表现方式在古希腊艺术中经常见到，此为智慧的象征。由此也不难看出，古印度佛教造像艺术与古希腊的艺术渊源。

图 4-3-15　地藏菩萨像及局部，元，合金，高 29.5 厘米
罗布林卡管理处藏

　　在密教系统中地藏菩萨为八大菩萨之一，原是印度神话婆罗门教的大地之神，后被纳入佛教神系。此地藏菩萨像神情严肃，其三叶宝冠与上尊观世音菩萨相似，冠叶上为对称式卷曲花叶纹样。双目低垂，袒露上身，下身着裙，斜跨圣带，左手下垂手掌做持物状，右手下垂持宝珠。站立于仰覆莲花台上，身体略呈 S 形。造像肩宽腰细，四肢粗壮，具健硕之美。

图 4-3-16　金刚手菩萨像，13 世纪，铜鎏金，高 65 厘米

首都博物馆藏

　　金刚手菩萨像的身体呈优美的 S 形立姿，右手上举施无畏印，左手下垂持金刚杵，头戴"山"字形高大的宝冠。除耳饰、项饰、臂钏、脚饰外身上还斜挎着一挂珠串。腰间系裙，但裙子质地薄如蝉翼，贴于腿上几若无物，腿间斜挎圣带。整尊菩萨像身上的肌肤起伏柔和，各种装饰制作精致，面部神情优雅淡然，全身都透露着一种温润的气质。

图 4-3-17　金刚手菩萨像正、侧面，13 世纪，铜鎏金

首都博物馆藏

　　菩萨像额角宽阔方正，两颊圆润饱满，双眉相连形似远山，一双杏目，鼻直口方，双唇敦厚，发色绀青，一缕缕卷发披于肩头。菩萨头上戴"山"字形高大的宝冠，宝冠的底纹似是由一根根竖条拼起，上面饰有一大二小三个精美的花盘，宝冠下缘饰两排连珠。菩萨的宝冠与其说是宝冠，倒不如说更像是一顶王冠，此金刚手菩萨俨然就是一位高贵的、年轻俊美的王子。

图 4-3-18　金刚手菩萨像及局部，13世纪，铜鎏金，高62厘米
首都博物馆藏

　　此尊金刚手菩萨像与前尊金刚手像在形象、装饰和姿
态方面都非常相似。不同之处一是此尊金刚手所佩戴装饰
上的珠宝并非一体铸出，而是采用了珠宝镶嵌工艺，这从
残存在项饰、耳饰和宝冠上的绿松石、各色宝石上可以看
出，不难想象此尊造像新成之时金色与珠宝的璀璨光华交
相辉映的绚丽。镶嵌与不镶嵌珠宝的造像，反映出人们的
两种审美观。另一点不同是宝冠上圆形花饰的纹样，此尊
金刚手像宝冠中间的花饰上出现了一个形似狮子的兽面，
此兽面源于古老的印度，名为"荣耀之面"（kritimukha），
原属婆罗门教，纳入佛教神系后成为护法类神祇。

图 4-3-19 莲花手菩萨立像及腿部衣纹细节，13 世纪，铜鎏金，高 64 厘米

首都博物馆藏

　　此莲花手菩萨像身体呈 S 形，动态幅度较大，而且菩萨的手和脚在整体上也偏大，显得有几分稚拙可爱。菩萨面含微笑，神情怡然自得，令观者忘忧，身心亦随之愉悦。菩萨所系的腰裙紧贴身体，表现出薄如蝉翼的衣料质地。衣料上卷草式的细密花纹便直接錾刻于身上。花纹精美，若不细看很容易被忽略，大概所谓低调的奢华便是如此。

图 4-3-20 莲花手菩萨立像侧面局部，13 世纪，铜鎏金

首都博物馆藏

菩萨像面庞圆润，双眉细而长，眉根相连且与挺直的鼻梁相接，双目下垂，嘴角含笑，神态内敛，似已进入禅定境界。此尊菩萨像最吸引人之处便是其头上装饰华美、工艺精湛的宝冠。宝冠为三叶式，正中一叶高且宽大，最下部呈 W 形，半包住上部尖卵形饰有卷草纹、珠宝的冠叶，惜镶嵌的珠宝已失。两侧的冠叶为形似莨苕叶的叶片。菩萨绀青色的长卷发披于肩头，佩戴的耳饰、项饰、臂饰上也均嵌有珠宝。

图 4-3-21　度母像，10—13 世纪，铜，高 21 厘米
首都博物馆藏

　　此度母像为跣足，身躯呈 S 形站立在仰覆莲花台上，莲瓣宽大平坦以细线刻出纹路。度母姿态婀娜、摇曳生姿，丰乳肥臀，腰肢纤细，裙摆和衣带向不同的方向摆动，似乎刚刚站定。其头后有中空的桃形头光，度母秀丽的面庞恰恰被这中空的白光映衬出来，其形貌犹如人间温婉的少女。

图 4-3-22　度母像局部，10—13 世纪，铜
首都博物馆藏

　　度母脸形上宽下窄，清秀俊俏，半含微笑，浓密的秀发盘于头顶，绀青的发色依然残存。头戴一叶宝冠，呈长卵形，上面对称的纹样，堪称是西藏博物馆所藏的那件观世音菩萨高塔形宝冠纹饰的简约版。耳上戴着硕大的花盘式耳饰，颈上、手臂上戴有项饰、臂钏和手镯，使整尊度母造像在朴素简净中又多了几分华贵。

图 4-3-23　绿度母像，16世纪，铜鎏金，尺寸不详

中国国家博物馆藏

　　此尊绿度母像的面庞圆润，体态匀称丰腴，腰肢纤细。左腿盘于身前，右腿下舒，本应踏一朵脚莲，但脚莲已失。右手掌心向外平展于膝头，左手拇指与中指相捻置于胸前。身躯向左扭动，头向右倾，身姿优美。其头上的宝冠颇为精致，上嵌松石等珍宝，圆形大耳饰垂于肩头。绿度母神情恬静，细眉，杏眼，小口，目光下视，双目似睁非睁，肩头两朵莲花相呼应。其意态娇憨，似刚刚醒来仍睡意蒙眬，与其说是佛教的神祇，倒不如说更像是人间的少女。

四、斯瓦特风格造像

斯瓦特，即今巴基斯坦北部斯瓦特河谷地区，古属犍陀罗，唐代称乌仗那国。这里佛教曾十分兴盛，8世纪时是无上瑜伽密教的发源地之一，西藏密教祖师莲花生即是此地人。从8世纪莲花生到西藏传法开始，这里就与西藏有了联系，西藏一直视其为佛教圣地。尽管流传到西藏的斯瓦特铜像已是晚期犍陀罗艺术的余绪，但仍可从其造型中找到渊源关系。

释迦牟尼像是佛教造像艺术中最常见的，在斯瓦特7—8世纪的释迦牟尼佛造像中，既可以看到笈多艺术的深刻影响也能看犍陀罗造像的袅袅余音。例如释迦牟尼佛坐像（见图4-3-24）、狮子座释迦牟尼佛像（见图4-3-25）、坐姿释迦牟尼佛像（见图4-3-26），此三尊佛像均为螺发，身上薄衣贴体，显露出健硕强壮的躯体，袈裟领口为V形领，袈裟的衣纹为密集的单线或舒朗的双线，这些多是笈多艺术的特征。但细观坐姿释迦牟尼佛像（见图4-3-26）的衣纹会注意到，其衣纹在身体的高处或转折处会消失，如肩头、膝盖、大腿等部位，而且其衣纹并非单纯的阴线刻，而是有着一定的自然起伏变化，虽也是薄衣贴体，但袈裟的厚重感明显强于其他两尊佛像，这正是犍陀罗艺术的特征。斯瓦特作为密教的发源地之一，也有不少密宗造像，例如宝冠释迦牟尼佛像（见图4-3-27）、马头金刚像（见图4-3-28），以及莲花手观世音菩萨像（见图4-3-29）。其中供奉于扎什伦布寺的宝冠释迦佛像和马头金刚像的面部均被泥金重新绘制五官，显然这是藏区造像的惯有形式。而在斯瓦特，造像面部一般不会施彩，其在双目、额头均错白银，这种传统影响了后期藏西地区造像，出现了"古格银眼"这种仿制的造像工艺。斯瓦特的造像艺术中最具特色的还有其造像的像座。斯瓦特造像的像座样式也是多种多样的，早期以深束腰仰覆莲台，覆莲莲瓣直接触地，且莲瓣平素无纹饱满舒展为其典型特色。之后在莲台下加有方座，各种变化形式亦逐渐增多，有对狮方座下再加覆莲方座（见图4-3-25）、对狮方座下加仰覆莲座（见图4-3-26）、仰覆莲花束腰莲座下加岩石座（见图4-3-28）以及纯对狮方座（见图4-3-27）等，变化多样不一而足。

在西藏与印度、尼泊尔等地佛教艺术的长期交流中，这些外来的艺术形式对西藏佛教艺术发展影响深远，不仅是西藏艺术的重要源头，也是记录中印佛教艺术交流的宝贵实物。

图 4-3-24　释迦牟尼佛坐像，7 世纪，铜，高 12 厘米

中国国家博物馆藏

　　释迦佛像为双手结说法印，结双跏趺坐端坐于双狮台座上，双狮间有锦帛垂下，边缘垂流苏，狮座下为深束腰仰覆莲台。佛陀螺发，但只是以略微突出的圆点形式表现，大眼但却显出一种淡漠的神情，鼻梁扁平。身着通肩袈裟，V 形衣领，袈裟贴体，躯干凸显。虽身材健劲但不强调肌肉的强劲发达。衣纹细密，以较深的阴刻方式表现。就整尊造像而言，整个台座的高度几乎赶上佛身的高度，莲台莲瓣肥厚饱满、平素无纹饰也是斯瓦特造像的一个特征。此释迦像呈现出一种更为朴素典雅的古典主义特质。

图 4-3-25　狮子座释迦牟尼佛像，7 世纪，黄
铜错银，高 24.4 厘米

美国大都会艺术博物馆藏

　　斯瓦特造像对于贴体衣纹的处理继承
了犍陀罗时期对人类身体的精妙把控。这
尊由于铜料缘故而明艳异常的释迦牟尼佛
像便完美体现了这一特质：贴体的衣袍凸
显了仿若触手可及的强健肌肤，充满节奏
感的衣纹营造了整个躯体的平衡感。尊像
身下波浪状鬃毛的双狮被雕琢得极为精美，
座前垂下的毯上刻有字，意为"嗡，此尊
像为至尊女王曼噶拉哈姆西卡所敬献"。她
是生活于 7 世纪的小勃律王国的女王。

图 4-3-26　坐姿释迦牟尼佛像，7—8 世纪，青铜，
高 19.5 厘米

止观美术馆藏

　　这是一尊技艺十分精妙成熟的斯瓦特风
格造像，尊像着有着 U 形衣纹的贴体通肩袈
裟，胸部肌肉以及厚重之衣纹尚存早期犍陀罗
造像之遗韵。佛像鼻梁高挺，双目大张，视线
向下，右手施与愿印，左手抬举于半空，结跏
趺坐端坐在双狮座上，佛座为斯瓦特地区所流
行的双狮垂毯设计风格，两侧卷发坐狮塑造得
十分精美，非但没有承载佛座之压迫感，反而
多了几分健硕英挺，在垂毯上有后世藏文题记
"庄美（bzang mdzes）"。①

①　［瑞士］艾米·海勒：《西藏佛教艺术》，赵能、
　　廖旸译，文化艺术出版社，2008 年，第 26—
　　27 页

图 4-3-27　宝冠释迦牟尼佛像，8 世纪，黄铜，尺寸不详

扎什伦布寺藏

释迦佛像头戴三叶宝冠，每个冠叶呈三角形，雕饰精工华美。释迦佛面部饱满圆润，目光下视，额间白毫，两鬓戴花，冠带垂于肩头。释迦佛身着袒右袈裟，袈裟衣纹细密紧贴身体，但细密的纹理并非以阴线刻出，而是塑造出轻微的凹凸立体感，在释迦佛的小腿部，袈裟错红铜，以显示不同的佛衣层次。释迦双手当胸施转法论印，结双跏趺坐，身下的锦缎垫子上有连珠纹对鸟及连珠纹单只禽鸟图案，以减地浮雕形式雕成，制作十分精细，这种图案显系受波斯文化影响。再下为佛座，座前两侧各有一只蹲坐的狮子，环眼突出，阔口大张，形象并不令人畏怖，倒有几分呆萌可爱。二狮中间为一供养人，双腿盘于身前，双手上举托住佛座上缘。这种座式也是斯瓦特地区主要座式之一。

图 4-3-28 马头金刚像，7—8 世纪，红铜，尺寸不详

扎什伦布寺藏

　　此尊马头金刚像为三面四臂，头上均戴骷髅冠，中间正面发髻高梳，上部宝带结成扇形花结，最上部雕有一个马头。马头金刚发色绀青，面部泥金，三面均有三目，环眼怒睁，眉眼以丹青画就。马头金刚身躯丰圆壮硕，腰部被带子束结得较细，结双跏趺坐，下身的腰裙皱纹细密。身下为仰覆莲瓣的莲台，莲花的形态自然生动。莲台下为一岩座，岩座正面两侧各有一只雕刻小巧简约的蹲狮。相传是来自斯瓦特地区的莲花生大师将马头金刚的信仰带入藏区。此像造型奇特，工艺精巧，令人耳目一新。

图 4-3-29　莲花手观世音菩萨像，7
世纪，黄铜错银、红铜，尺寸不详

扎什伦布寺藏

　　饱满、舒展而肥大的莲瓣是
早期斯瓦特造像所特有审美意趣。
莲花手观世音像端坐于莲蓬硕大
的莲台之上，宽大肥厚的覆莲直
接铺于地面。观世音并非跏趺坐，
而是双腿随意散盘于身前，右手
垂在膝头施与愿印，左手持一段
莲茎，盖莲花折断已失。菩萨身
体壮硕，胸部宽厚饱满，面部丰
圆，且泥金较厚，眉眼五官重施
彩绘，此应是在藏区寺院供奉时
所绘。下身着裙，上布细密而流
畅的衣纹，显得材质厚重而柔软。
造像装饰不多，整个造型显得温
厚圆润。

后　记

　　《中国佛教美学典藏》是大部头著作，全书共分四部，其中佛教造像部是我们团队所承担的任务，成员主要包括张总、何莹、宋伊哲、全薇和我，普能及吴源虹因工作或课业关系而中途退出。该著图文并茂，既需要大量案头工作，又需要实地考察、拍照。曾几何时，我们的文字稿也不知修改过多少次，在一遍遍的修订模式下，文档变得五颜六色，但即便如此也仍然不敢保证里面没有错漏。而另外一项重要的工作——实地考察拍照，也是一个艰巨的任务。不同的人对美的感受是不同的，对于一尊立体的雕像而言，轻微的角度和光线变化，之于观者都会产生不同的解读。这就决定了我们势必要亲自拍摄大量照片。因此自《中国佛教美学典藏》正式立项以来，我们为得到一手图像资料，在2018—2020年先后三次进行实地考察拍照。第一次考察主要集中在四川、陕西、甘肃、山西四省，此次去的省份最多，花费的时间也最长；第二次考察主要是在河南省，地点集中在洛阳和郑州周边；第三次主要考察的则是河北承德外八庙。这三次考察中，有艰辛、有快乐，更有一处处历史遗迹带给我们的视觉和心灵震撼。我们曾夜走剑门，饥肠辘辘，晚上十一点多才到达城边高速服务区餐厅吃上晚饭；我们的车子也曾陷入泥泞，艰难挣扎，差一点叫了救援。在河南考察时正值酷暑，有的摩崖龛像暴露在阳光之下，不要说拍摄、做记录，就是静静站上两分钟，也会瞬间汗流浃背；有些洞窟的墙壁上密密麻麻落满一层蚊子，我们只能小心翼翼，不敢有丝毫惊动。当然，我们这些人也有被马蜂蜇、丢三落四的狼狈时刻。由于离开一阵后才发现无人机忘在了洞窟，我们一天之内四渡黄河；因为道路不熟，我们曾在一日之内到同一处高速收费站，向同一位收费员问了两次同一个问题，令收费员也不禁哑然失笑。在考察队伍中，我的同事王楠虽非项目成员，但在几次考察中始终跟随着我们。因为有了她的帮助，我们大大缓解了人手紧张的压力。在河南考察时，由于宋伊哲临时有事无法参加，何莹的学弟马杰（中国社会科学院研究生院硕士）接过了司机兼摄影师的重任，一路下来，吃苦耐劳，任劳任怨。

三次考察任务能顺利完成，最重要的还是得益于各地文保单位的大力支持：陕西省文物局、山西省文物局、长治市文物局李居虎老师、长治观音堂宋所长、法兴寺张所长、崇庆寺王所长、定林寺文物负责人李老师、开化寺文物负责人王大中老师、新绛县文物局白主任、碧落寺李老师、青莲寺和高平铁佛寺负责人、襄汾县文物局刘甜老师、普净寺薛所长、蓝田县文物旅游局、广元市利州区文管所黄所长、广元市文物管理所、平武县文物保护管理所、天水市文物局王国庆局长、武山县文物局陈建平局长、甘谷大像山石窟管理所张明贤所长、天水市博物馆高世华馆长。在河南考察时，得到河南省文物局的大力支持，办公室姚主任及工作人员卢思源为我们协调好了下面考察地点的所有事宜，使得考察工作格外顺利。在河南直接接洽我们考察工作的有：洛阳市文物局相关人员、郑州市博物馆杨老师、巩义石窟负责人李靖宇老师、洛阳市宜阳县文物保护管理所霍小峰老师、虎头寺石窟沈所长、伊川文物办公室李老师、嵩县文管部门的两位工作人员等。承德外八庙是我们最后一次考察之地，我们去时已近周末，但在考察的几天中，承德市文物局仍然给予了我们大力支持。永佑寺赵主任还特派了一名工作人员，陪同我们深夜一层层拍摄塔内壁画。九层宝塔，陡峭的楼梯，狭窄的通道，沉沉的夜色，时而听到凉风送来檐间的铃铎之声，不禁令人想起《西游记》中唐僧扫塔的情景。此次考察，我们在去往承德避暑山庄六品佛楼遗址的路上偶遇一只梅花鹿，它远远地看了我们一会儿，然后消失在树林中。所谓仙鹿祥瑞，这只小梅花鹿也为我们的考察画上了一个圆满的句号。

由于时间和精力有限，除了实地考察所得照片外，还有一部分图片是从师友及文物工作者或爱好者那里获得，他们是：中国社会科学院考古研究所郭物、何利群，清华大学王南，故宫博物院罗文华、马骥跃、王彦嘉、崔月蛟，麦积山石窟艺术研究所张铭，新疆龟兹研究院霍旭初，陕西省考古研究院张建林，西北工业大学文化遗产研究院石建刚，中国美术学院寺观壁画创作团队孙峰，兰州文理学院刘拓，北京市古代建筑设计研究所束金奇，山西省文物局王振华，甘肃省文物局李璧辰，张掖市文物保护研究所刘晔海，北石窟寺文物保护研究所李亮、崔惠萍，金灯寺文物管理所程俊魁，昆明市博物馆李玉良，大足石刻研究院罗国家，《读库》朱朝晖，文成公主庙格莱仁青，资寿寺释延邦，独立学者阮丽，纪录片导演秦川，文博摄影师王寰、侯楠山，古建爱好者爱塔传奇（唐大华），艺旅文化高达敏，态渡（上海）文化科技有限公司吴媛，傅盛，清城睿现数字科技研究院马豪杰，中国社会科学院大学马克思主义学院胡筱琳，中国社会科学院大学硕士研究生陈姝宁。

　　在此，对以上帮助过我们项目组的单位和个人表以诚挚谢意！由于考察时步履匆忙，对于帮助过我们的有些人都未曾来得及记下姓名，甚至漏写，在此深表歉意，同时也致以我们真诚的谢意！

王敏庆记于京华